CHINA'S WAY OF POVERTY ALLEVIATION

DECODING THE GOVERNANCE SYSTEM OF THE COMMUNIST PARTY OF CHINA

重庆市出版专项资金资助

脱贫之道

中国共产党的治理密码

[美] 罗伯特·劳伦斯·库恩　汪三贵 等著

重庆出版集团　重庆出版社

图书在版编目（CIP）数据

脱贫之道: 中国共产党的治理密码 / (美) 罗伯特 · 劳伦斯 · 库恩等著. — 重庆: 重庆出版社, 2020.10

ISBN 978-7-229-15286-4

Ⅰ. ①脱… Ⅱ. ①罗… Ⅲ. ①扶贫—研究—中国 Ⅳ. ①F126

中国版本图书馆CIP数据核字（2020）第197821号

脱贫之道：中国共产党的治理密码

[美]罗伯特·劳伦斯·库恩　汪三贵　等著

选题策划： 李　斌
出版监制： 别必亮
责任编辑： 徐宪江　秦　琥
特约编辑： 彭圆琦
责任印制： 杨　宁
营销编辑： 史青苗　刘　娜
书籍设计： 潘振宇 774038217@qq.com

重庆出版集团 重庆出版社 出版

（重庆市南岸区南滨路162号1幢）
投稿邮箱：bjhztr@vip.163.com
三河市宏盛印务有限公司 印刷
重庆出版集团图书发行有限公司 发行
邮购电话：010-85869375/76/78转810
重庆出版社天猫旗舰店
cqcbs.tmall.com
全国新华书店经销

开本：787mm×1092mm 1/16 印张：20.75 字数：240千
2020年11月第1版　2021年12月第3次印刷
定价：59.80元

如有印装问题，请致电023-61520678

中国的扶贫是21世纪最伟大的世界故事之一。

China's poverty alleviation is one of the greatest world stories of the 21st century.

目录

第三章

精准扶贫：心中有数才能工作有方

第四章

以资金投入保障脱贫攻坚

第五章

强化社会合力，打赢人民战争

第六章

依靠人民群众，激发可持续内生动力

第七章

从严从实，让脱贫结果经得起实践和历史检验

第八章

标本兼治，推动减贫战略和工作体系平稳转型

结语

全世界
都应该听到的
中国故事

[美]罗伯特·劳伦斯·库恩

30多年来，我一直不断来到中国。同时，我也一直同我的长期合作伙伴朱亚当合作，以各种形式向世界讲述中国故事。虽然中国有很多成就，也有无数值得一讲的故事，但我认为同中国承诺2020年底前在全国消除极端贫困以及为实现这一目标而建立的国家体系比较起来，其他的故事都不足以代表真实的中国，也都没有如此强大的影响力。

我发现，中国的脱贫攻坚是消除外国人对中国偏见和改变他们对中国刻板印象的最佳故事。其中的很大原因，就在于外国人对中国的脱贫承诺和行动，以及它是如何运作的，知之甚少。

外国人读到的有关中国扶贫的文章，通常都是泛泛而谈，使用的都是诸如“8亿人”这样的大数字。这些数字固然令人印象深刻，但很难打动人心。要想真正了解中国的脱贫工作，就必须去听一听一个个贫困家庭的脱贫故事——几千万个家庭的脱贫故事。

在过去30年里，尤其是在过去15年里，我和我的长期合作伙伴朱亚当走遍了中国各地，走访了100多个城市和无数个县、乡、村，进行了深入的调查研究和采访，撰写了一批图书和文章，并制作了电视专题片和纪录片。

做过这一切之后，我自认为对中国已经很了解，但是直到我开始实际深入到贫困地区特别是偏远山村之后，我才真正对中国在扶贫工作上所作出的努力感到钦佩。我得以同贫困村民们交谈，倾听他们的故事，他们中有通过创办企业脱贫的人，有易地搬迁到城镇郊区居住的人（也有虽然极度贫困但却拒绝离开故土的人），以及那些因为生病或虚弱而需要得到社会保障的人。他们的生活让我感同身受，我好像也成为他们家庭中的一员，同他们一起踏上了脱贫之旅。

同时我也惊讶地发现，许多中国城市居民并不了解中国农村地区的脱贫攻坚工作，尤其是那些出生在20世纪90年代和21世纪初的人。在我与这些年轻人，包括出生在大城市的农民工的孩子们的交谈中，我感到很悲哀，因为他们许多人并不知道正发生在村里和乡里的历史性变迁，而那里不久之前还是他们的父母生活和务农的地方。

这就是我要致力于向全世界——也包括中国——讲述中国的脱贫攻坚故事的原因。我必须把这些中国故事讲出来。

重庆是中国四大直辖市中唯一一个不是海滨或离海较远的城市，又是中国大西部地区的门户。而中国西部的贫困程度历来都是很高的。作为一个直辖市，重庆在发展过程中也面临着诸多挑战，包括它所面临的脱贫攻坚工作。但在市委、市政府的领导下，重庆在扶贫工作的制度建设和措施执行上走在了全国前列。因此，当重庆出版集团向我提出了撰写这本书的选题构想和指导意见时，我非常赞赏他们的真知灼见和担当精神。我和朱亚当都十分乐意参与其中。

扶贫工作意义重大，通过扶贫工作去了解中国共产党以及中国共产党的领导如何不辱使命、取得扶贫工作的成功，能使我们对中国共产党的治理结构和组织能力有一个更加深入的认识。这一点在当前背景下尤为重要，因为全世界已经清楚地意识到中国在国际事务中正起到日益重要的作用。全世界还有许多发展中国家，有数亿贫困人口，希望从中国的脱贫攻坚实践中得到启发。

中国迅速控制住了新冠肺炎疫情的蔓延。同世界其他国家和地区相比，中国的确诊病例和死亡数量都非常低，这让许多外国人惊叹不已。对此我想指出的是，中国之所以能够赢得这场新冠肺炎疫情的防控战和全国消除绝对贫困的攻坚战，有一个共同的根本原因，那就是中国共产党的领导力及其强大的组织能力。

因此，要想真正了解中国的脱贫攻坚工作，就要去了解中国共产党领导的治理体系是如何实际运作的。

关于中国的精彩故事有很多，但首屈一指的却是脱贫攻坚的故事。

有些外国人总是心怀偏见地认为，中国国家主席习近平的首要目的是政治权力、经济统治和军事扩张，但是当他们发现他将扶贫当成自己最重要的任务时，很可能都会感到惊讶。7年来，我一直在跟踪习近平对2020年底在中国消除绝对贫困目标的执着追求。

在改革开放之初，尽管中国领导人就扶贫问题进行了广泛的思考，但他们把关注的重点放在了经济增长上——经济增长自然而然地使数亿中国人摆脱了贫困，也成为人类历史上最伟大的成功发展故事。但是，从世纪之交开始有一个问题却变得越来越严峻，那就是中国仍然有大约1亿人继续生活在绝对贫困之中。

或许因为地处偏远山区，或许因为得不到足够的教育或工作机会，也或许因为老弱病残，无论中国经济如何增长，也无论中国的人均国内生产总值（GDP）和收入有多高，这些贫困人口都始终摆脱不了贫困的桎梏。

中国确立的第一个国家目标是到2020年实现“小康社会”——这是中国第一个“百年目标”，即2021年中国共产党成立100周年时要达到的目标。习近平主席多次强调，没有贫困地区的小康，没有贫困人口的脱贫，就没有全面建成小康社会。他说：“全面建成小康社会，是我们对全国人民的庄严承诺，必须实现，而且必须全面实现，没有任何讨价还价的余地。不能到了时候我们说还实现不了，再干几年。也不能到了时候我们一边宣布全面建成了小康社会，另一边还有几千万人生活在扶贫标准线以下。”

2013年11月3日，习近平总书记在视察湖南省湘西土家族苗族自治州花垣县十八洞村时，首次提出了“精准扶贫”的思想。他说：“扶贫要实事求是，因地制宜。要精准扶贫，切忌喊口号，也不要定好高骛远的目标。”

“精准”的意思就是要因地制宜地制定扶贫工作的程序、方法以及相应的扶持政策，包括对贫困的标准定义、贫困人口的认定标准、个性化的脱贫措施和方案等。

2013年以来，中国通过严格、量化、透明的程序实施精准扶贫，每年成功使1000万到1400万人口脱贫。一开始他们就使用了标准的方法，即年收入，确定哪些人是绝对贫困人口，同时对医疗保障、教育和卫生设施等情况展开摸底调查。

每一个贫困家庭都要确保得到帮扶，每个村庄都指派专员负责实施精准脱贫计划。省市县乡村五级党组织的书记相互协调，定期随机实行第三方评估，以确保扶贫工作的精准性和公正性。

我见到国务院扶贫开发领导小组办公室主任刘永富时，他直言相告说：“穷人在哪里？穷人在农村。中国实施改革开放以来，快速的城市化进程使大部分受过教育、有技能的村民迁移到了城市，留下来的人大多数都没有能力自寻出路。有些人不会说普通话，有些人不仅缺乏技能和能力，还缺乏想法。他们已经穷惯了，对政府等靠要；他们甚至不敢梦想更好的生活，对自己毫无信心，认为自己祖祖辈辈就一直是穷人，好像他们命中注定就该贫穷。”

“那么，我们该怎么办呢？”刘永富自问道，“发展产业需要带头人，但是村子里没有人才。因此，我们向12.8万个贫困村庄输送了人才。这些干部以前都是县级以上的政府官员，或者是国有企业的工作人员，我们派他们去帮助村民制订发展规划，解放他们的思想。”

2019年7月31日，由朱亚当监制的《前线之声：中国脱贫攻坚》在美国公共电视网位于南加州的旗舰电视台SoCal首播。我们在这部纪录片中讲述了中国加速脱贫攻坚、力争在2020年消除绝对贫困的内幕故事。这也是第一部在中国以外主流媒体播出的深度介绍中国脱贫攻坚的纪录片，2020年5月该片再次在全美国公共电视台播出。

我们的国际摄制团队与中共中央组织部、国务院扶贫开发领导小组办公室以及我们的制作搭档中国国际电视台合作，史无前例地深入到中国各地，置身于中国大规模扶贫项目之中。我们见到了贫困村民、地方官员、扶贫监督员，也就是那些接受扶贫的人、那些派去实施脱贫的人以及受聘对扶贫工作进行监督的人。这部纪录片通过跟踪记录六个实际脱贫案例，生动而贴切地展示出中国扶贫工作的真实状况，而这六个典型案例又集中体现了中国的扶贫战略以及为实施该战略所建立起来的一整套工作体系和组织架构。例如，在如何确定谁是穷人谁不是穷人，以及如何认定谁已经脱贫的问题上，最后一个步骤就是“民主评议会”。这个评议会给予每个村民自己投票的机会。扶贫官员们未必能掌握全部真实情况，村民们彼此却是知根知底的。

尽管世界各地都在与贫困作斗争，但是没有哪一个国家能像中国那样在全国范围内大规模实施整村易地扶贫搬迁——把人们从偏远的农村地区转移到城市，为他们提供住房和工作，从而给他们提供一个过上好日子的真实机会。

但是，理论上听起来不错的东西在实践中未必奏效，这就是我想看看这条措施在实际工作中能否取得实效的缘故。

我去了贵州省的惠水县，那里的一些村庄正在进行整体易地扶贫搬迁。村民们从偏远的小山村里搬到了70公里外的明田新村。当明田社区的第一书记杨薇带着支部委员巡视刚刚搬迁进来的贫困家庭时，我开始跟随她逐户走访。我了解到，搬迁到这里的村民都享受免费住房。一个四口之家的住房面积可达80平方米，即人均20平方米。政府还提供了全部基本家具，包括沙发、床、厨具和电视。

但是，这些曾经是乡下农民的人怎么才能掌握全新的非农工作呢？我来到了一个烹饪培训班，认识了其中一个曾经是农民的学员，他正在学习烹饪，准备做厨师。我和他的祖孙三代以及几个朋友一起度过了一段时间。所有人都很感激他们过上新生活，但是也有一个人认为当地政府没有兑现（关于收入的）承诺——即使当着我和房间里其他人的面，他也不怕，照样抱怨了一番。

然而，并不是每个村民都同意搬到新的社区里去，毕竟他们世世代代生活在原来那一片土地上，故土难离。我来到代京村，见到了村党支部书记。他的工作就是说服剩下的少数村民搬迁，政策规定无论是他还是政府都不能强迫人们搬迁。

即使能在产业（小微企业）、教育和易地扶贫搬迁方面取得成功，在一个如此庞大的国家存在如此庞大的资金流以及官员的仕途存在风险的情况下，势必也会产生滥用职权和违规操作的风险。虽然扶贫过程中出现欺骗和腐败行为并不意外，但是仍然令人不安。

扶贫工作中让我印象最为深刻的，就是为减少欺诈行为而建立起来的“第三方评估”制度。

例如，我们的纪录片就关注了由西南大学的教授和学生组成的一个评估小组。他们工作起来就像一队执行军事任务的士兵一样。在得到中央政府的授权和训练之后，他们从学校出发，跋涉300多公里深入四川省的农村之中。采取这种方式的主要考虑是，由于第三方评估人员来自完全不同的地区，他们很可能不认识他们将要对其作出评估的任何官员，因此他们也就不会受到个人关系的影响。

他们的任务是对扶贫工作取得的成绩和问题展开评估，同时也对扶贫官员们的政绩展开评估。

为了确保当地官员不事先为评估作准备，评估小组往往只会在最后一刻作出对哪里进行评估的决定，通常都是在评估开始的当天上午。

对学生的动员工作确实很像一次军事行动。数百人在农村分散开来，对扶贫工作是否开展得当进行检查并作出诚实的评估。

我们影片的导演彼得 · 格策尔斯（Peter Getzels）采用了跟拍的摄制方法来制作这部纪录片，使其具有真实电影或观察电影的风格，并以展示而非讲述的方式进行剪辑。所有故事都自然展开，穷苦百姓的讲述都很坦率——很有震撼力，让观众体验脱贫工作的全过程。

一个颇有些人生阅历的美国人在看完我们的纪录片之后说：“我没想到（扶贫）能取得这样积极的结果。我想这是因为我们听过太多关于中国的负面报道，所以一直认为中国政府对下层民众根本不关心。”

2015年至2019年，全中国有近300万党员干部在农村扶贫前线工作（这是累计数——任何一个时间点上的人数约为75万人）。扶贫工作的规则十分严格，每个扶贫干部都必须达到各自具体的量化脱贫目标，否则就得不到升迁。所以官员们都很清楚，他们的事业成功与否，都将取决于他们在扶贫工作上取得的结果。

当中共中央政治局常务委员会把对新型冠状病毒肺炎疫情的防控称为“对中国治理体系和能力的一次大考”时，立刻引起了我的重视——在对中国长达30年的持续观察中，我还是第一次听到具有如此重要性的说法。很显然，这是中国领导层对自己抱有充分信心的宣示。

在我看来，中国遏制并将继续遏制新冠肺炎疫情的成功，与中国脱贫攻坚战的成功具有明显的异曲同工之妙。两者在结构上的相似之处显而易见。

对此，有三个重大平行因素值得考虑：中国共产党的领导，习近平总书记的身体力行，中国共产党的动员能力。

第一，中国共产党的领导。这种领导不仅仅是发出指令和公告，而且是通过中央政府和省市县乡村五级地方政府的组织结构，切实执行计划和实施项目。

这五级地方政府都由党的书记——五个级别的党组织的书记——直接领导，我跟踪他们的扶贫工作，跟踪每个党组织书记的具体工作职责与他们的集体工作如何有机啮合在一起。所有这些党的书记都认为扶贫是他们最重要的任务——我在中国待了很长时间，很清楚他们不是在为我演戏，也不是为了给我留下深刻印象（也许他们认为我会写书、写报道或拍电影）而编造谎言。

第二，习近平总书记的身体力行。他不断亲临贫困地区指导工作，不惜花费大量时间和精力推动脱贫攻坚，为各级领导人和官员树立了一个必须效仿的榜样。习总书记视察过五十多个贫困村——这是我最后一次统计的数字，现在已经大大超过这个数了。同样，在新冠肺炎疫情流行期间，他亲临医院视察，与抗疫一线的工作者亲切交谈，极大鼓舞了整个国家的抗疫斗争。习总书记无论走到哪里，几乎都要强调扶贫工作的重要性，他不仅鼓励党政干部定期走访贫困地区，自己也深入贫困地区与群众直接互动，了解情况。

习总书记已经把扶贫工作作为其领导力的象征。扶贫一直是他最关心的事情，也是他花费精力最多的事情。他说："要动员全党全国全社会力量，坚持精准扶贫、精准脱贫。"

习总书记在谈到他作为中共中央总书记的主要工作时，曾多次说过这样一句相当引人注目的话："扶贫始终是我工作的一个重要内容，我花的精力最多。"据我所知，世界上还没有其他哪个国家的领导人作出过这样的宣示。

自2012年11月中共十八大以来，习近平走访了几十个贫困乡村和贫困家庭；他在中国国内的每一次视察中，都强调要了解当地的贫困状况以及正在采取什么样的减贫措施。他说过："他们的生活存在困难，我感到揪心。他们生活每好一点，我都感到高兴。"

自2015年以来，习总书记针对扶贫工作主持召开了七次跨省区专题座谈会——包括延安、贵阳、银川、太原、成都、重庆、北京——每次会议都围绕着一个主题分析问题、研究策略、部署新项目。习近平说，这样的会议可以有效解决扶贫工作不同阶段出现的问题。

第二，中国共产党的动员能力。中国共产党的动员能力足以调动整个国家的人力和物力。例如，在新冠肺炎疫情流行期间，中国多个强省与湖北的多个城市结成帮扶关系，建立对口支援机制。其实这一战略早就运用在了扶贫工作中——在中国东部和西部各省市之间建立起扶贫协作和对口支援关系。

早在新冠肺炎疫情暴发之初，我就相信中国能够战胜疫情。我有三个理由：中国的坚定决心、巨大能量以及随时应变和改进的能力——这在很大程度上得益于中国实施精准扶贫的实践。

中国以惊人的动员能力阻止疫情蔓延，彰显出中国抗击新冠肺炎疫情的决心。政府不仅发布了严厉而果断的指令，并对违反禁令的行为进行快速而严厉的惩罚。

整个国家立刻依令行动起来。这就是中国宏伟的“举国体制”的巨大优势。用习近平总书记的话来说，就是全党全军全国各族人民上下同心、全力以赴。这同他指挥脱贫攻坚工作时讲的话是多么相似！

具体而言，“举国体制”充分体现了中国的制度优势。最初这个概念用于体育运动员的选拔、训练和培养。国家集中调动全国的资源和力量，选拔和培养有天赋的运动员参加国际赛事。习近平总书记将“举国体制”应用于更宽广的视野，比如科技、扶贫、疫情防控。换句话说，就是要集中所有力量，团结所有人民去实现国家全局目标。

习近平总书记也多次指出：“我们最大的优势是我国社会主义制度能够集中力量办大事。这是我们成就事业的重要法宝。”这就意味着中国共产党能够聚焦和集中经济资源，动员和组织社会力量，实施大型国家计划。

当然，不同的政治制度各有自己的特点。中国共产党领导下的制度体系在“集中力量办大事”方面的确有着巨大的优势，但是我们也知道这一优势并不是评估一个社会制度的唯一标准。这也是为什么中国需要继续改革开放，不断推进政治体制改革。

中国在抗击疫情上表现出来的动员能力在全球卫生史上都是前所未有的。世界其他任何地方都无法像中国那样快速动员起全国的力量。而中国之所以具有如此巨大的动员能力，就在于中国共产党的政党体系所具有的巨大组织能力。

如上所述，中国共产党为打赢脱贫攻坚战，正是运用了与此同样的决心和动员能力，同时确保了党的领导同中央和地方政府各机构之间的协同一致。

中国抗击新冠肺炎疫情的能力，通过坚忍地履行自己的承诺得到了证明：对拥有1100万人口的大都市武汉和其他城市实施封城，涉及的总人口可能高达6000万；挨家挨户进行体温检测；在社会管理中充分发挥党组织网格化管理体系的作用；推迟春节后几亿人的返工潮。

同样，中国脱贫攻坚的能力，通过中国精准扶贫的巨大成就得到了证明：每年有1000万到1400万贫困人口脱贫，包括数百万贫困农民从偏远山村易地搬迁到在城市和郊区新建起来的移民新村之中。

中国扶贫工作的成功，靠的是全国上下一致的严格、规范、量化、透明的扶贫程序。

中国的成功还取决于其“举国体制”优势，这在中国的抗疫斗争中再一次彰显无遗。

中国为何能有效控制住新冠肺炎疫情？答案也显而易见，这里不存在什么阴谋。其实很简单：隔离，不折不扣的隔离。这不是美国或西方那样的隔离，而是非常严苛的隔离。

中央政府的隔离令一旦下达，就成为全社会的共识，谁也不能违背。甚至在一些公寓楼外也安排了工作人员值守，以确保无人外出，除非持有用于购买食物或其他生活必需品的正式出入卡（大约一周可出门两次）或从事特殊的重要工作。这很残酷，但非常有效。生命得以拯救，无数人的生命保住了。

任何政治制度都要权衡利弊，而中国政治制度的一个很大特点就是命令自上而下，命令必须服从。

在举国体制下，一旦政府决定做某事，那么整个国家就必须统一思想、团结一致去做。所有工作必须同步进行，公民必须服从。

这就是我们在欣赏中国实现其宏伟脱贫目标，从而改变亿万中国人的生活时所学到的一课。中国的伟大成就是建立在举国体制和举国执行机制基础之上的。如果说中国的成功确实有什么“秘密”的话，那就是只有在中国这样的国家治理体系中，这一切才有可能实现。

我是一个受过科学训练的人，我很欣赏中国领导人解决问题的科学态度，从严谨的规划开始到制定具体的实施措施，直至实施过程中的监督、信息反馈和适时航向修正。

就扶贫工作而言，这就意味着采取五种方式应对不同的情况：发展生产，创造可持续的微型企业；易地搬迁，把贫困人口从偏远贫困地区转移出去；教育和技能培训；对生态脆弱地区的贫困人口实施生态补偿；以及社会兜底保障、医疗补贴和对没有工作能力的人直接进行资金扶持。

中国制定了扶贫工作的“六个精准”：扶贫对象精准、项目安排精准、资金使用精准、措施到户精准、因村派人精准、脱贫成效精准。

自以为了解中国的我再一次惊讶地发现，中国的每一户贫困户竟然都有一份自己的档案，档案中都有一份专门针对这户贫困户的“精准”扶贫计划，计划中明确列出了如何使其生活水平提升至绝对贫困线之上的具体帮扶措施。这就意味着全中国有数百万个这样量身定制的贫困户脱贫计划，而且每个月都要对这些计划的落实情况进行检查并记录在档案中，这些档案资料经过数字化后被汇总上报，供中央政府研究分析。这可是数百万个家庭啊！

还有不少事情同样让我感到惊讶，比如中国的地方官员会被派到贫困乡村负责扶贫工作，为期两年。我曾经在海南省中部的琼中黎族苗族自治县湾岭镇的一个偏远村庄参加过一次“民主评议会”，在这个会上村民投票把一个父亲患有癌症的年轻人确定为贫困户，而当另一个人经投票确定已经脱贫的时候，会场上响起了一阵欢呼声。我还目睹地方官员因扶贫工作不力被问责，他们的仕途前景因此变得黯淡。

随机应变和改进的能力是中国治理体系的重要组成部分。每当我谈及中国在过去40年中取得显著发展的五个主要原因时，我都要提到中国共产党敢于承认和纠正错误，当然这也是非常必要的。因此，在跟踪新冠肺炎疫情时，我注意到了中国领导层对疫情防控措施的态度——他们坦率地承认工作中存在“问题和不足”。

同样，在扶贫方面，政府也一直致力于防止弄虚作假和腐败行为。

由于政绩关乎个人仕途以及扶贫工作投入资金巨大，弄虚作假和腐败行为也就不足为奇。2017年，中国共查处12.21万起腐败案件，其中有4.87万起涉及扶贫工作，超过发案总数的三分之一。

政府发布这些不讨人喜欢的统计数据值得称赞！中国绝不允许数据造假、侵吞资金等行为影响扶贫目标的实现。

阻止致命性疾病的传播同阻止任何传染病流行一样，尽早采取防控措施是关键所在。但是，如何才能建立起有效的预警系统呢？在这个问题上最大的挑战是如何处理海量信息，这些信息来自不同的公共和私人源头，质量参差不齐，真伪难辨。

一方面，谁也不能否认虚假信息和谣言会增加人们的焦虑，引发恐慌，从而破坏社会稳定。另一方面，以社会稳定的名义限制信息传播又会造成更为严重的问题。地方政府如果一开始就淡化新型冠状病毒的危险性，就会延误国家对整个疫情防控作出及时反应。

有鉴于此，我们就能充分理解习近平总书记为什么要力戒“形式主义和官僚主义”，他反复强调这两者绝对不可接受。习总书记鼓励各级官员因地制宜，创造性地积极开展工作。2006年我在杭州见到时任浙江省委书记的习近平时，他就对我说过：“我们要始终实事求是、求真务实、因地制宜。各级干部要勇于担负起领导和决策的责任，努力为老百姓做好事。”

比如有些地方官员明明知道有些工作是对老百姓有好处的，但因为他们没有接到上级的指示，于是他们就选择不去做。这就是一个典型的“形式主义和官僚主义”例子。习总书记就十分反对这种不作为的态度。

习总书记呼吁本着公开、透明、负责任的态度抗击新冠肺炎疫情的蔓延。透明确实是关键。

脱贫攻坚战也是如此。例如，在推迟召开的2020年全国人民代表大会之后，为了检验脱贫结果的真实性和准确性，全面了解贫困人口脱贫实现情况，国务院扶贫办2020年将开展脱贫攻坚普查。

我认为，这次新冠肺炎疫情就像是一次对扶贫体系的“压力测试”。困难有助于甄别什么有效什么无效，也有助于看清哪些人可以依靠哪些人不能依靠。

但是，这里存在一个令人担忧的问题：当官员们迫于在短时间内实现艰难的扶贫目标时，一些人可能会“抄近路”，甚至捏造数字。

我很赞赏国务院扶贫开发领导小组办公室的独立督查巡查工作，他们明确表示，如果发现任何弄虚作假或欺诈行为，将追究有关官员的责任并严肃处理，以确保扶贫的结果经得起历史和人民检验。政府的透明度越高，人们对政府的信心就越大。

国务院扶贫开发领导小组办公室主任刘永富告诉我，尽管在2014年就已经为贫困户建档立卡，但其中很多都是虚假的。原因有二：一是地方官员在执行政策时有偏差，二是一些人搞腐败，把贫困户的身份私自给予他们的亲戚。经过2015年和2016年两年的深入调查和整改，情况已经得到改善。现在可以保证建档立卡的基本准确性。

这一方法既适用于扶贫也适用于控制疫情。中国表示将完善信息收集和反馈、纠错和决策体系。政府也明确表示将从新冠肺炎疫情中吸取教训，从而提升其治理能力，也包括其在脱贫攻坚方面的能力。中国共产党认为，自我纠错能力是其显著特征之一。

如是，就像将来的历史学家可能会把中国抗击新冠肺炎疫情获得成功作为全球遏制新型流行性疾病暴发并阻止其传播（全球化和普遍存在的航空旅行无疑加剧了这种传播）的转折点一样，他们也很可能会承认中国消除贫困的成功是全世界努力根除极端贫困的转折点。

历史很可能要感谢中国在全球化的世界中开创了应对传染性疾病的先河，就像历史很可能要感谢中国首创了使如此多的人口摆脱极端贫困的方法一样。

毫无疑问，全国一致抗击新冠肺炎疫情虽然取得了惊人成功，但同时也打乱了经济，转移了人们对其他一切事情的注意力，包括对脱贫攻坚的注意力。交通阻断，一些农民无法在种植季节到来之前及时返回他们耕种的土地；农民工无法重返城里的工作岗位；农村养殖业、加工业发展受阻；大量农产品滞销。

此外，罹患重大疾病和经济不景气带来了新的贫困人口，同时也使得一些已经脱贫的人重新返贫。不仅如此，地方官员都把精力从脱贫攻坚上转移到了抗击新冠肺炎疫情上——许多人至今仍然担心零星病例的出现或第二波疫情的暴发，这都是可以理解的。

尽管诸多障碍正被一一克服，但是由于时间已经损失、经济也受到了损害，中国政府完全有理由将实现消除绝对贫困目标的时限推迟到2020年以后。对此所有人都能够理解，没有人会予以非议。

但是，在2020年3月6日召开的大型“决战决胜脱贫攻坚”电视电话座谈会上，习近平总书记就“动员全党全国全社会力量，以更大决心、更强力度推进脱贫攻坚，确保取得最后胜利”的既定目标，发出了感人的号召：到2020年现行标准下农村贫困人口全部脱贫，必须如期实现。

习总书记把这个目标称作党中央向全国人民做出的“郑重承诺”，必须如期实现，没有任何退路和弹性。他强调，这是一场硬仗，越到最后越要紧绷这根弦，不能停顿、不能大意、不能放松。各地区各部门要坚定不移把党中央决策部署落实好，确保如期完成脱贫攻坚目标任务。

习总书记的思想是一以贯之的。2017年10月，习近平总书记在中国共产党第十九次全国代表大会上发表讲话时说："让贫困人口和贫困地区同全国一道进入全面小康社会是我们党的庄严承诺。"他强调，既要帮助人们自己努力摆脱贫困，也要为他们提供必要的支持。

面对疫情带来的冲击，习总书记仍然坚持在2020年底实现消除绝对贫困的既定目标。作出这样的决定并非易事，这是他在进行了充分调查和分析之后作出的决定。值得注意的是，2020年4月他在陕西省考察时再次把重点放在了扶贫上，明确表示中国既定的扶贫目标不变，并进一步明晰了未来的工作主线。

要理解习总书记坚持实现这一既定目标的主要动力，就必须了解2020年这一特殊年份的意义。2020年是全面建成"小康社会"之年，这是构成习总书记称之为"中华民族伟大复兴"的"两个一百年"奋斗目标中的第一个（在2021年中国共产党成立一百年时全面建成"小康社会"）。

关于"小康社会"，其最初的定义只有一个具体的量化目标：在发展平衡性、协调性、可持续性明显增强的基础上，实现两个"倍增"，即国内生产总值和城乡居民人均收入比2010年翻一番。习总书记给这一定义增加了一个新的条件，指出无论中国的人均GDP和个人收入有多高，只要还有任何中国公民继续生活在绝对或极度贫困之中，那么中国就不能宣称建成"小康社会"。这是一个强有力的指标，也很有真知灼见，已经成为中国国家政策。

因此，要在2020年全面建成小康社会，就必须在2020年底前彻底消除极端贫困。现在正是艰难的最后冲刺时刻，而新冠肺炎疫情的冲击无疑使这项任务变得更具挑战性。

在推迟召开的2020年全国人大开幕式上，李克强总理所作的政府工作报告强调优先稳就业、保民生，坚决打赢脱贫攻坚战。具体措施包括：加大剩余贫困县和贫困村攻坚力度，对外出务工劳动力，要在就业地稳岗就业；开展消费扶贫行动，支持扶贫产业恢复发展；加强易地扶贫搬迁后续扶持；深化东西部扶贫协作和中央单位定点扶贫；强化对特殊贫困人口兜底保障等。

当然，挑战是存在的。而最大的挑战就是新冠肺炎疫情的持续影响，它带来的巨大社会混乱和经济放缓具有长尾效应。其次是全球经济普遍下滑，这是由突如其来的大范围新冠肺炎疫情所引起的；经济衰退导致不再从中国的出口导向型公司购买以往那么多的产品。最后是中美关系的恶化增加了经济的不确定性和压力。

展望未来，政府呼吁加强监管、给返贫群众提供帮助，同时推动乡村振兴，以帮助脱贫群众迈向富裕。

我发现，在目前国际交流的敏感时期，中国的脱贫攻坚战是打破外国对中国的刻板印象和偏见的最有说服力的故事。当我讲述中国扶贫故事的时候——提供第一手资料，让自己走进中国最贫穷的地区，近距离目睹、体验扶贫工作的实施过程——很多外国人都感到惊讶，中国作为一个国家、习主席作为国家领导人，竟然把扶贫当作国家最重要的工作来抓。

当全世界都在关注新冠肺炎疫情发展、同时公认中国通过实实在在的隔离等一系列严格措施有效遏制疫情蔓延之时，我想强调的是，尽管所有政治制度都各有利弊，但成功遏制新冠肺炎疫情蔓延的中共政治体制正是那个成功消除极端贫困的同一个中国政治体制。

中国的精准扶贫尽管取得了历史性的成功，但至少仍然面临四个挑战。

第一，数据是否可靠？如果实施扶贫的官员同时又负责对扶贫结果的评估，这就显然是一个矛盾。我说过，我看到过一些独立的审计人员，他们经常在不提前通知审查对象的情况下展开突击检查和抽查，但是我也听说一些数据值得怀疑，因为地方官员承受着巨大的压力。这就是为什么中央政府越来越依靠独立审查并严厉惩处弄虚作假的官员。

第二，官员们为了获得政绩希望人们脱贫，而村民们则希望继续被列为贫困户以获得更多的扶贫补贴，这两者之间存在着天然的冲突。这些都是人之常情，某些个案的处置考验着官员的智慧。

第三，一些人确实刚好达到了脱离极端贫困的指标，也因此兴奋不已，但是如何才能防止他们在2020年之后再次返贫？中国的减贫事业要想真正获得成功，脱贫成效就必须具有可持续性。

第四，勉强高于极度贫困线的生活其实也远远低于中国城市中产阶级的生活水平，因此离中国实现共同富裕的长远目标还存在巨大差距。所以，扶贫工作并不会在2020年结束。

在2020年中国全国人民代表大会闭幕后的新闻发布会上，李克强总理坦率地承认：中国有6亿人每个月的收入也就1000元。虽然无论以什么标准来衡量他们都不再生活在极度贫困之中——他们对此心存感激，但是以中国当代城市居民的生活标准来看，他们无疑仍然还很贫穷。

据北京师范大学中国收入分配研究院万海远和孟凡强的研究报

告，在这6亿人中，有546万人没有任何收入，有2.2亿人月收入在500元以下，有4.2亿人月收入低于800元，有5.5亿人月收入低于1000元，有6亿人月收入低于1090元。如果以每月1090—2000元的标准来界定中低收入者，则该群体的人口规模总量会达到3.64亿人。

这就意味着在中国14亿人口中，约9.64亿人（约占总人口的2/3）的月收入低于2000元，也就是每月280美元（按2020年5月汇率计算）。根据万海远和孟凡强的报告，近43%的人口的月收入在1090元以下，近69%的人口月收入在2000元以下，约84%的人口月收入在3000元以下，约95%的人口月收入在5000元以下。因此，“有相当一部分居民仍然处于生存线附近”。

万海远和孟凡强得出的结论是，“我们要准确认识中国居民的实际收入状况，客观评价中国真实的收入分配差距情况，清醒意识到中国的发展阶段和全球的相对位置”。中国作为世界上最大发展中国家的地位长期不会改变。

要在中国真正消除所有贫困并使脱贫成效具有可持续性，扶贫工作不仅必须继续持续推进，而且必须继续作为首要工作来抓。这确实是一次“长征”。

2019年初，中国生活在绝对贫困线下的总人口减少到了1660万，而到2020年初，贫困人口又进一步减少到了550万。尽管最后的任务总是最艰难，尽管中国又突然遭受了新冠肺炎疫情的严重冲击，中国仍然在朝着2020年底消除绝对贫困的目标前进。

2019年4月，中共中央总书记习近平对重庆市进行了考察。他在考察中强调，要把解决“两不愁三保障”突出问题作为脱贫攻坚的明确目标。所谓“两不愁”指的是到2020年稳定实现农村贫困人口不愁吃、不愁穿；“三保障”指的是义务教育、基本医疗和住房安全有保障。

在重庆，习总书记主持召开了一次高规格跨省区的解决“两不愁三保障”突出问题座谈会。虽然贫困地区群众出行难、用电难、上学难、看病难、通信难等长期没有解决的老大难问题已经普遍解决，义务教育、基本医疗、住房安全有了保障，习总书记仍然号召扎实做好脱贫攻坚工作，确保如期完成脱贫攻坚目标任务，确保全面建成小康社会。

习总书记说，中国的脱贫攻坚战已经进入决胜的关键阶段，各地区各部门务必高度重视。这无疑给战斗在脱贫攻坚前线的官员们增加了压力。他要求各地方政府采取积极措施着力解决“两不愁三保障”问题，扎实做好脱贫攻坚工作。

会议前一天，习近平总书记中午抵达重庆后，立即转乘火车和汽车，前往重庆市石柱土家族自治县。习总书记一行沿着蜿蜒的山路，辗转三个多小时抵达大山深处的中益乡华溪村。

在中共中央政治局委员、重庆市委书记陈敏尔的陪同下，习近平总书记视察了一所小学。他在那里重申了他的承诺：要保证贫困山区的孩子上学受教育，有一个幸福快乐的童年。习总书记走进师生食堂，仔细查看餐厅和后厨，了解贫困学生餐费补贴和食品安全卫生情况。他希望老师们扎根山区，献身农村教育事业，为群众脱贫贡献一份力量。

在探访一户因伤病原因暂时丧失了劳动力，生活还比较困难的家庭时，习近平说，要重点做好那些尚未脱贫或因病因伤返贫群众的工作，并补充说，要加快完善低保、医保、医疗救助等相关扶持和保障措施，用制度体系保障贫困群众真脱贫、稳脱贫。

习近平说:“全面小康路上一个也不能少。发展才是社会主义,发展必须致力于共同富裕。”

在一位靠种植中药材脱贫的老党员家房前的院坝里,习总书记与村民代表、基层干部、扶贫干部、乡村医生等围坐在一起。大家你一言我一语,争相发言。习总书记说,他就是想实地了解“两不愁三保障”是不是真落地,还有哪些问题。他告诉乡亲们:“脱贫攻坚是我心里最牵挂的一件大事。”他强调:“幸福是奋斗出来的……乡亲们要一起奋斗,努力向前奔跑,争取早日脱贫致富奔小康。”

一年后的2020年4月,中益乡正在建设以蜜蜂为主题的农业旅游一体化项目。该地区将成为“中华蜜蜂谷”——一个以蜜蜂为主题的游乐园和一个蜜蜂博物馆正在建设中。

习近平曾经访问过的极度贫困村华溪村,现在满山的梨树果实累累,房屋扩建、翻修一新,村民们用上了电和抽水马桶。华溪村靠着农业、中药材、文化旅游这“三条腿”脱贫致富,不仅成为重庆“决战决胜脱贫攻坚战”的一个缩影,也成为乡村振兴的典范。

华溪村的发展验证了习总书记2019年在重庆考察时说过的话:脱贫既要看数量,更要看质量。要严把贫困退出关,严格执行退出的标准和程序,确保脱真贫、真脱贫。要把防止返贫摆在重要位置,适时组织对脱贫人口开展“回头看”。要探索建立稳定脱贫长效机制,强化产业扶贫,组织消费扶贫,加大培训力度,促进转移就业,让贫困群众有稳定的工作岗位。要做好易地扶贫搬迁后续帮扶。要加强扶贫同扶志、扶智相结合,让脱贫具有可持续的内生动力。

那些看到中国扶贫工作取得空前成功的人们还必须认识到,这种成功与中国共产党的执政体制以及自上而下的强大政府治理体系之间是存在因果关系的。虽然所有政治制度都有其优势和劣势，但是如果没有如此强大的权威，中国是很难实现其扶贫目标的。

今天，在西方尤其是在美国，有人对中国的行动感到担心，对中国的动机表示怀疑。我们希望我们的纪录片《前线之声：中国脱贫攻坚》能实现两个目的：首先是向人们介绍中国是如何开展扶贫工作的，其次是要消除人们对中国的偏见，即便是在观看的那一刻让人们对中国的看法有所改变也好。

尽管其他发展中国家与中国相比，条件和文化不同，但是中国相信其扶贫经验能为它们减贫提供帮助。

在发展中国家中，只有中国实现了快速发展和大规模减贫，贫困人口从40多年改革开放的成果中获益，一批脱贫“老大难”在过去7年多的时间里终于摆脱了贫困。我们有充分的理由说，中国的扶贫成就是一个发展奇迹。

中国2020年完成脱贫攻坚任务后，将提前10年实现联合国提出的《2030年可持续发展议程》中的减贫目标。世界上还没有哪个国家能在如此短的时间内让如此多的人摆脱贫困。中国认为，这些历史性成就证明了中国社会主义政治制度的优越性，这也意味着中国共产党的领导将继续。

世界可以从中国成功开展的扶贫事业中学到一些什么呢？无疑可以学到很多东西。当然，中国希望与国际社会特别是最贫穷国家分享减贫工作各方面的经验。

但首先，要警惕一个问题：国与国不同，每个国家都有自己的历史和文化；不同民族的国民性也不同。我们不能把一个国家的脱贫计划丝毫不加调整就完全强加给另一个国家。

其实，最重要的是方针。中国的扶贫方针很明确:“精准”扶贫必须因地制宜，必须建立清晰的实施组织架构并对扶贫工作进行监督和核查。

然而，我认为更加重要的一条是：一个国家要取得脱贫成功，首要的条件是领导层必须对完成脱贫目标任务具有绝对坚定的决心。还是要像习近平总书记明确所说的那样:“扶贫始终是我工作的一个重要内容，我花的精力最多。”他的这句话向各级官员乃至整个国家都发出了一个强有力的信号。

因此，这才是值得我们学习的重要一课：国家高层领导必须把扶贫工作作为国家的首要工作来抓，否则扶贫不可能成功。

其次，高层领导必须赋予每个实施扶贫的人应有的权力和资源去实施国家的扶贫计划。

国务院扶贫办主任刘永富向我解释了他的行动使命:22个贫困人口较多的省份向中央政府郑重承诺，立下了军令状，要在2020年底前完成脱贫攻坚任务。这意味着什么呢？如果他们不能达成目标，就要“军法从事”，也就是受到严厉的处罚，就好比军事审判一样。

就脱贫计划而言，必须考虑到标准、措施、机制和程序等方面的问题。确实，中国已经在小微企业、教育、整村搬迁、生态补偿和社会保障等方面开创了成功经验，其他国家可以借鉴这些做法。同样，中国共产党领导下的省市县乡村五级地方政府齐抓共管、层层落实扶贫责任制的治理格局，也是值得借鉴的。

归根结底，所有国家在与贫困作斗争时都应该认识到，确保各级官员把扶贫作为其工作的重中之重来抓至关重要。这项工作只能自上而下推进，这是中国给世界上的十分重要的一课。

我们很高兴能将这本有关中国的脱贫之道的书同时呈现给中国和世界的读者。脱贫对世界和平与繁荣具有至关重要的意义。

在过去的40多年里，中国大规模的扶贫工作使8亿多贫困人口摆脱了贫困，在过去的7年里又使1亿脱贫“老大难”人口实现了脱贫。这是一个史诗般的成就，它将被永远记入史册。

未来的历史学家在撰写我们这个时代的编年史时，中国的精准扶贫事业很可能成为其中一个十分重要的篇章。

2020年6月

中国共产党领导和社会主义制度的强大政治优势

——中国大规模减贫成就和治理密码

汪三贵

经过70年艰苦卓绝的奋斗，中国从积贫积弱逐步走向繁荣富强，中国人民从极端贫困走向了全面小康。到2020年稳定实现农村贫困人口不愁吃、不愁穿，义务教育、基本医疗、住房安全有保障，绝对贫困将历史性地得到消除。中国的大规模减贫也得到了国际社会的高度认可，联合国秘书长古特雷斯称赞道，中国是为全球减贫作出最大贡献的国家，中国让8亿人脱贫，谱写了人类减贫历史的辉煌篇章。而其背后蕴含的理念和方法，也为其他发展中国家减贫提供了重要参考。中国取得了人类历史上最大规模的减贫成就，彰显了在中国共产党领导下中国特色社会主义制度的强大政治优势。

一、中国的减贫成就到底有多大？

国际社会为什么对中国减贫评价这么高？中国到底减少了多少贫困人口？这是首先需要弄清楚的问题。贫困人口的减少数量与贫困标准有关。中国自己的贫困标准是年人均纯收入2300元（2010年不变价），我们现阶段脱贫攻坚的目标之一就是要使贫困人口的收入稳定超过这个标准。按照这个标准来估计，1978年中国的农村贫困人口为7.7亿人，贫困发生率97.5%，也就是说当时100个农村人口里面只有2个人是非贫困人口，其他全部是贫困人口，可见改革开放初期中国农村的贫困问题是非常严重的。到2019年底，贫困人口已经减少到551万人，累计减少了7.6亿多贫困人口，年均下降9.1%。贫困发生率下降到0.6%，100个农村人口里面贫困人口不到1个了。[1]

1　根据国家统计局历年公布的数据计算，参见由中国统计出版社出版的年度《中国农村贫困监测报告》。

为了评估全球贫困状况和进行贫困跨国比较，世界银行确定了多条国际贫困线并对各个发展中国家的贫困人口规模进行了估计。国际贫困线标准是按2011年购买力平价计算的每人每天的收入或生活费为1.9美元。按1.9美元的贫困线标准来估计，1981年中国的贫困人口（包括城市的贫困人口）是8.84亿人，贫困发生率为88%。中国政府估计的贫困人口不包括城市贫困人口，我们扶贫主要针对农村贫困人口。如果把城市人口和农村人口放到在一起，100个人里面有88个是贫困人口，比例也是相当高的。2015年，世界银行估计的中国总贫困人口减少到970万人，累计减少了8.74亿人，贫困发生率从88%下降到0.72%，100个人里面只有不到1个贫困人口。世界银行有另外一条中度贫困线，每人每天3.1美元，这条贫困线代表的是所有发展中国家贫困线的平均水平。按这条中度贫困线估计，1981年中国有9.92亿贫困人口，贫困发生率为99.14%，全国无论农村人口还是城市人口基本都生活在这条贫困线之下。到2013年，中国的中度贫困人口下降到了1.5亿，减少了8.4亿，贫困发生率下降到11%。[1]

无论是按照中国自己的贫困线标准还是按照国际贫困线标准来判断，中国改革开放40年都减少了8亿—9亿贫困人口。这是人类历史上在短时间内取得的最大减贫成就，举世瞩目。如果以中国目前的贫困线标准衡量，40年来贫困人口减少的速度还在不断加快。中国的农村贫困人口在20世纪70年代后期到80年代后期这10年，年均下降3%，20世纪90年代年均下降4%，2001—2010年年均下降10%，2010年后年均下降20%。[2]所以从速度上看变化非常明显，越

1 数据来源于世界银行公布的“世界发展指标”（World Development Indicator）。

2 根据国家统计局历年公布的数据计算。

到后面中国的减贫速度就越快。特别是2014年开始实施精准扶贫以来，中国农村贫困人口年均减少约1300万人，年均下降率高达36.3%，减贫速度远远高于其他时期。

二、中国共产党是如何利用社会主义制度优势来解决贫困问题的?

贫困是全球性问题，尽管世界各国在减缓贫困方面都取得了不同程度的进展，但中国的减贫规模和速度举世无双，成为实现联合国千年发展目标和可持续发展目标中减贫目标的重要保障。中国的大规模减贫除了得益于经济快速增长外，也与中国共产党、中国政府对贫困问题的高度重视和采取有针对性的策略密切相关。对贫困问题的高度重视恰恰是社会主义制度的本质要求。

（一）中国共产党领导减贫的坚强政治意愿

贫困人口在任何国家都是边缘人群，没有太大的经济和政治影响力。如果执政党和政府没有政治决心和意愿，贫困问题是很难消除的。中国共产党一开始就是以工人、农民为核心力量成立的政党，尽管党员的构成随着社会的发展和时代的进步不断变化，但党的首要任务始终是领导全国人民摆脱近代以来中国贫穷落后的面貌，不断探索国家富强、人民富裕的道路。因此，帮助贫困地区和贫困人口脱贫始终是党和政府的重要政治任务。新中国成立以来，中国共产党及其领导下的政府带领中国人民进行了各种探索和实验，尽管出现过失误和挫折，但总体上在经济建设、社会发展和人民生活改善方面取得了巨大的成就，成为全球发展的楷模，也为其他发展中国家探索出了一条新的发展道路。中华人民共和国成立初期，以毛泽东为核心的中国共产党人带领中国人民建设新中国，提出“建成一个具有现代农业、现代工业、现代国防和现代科学技术的社会主义强国”[1]，特别是通过生产资料公有制等重要制度的改革试图消除造成两极分化和贫困的制度根源，并且在教育、医疗等社会发展领域取得了巨大的进步。中国的人均预期寿命从1949年的35岁提高到1978年的68岁就是一个极好的证明。但由于采用了苏联式的计划经济体制，生产者缺乏积极性和创造性，加上人口的快速增长，人民的物质生活水平提高得很慢，贫困问题普遍存在。1978年开始的改革开放就是为了解决激励问题，通过市场经济机制提高生产者的积极性和创造性，提出“贫穷不是社会主义”[2]，并且制定了“三步走”战略规划，明确要实现贫困群众温饱，然后达到小康，逐步达到中等发达国家水平[3]。以江泽民同志为核心的党中央提出“两个一百年”[4]，即在中国共产党成立一百周年（2021年）时，使国民经济更加发展，各项制度更加完善；到世纪中叶中华人民共和国成立一百年（2049年）时，基本实现现代化，建成富强民主文明的社会主义现代化国家。以胡锦涛同志为总书记的党中央提出了全面建设小康社会的详细目标，要求加快以民生为重点的社会建设。[5]十八大以来，以习近平同志为核心的党中央打响脱贫攻坚决

1　《关于一九六三年国民经济计划和一九六四年国民经济计划、一九六三年国家预算和一九六四年国家预算初步安排的决议》，《人民日报》，1963年12月4日第2版。

2　邓小平：《邓小平文选》（第3卷），人民出版社1994年版，第116页。

3　中共中央文献研究室编：《十三大以来重要文献选编》（上），人民出版社1991年版，第16页。

4　江泽民：《高举邓小平理论伟大旗帜，把建设有中国特色社会主义事业全面推向21世纪》，《人民日报》，1997年9月13日第01版。

5　胡锦涛：《高举中国特色社会主义伟大旗帜　为夺取全面建设小康社会新胜利而奋斗》，《人民日报》，2007年10月16日第01版。

战，提出全面建成小康社会，不能落下任何一个贫困群众，并通过“两个阶段”全面建成社会主义现代化强国，实现共同富裕。[1]正是因为中国共产党的宗旨和性质决定了党有坚定的政治意愿去解决贫困问题，始终把消除贫困放在党和政府工作的突出位置，不断探索解决贫困问题的新的路径和策略。

（二）中国共产党领导减贫的强大组织动员能力

有了政治意愿和决心，还需要有方式和能力去解决贫困问题。贫困问题在全球范围内之所以难以解决，是因为扶贫对象是能力最弱的，受多种因素的共同影响而陷入贫困。要解决贫困问题就需要动员大量的人力、物力和财力进行有针对性的帮扶，同时还需要增强贫困人口自身的内生动力和发展能力。中国之所以能在短时期内取得大规模的减贫成就，成为第一个消除绝对贫困的发展中国家，正是利用了集中力量办大事的社会主义制度优势。习近平指出：“我们最大的优势是我国社会主义制度能够集中力量办大事。这是我们成就事业的重要法宝。”中国大规模的减贫就是在中国共产党的领导下，形成了高效的组织系统，动员了全社会各种资源，采取了有针对性的帮扶策略。

1.脱贫攻坚管理体制：中央统筹、省负总责、市县抓落实

要解决贫困问题首先需要有完整的组织体系和责任体系，解决谁去帮扶的问题。中国政府全面落实脱贫攻坚责任制，形成“中央统筹、省负总责、市县抓落实”的工作机制。党中央、国务院主要负

1　习近平：《决胜全面建成小康社会　夺取新时代中国特色社会主义伟大胜利》，《人民日报》，2017年10月19日第01版。

责统筹制定扶贫开发大政方针，出台重大政策举措，规划重大工程项目。省级党委和政府对扶贫开发工作负总责，负责目标确定、项目下达、资金投放、组织动员、监督考核等工作。市级党委和政府主要负责上下衔接、域内协调、督促检查工作，并把精力集中在贫困县如期脱贫上。县级党委和政府承担主体责任，书记和县长是第一责任人，负责进度安排、项目落地、资金使用、人力调配、推进实施等工作。扶贫开发任务重的中西部22个省级党政主要领导向中央签署脱贫责任书，每年要向中央作扶贫脱贫进展情况的报告，年度考核评估落后的省级领导要被中央约谈。省级党委和政府向市、县、乡镇提出要求，组织对脱贫任务完成情况的考核评估，层层传导压力，落实责任制，杜绝虚假脱贫。

2.县级干部的考核、任免和脱贫攻坚责任

脱贫攻坚的具体工作主要由县级党委和政府组织实施，如何确保脱贫任务重的贫困县的主要领导把工作重点放在帮助贫困人口脱贫上就特别重要。中央在脱贫攻坚期内要求保持贫困县党政正职稳定，实行不脱贫不调整、不摘帽不调离的干部管理制度。这就意味着贫困县的主要领导（书记和县长）在脱贫攻坚期间都不能调动，必须对本县的扶贫负责到底。这涉及全国832个贫困县的主要领导，是前所未有的组织措施。中央同时调整了对贫困县领导干部的考核标准，不简单考核经济增长速度，而是更加注重对与减贫脱贫紧密关联的民生改善、社会事业发展的考核。这些组织措施有效地促使贫困县的领导从以往主要追求经济和财政收入的增长转向主要关注贫困人口的脱贫和人们实际生活的改善。

3.驻村帮扶和村级扶贫治理

脱贫攻坚和精准扶贫工作最终要落到实处在相当程度上取决于村级组织的责任心和能力，村级组织直接与贫困户打交道，是脱贫攻坚的最后一公里，村级扶贫的成效在很大程度上决定了整个脱贫攻坚的成效。贫困村通常地理位置偏远，长期以来基础设施薄弱，公共服务质量差，经济发展水平低，年轻人和文化程度高的人口大量外出。村干部老龄化问题严重、综合素质差，村级组织涣散，仅靠现有的村级组织和干部队伍要完成艰巨的脱贫攻坚任务是不可想象的。考虑到贫困村治理能力弱这一现实状况，中央决定对所有贫困村派出驻村工作队和第一书记，目的就是要加强贫困村的综合治理特别是精准扶贫的能力。驻村工作队通常来自上级政府部门、事业单位和大型国有企业，人员综合素质和能力高，驻村工作队的队长（第一书记）还是派出单位的主要领导或部门领导。驻村工作队一般不少于3人，每期驻村时间不少于2年。干部驻村期间不承担原单位工作，党员组织关系转接到所驻贫困村，确保全身心专职驻村帮扶。脱贫攻坚期内，即便退出贫困村序列的，驻村工作队也不得撤离，脱贫不脱政策，防范返贫问题的产生，确保脱贫攻坚质量。2016年以来，全国驻村干部近300万人，驻村帮扶大大促进了脱贫攻坚和精准扶贫政策的落地。

4.构建“三位一体”大扶贫格局

扶贫开发是一项综合性工作，涉及方方面面。为此，中国政府构建了“专项扶贫、行业扶贫、社会扶贫”的“三位一体”扶贫开发工作格局。不仅政府各个部门都参与扶贫，还动员社会力量也参与扶贫。政府主要负责专项扶贫和行业扶贫两块，专项扶贫主要是国家安排财政专项扶贫资金，由扶贫相关部门负责组织实施扶贫项目，直接帮助贫困地区和贫困群众，例如整村推进、以工代赈、易地扶贫搬迁等。行业扶贫主要是农业、水利、交通、住建、教育、卫生等行政部门按照职能分工，承担相应的扶贫任务。脱贫攻坚战实施以来，诸如危房改造、道路建设、农村饮水安全工程、学生营养改善计划、教育扶贫、健康扶贫、生态修复工程等行业扶贫措施极大改善了贫困地区和贫困群众的生产生活条件。同时，中国政府积极动员、倡导和部署社会力量参与扶贫事业，1979年便开始组织六省（市）对口支援边境地区和少数民族地区，1986年就启动了中央和国家机关定点帮扶贫困县的工作，1994年开始组织东部发达地区的省市对口帮扶西部贫困地区的省市。各类企业大规模参与产业扶贫，带动贫困家庭发展产业或为贫困劳动力提供就业机会。更有社会各界爱心人士、社会团队发挥专业优势，在教育、医疗、社区发展等方面参与扶贫。改革开放以来，世界银行、亚洲开发银行、联合国等国际机构也一直参与中国的减贫进程。值得一提的是，中国政府一直和国际机构保持良好的合作，积极学习先进经验，而不是简单接受援助，从而避免落入“援助陷阱”。例如，中国借鉴了国际上的参与式扶贫、社区综合发展、小额信贷等理念和实践。

（三）中国的农村土地制度有利于减贫

与其他发展中国家一样，中国的绝对贫困人口主要集中在农村，而农村贫困通常与土地制度有密切的关系。作为最基本的农业生产资料之一，土地是农民安身立命的根本，土地制度关乎农民的切实利益，尤其是极度依赖农业生产的穷人的利益。在旧中国，封建土地所有制使得“富者田连阡陌，贫者无立锥之地”，贫下中农被封建政权剥削，佃农被地主剥削，广大农民陷入长期的贫困之中。中国共产党领导中国人民进行新民主主义革命，始终将土地革命摆在重要的位置，赢得了广大人民群众的拥护。新中国成立之初，《中华人民共和国土地改革法》颁布，明确“废除地主阶级封建剥削的土地所有制，实行农民的土地所有制，借以解放农村生产力，发展农业生产”[1]。社会主义公有制土地制度的建立，实现了农村土地的平均分配，解决了土地私有制导致的土地集中问题，中国农民历史性地平等拥有土地，为摆脱贫困奠定了坚实的基础。改革开放以后土地联产承包责任制的实施，使所有农户都获得了土地的长期使用权，农户可以自主经营并获得土地产出的绝大部分甚至全部收益。这是农业增长能惠及贫困家庭并带来较显著减贫效果的重要原因。

三、中国未来的扶贫之路怎么走？

中国在2020年完成脱贫攻坚目标任务，历史上第一次全面解决了贫困人口的吃、穿、住房、义务教育和基本医疗问题，为贫困人口的稳定创收也奠定了一定的基础。脱贫攻坚的完成并不意味着扶贫任务的结束，因为贫困是一个相对概念。随着社会经济的发展和人们对更加美好生活的追求，贫困标准会不断提高。目前，发达国家依然有严重的贫困问题，如美国还有4000多万贫困人口，贫困发生率为12%，比我们高很多。欧洲国家贫困发生率在10%至20%之间。主要原因是美国的贫困标准比中国高很多倍，而欧洲采用的是相对贫困标准，也远高于中国的贫困线。中国在消除现有标

1　胡绳：《中国共产党的七十年》，中共党史出版社1999年版，第305页。

准下的绝对贫困后，将转向缓解相对贫困。相对贫困的核心是差距问题，只要有收入和生活质量的差距，就有相对贫困。要缓解相对贫困就必须不断缩小城乡、区域和居民之间的收入和生活质量的差距。缩小城乡之间的差距将依靠乡村振兴战略和新型城镇化来实现；缩小区域差距将主要依靠新的西部大开发和落后地区的区域开发来实现；居民之间的收入差距有赖于提高低收入人口的人力资本和生产效率，为他们提供更多参与市场的机会，同时通过完善社会保障制度进行兜底。

到了缓解相对贫困阶段，就需要建立城乡一体化的扶贫体制，把城镇的相对贫困人口纳入进来。随着新型城镇化的推进，城市人口的比重会越来越大，相对贫困人口也会越来越多，城镇扶贫的重要性将越来越凸显。从扶贫的方式来看，将更加注重提高自我发展能力和内生动力，重点是提升贫困家庭的人力资本，以教育和医疗服务为核心的基本公共服务均等化将是乡村振兴阶段的重要目标，也是提升贫困家庭人力资本的重要手段。人力资本的提升将使贫困户最终有能力参与市场，获得更高的收入和更多的机会，大幅度降低陷入贫困的风险。市场主体和专业性的民间组织在帮助贫困户参与市场和提升能力方面将发挥更大的作用。完善城乡一体化的社会保障制度也将对缓解相对贫困起到兜底作用，防止收入差距的进一步扩大。到2050年中国将实现中国共产党提出的第二个“百年目标”，将中国建成富强民主文明和谐美丽的社会主义现代化强国，人民将过上更加富裕的生活。

中国在短时期内取得的大规模减贫成就，使数亿人摆脱了绝对贫困，走向了通往美好生活之路，创造了人类历史奇迹。中国的减贫成就不仅体现在统计数据的变化上，背后还有许多创造性的实践和鲜活感人的故事。本书出版的目的就是使读者更好地理解中国如何在中国共产党的领导下充分发挥中国特色社会主义制度显著优势，通过无数人的艰苦奋斗和不断探索成功走上脱贫之路的。本书采用了理论与实践相结合的写作方式，每一章开头都会对相关主题进行归纳和总结，使读者获得整体性的认识，然后用具体的案例让读者对脱贫攻坚实践有更直观的感受。罗伯特 · 劳伦斯 · 库恩博士作为一名长期生活和工作在中国的新闻工作者，则用他的观察和记录讲述了全世界都应该听到的中国脱贫攻坚故事。本书作者的协同努力将为世界各国的读者更好地理解中国，理解中国的脱贫之道提供独特和全面的视角。

第一章

国家目标：决胜脱贫攻坚，全面建成小康

全面建成小康社会是实现中国梦的重要组成部分，是实现第一个“百年奋斗目标”的里程碑，也是开启中华民族伟大复兴新征程、实现第二个“百年奋斗目标”的基石。农村贫困是全面建成小康社会最突出的短板。正如习近平总书记强调的，没有农村贫困人口全部脱贫，就没有全面建成小康社会。作为现阶段的国家目标，打赢脱贫攻坚战、确保全面建成小康社会圆满收官是全国人民共同的期待，是兑现让人民生活更加美好承诺的基本保障，是发展成果更多更公平地惠及人民的必经之路。

一、全部脱贫：全面建成小康社会的标志性指标

小康社会是中国政府矢志不渝的奋斗目标。小康源自中国传统文化，其内涵在新中国成立之后不断被丰富，并成为实现共同富裕的阶段性目标。改革开放之初，邓小平同志提出“温饱—小康—中等发达国家水平”三步走的战略部署，从此“小康”成为中国现代化进程的阶段性目标。1987年，党的十三大正式提出经济建设“三步走”战略，把小康列为第二阶段目标。1997年，党的十五大提出“两个一百年”目标，第一个“一百年”是到中国共产党成立一百年时全面建成小康社会；第二个“一百年”是到新中国成立一百年时建成富强民主文明和谐美丽的社会主义现代化国家。2002年，党的十六大提出全面建设小康社会，设定的实现时间为2020年。2007年，党的十七大进一步明确全面建设小康社会的各项要求。2012年，党的十八大根据经济社会发展情况，提出到2020年全面建成小康社会的新要求，并将其定位从工作目标上升为战略目标，突出了全面小康社会从建设过程向完成时态的战略转变，标志着全面建成

小康社会开始进入决定性阶段。2017年，党的十九大报告中提出决胜全面建成小康社会的目标，明确经济、政治、文化、社会和生态“五位一体”的全面发展，标志着全面小康社会建设进入冲刺决胜阶段。从决定性阶段到决胜阶段，全面建成小康社会在倒计时状态中一步步地被实现，一步步地被强化。

打赢脱贫攻坚战是决胜全面建成小康社会的底线目标和标志性指标。到2020年全面建成小康社会，是中华民族伟大复兴进程中的关键性节点目标，既意味着经过多年奋斗全体人民过上了殷实的生活，也意味着为乘势而上开启全面建设社会主义现代化国家新征程、向第二个“百年奋斗目标”进军打下了坚实基础。全面小康的成色和含金量，将决定其在复兴进程中的历史地位。而要提高全面小康的成色和含金量，必须补齐脱贫攻坚这一突出短板。全面小康是全体人民共享的小康，不能有一个人掉队。习近平总书记反复强调，“小康不小康，关键看老乡”“全面建成小康社会、实现第一个百年奋斗目标，最艰巨的任务是脱贫攻坚，这是一个最大的短板，也是一个标志性指标”。正是基于这一认识，党的十八大以来，以习近平同志为核心的党中央把扶贫开发工作纳入“五位一体”总体布局、“四个全面”战略布局，作为实现第一个“百年奋斗目标”的重点任务，作出一系列重大部署和安排，举全国全社会之力，毅然全面打响脱贫攻坚战，以此确保全面建成小康社会圆满收官，并经得起人民和历史的检验。

二、脱贫标准：“两不愁”与“三保障”

高脱贫标准是消除绝对贫困的保障。现行农村贫困人口脱贫标准以“两不愁三保障”为基准（不愁吃、不愁穿，义务教育、基本医疗和住房安全有保障），还包括年人均纯收入2300元（2010年不变价）的收入标准。仅收入贫困线就能基本达到联合国千年发展目标中消除极端贫穷和饥饿的要求。在食物方面，现行收入贫困线可以保障每人每天1斤粮食、1斤蔬菜、1两肉或1个鸡蛋的食物支出，能满足每人每天2100大卡热量和60克左右的蛋白质的摄入，能实现稳定温饱，基本达到“吃饱、适当吃好”的水平。贫困线所包括的非食物支出能够基本满足衣、住、用、行以及义务教育、基本医疗等需求，达到国际社会基于恩格尔系数所界定的温饱生活水平。总而言之，现行贫困标准使农户能够实现“不愁吃、不愁穿”。而且与国际通行的贫困标准相比，现行农村收入贫困线已高于世界银行极端贫困线。中国的贫困线按购买力平价指数计算约为每人每天2.3美元，是世界银行宣布的每人每天1.9美元贫困线的1.21倍。如果把贫困人口实际享受到的各类保障措施折算进收入，中国实际的脱贫标准比2.3美元的现行标准至少要高20%。因此当前的减贫工作建立于高贫困标准之上，保证现行标准下的脱贫质量，就可以解决传统意义上的“绝对贫困”。

多维度脱贫标准保障了全方面福利改善。虽然中国采用收入贫困线来衡量贫困状况，但是中国的扶贫目标从改革开放之始就没有局限于仅提高贫困群众的收入。产业、教育、卫生、文化等多个维度目标在各个阶段的扶贫政策文件中一以贯之。《国家八七扶贫攻坚计划（1994—2000年）》提出，要解决贫困群众的基础设施、教育、文化、卫生等问题。相继发布的《中国农村扶贫开发纲要（2001—2010年）》和《中国农村扶贫开发纲要（2011—2020年）》，均强调扶贫目标包括改善生活质量的多维标准。特别是《中国农村扶贫开发纲要（2011—2020年）》，不仅提出了“两不愁三保障”的脱贫标准，而且要求实现贫困地区农民人均可支配收入增长幅度高于全国平均水平，基本公共服务主要领域指标接近全国平均水平。党的十八大以来，精准扶贫系列重要政策文件均沿用了“两不愁三保障”的脱贫标准，在脱贫验收中，收入标准之外的考核要求涉及多个方面，不仅注重个体的多维改善，而且注重个体所处环境的改善。除贫困户的人均纯收入必须超过2300元贫困线之外，还必须保障其义务教育、基本医疗、安全住房等。“两不愁三保障”与全面小康社会的内涵相适应，突出了多维、可持续等特点。其中保障义务教育和基本医疗是提高人力资本水平、斩断贫困代际传递的必要举措，安全住房是维持群众生产生活稳定的基本条件。此外，在贫困村的退出考核中，水、电、路、卫生室、文化室等基础设施和公共服务设施也都是重要的考核指标。随着中央和地方政府不断加大扶贫工作力度，贫困地区基础设施和公共服务水平得以显著提高，贫困群体人居环境和外部发展条件也得到极大改善。系统性的扶贫措施和高水平的脱贫标准，促进了贫困群体多维度的福利改善，为其稳定脱贫奠定了基础，使脱贫农户能够实现比较稳定宽裕的生活状态，从而确保全面消除绝对贫困，兑现让贫困人口和贫困地区同全国一道进入全面小康社会的庄严承诺，提前10年实现联合国《2030年可持续发展议程》确定的减贫目标。

三、决心：必须全面实现的庄严承诺

消灭贫困、实现共同富裕是中国共产党的初心使命。中国共产党的发展史就是一部消除贫困的奋斗史，从毛泽东到习近平，历届党和国家领导人坚持共同富裕这个扶贫思想核心，立足于中国国情，提出了解决贫困问题的一系列思想和策略。特别是习近平总书记把精准扶贫、精准脱贫摆到治国理政的高度，亲自挂帅、亲自督战，深入14个集中连片特困地区，考察了数十个贫困村，连续7年召开脱贫攻坚座谈会，多次强调2020年实现现行标准下的农村贫困人口全部脱贫、贫困县全部摘帽、解决区域性整体贫困，是党中央向全国人民作出的郑重承诺，必须如期实现，没有任何退路和弹性。基于现实诉求和情理认知，我们不能一边宣布全面建成了小康社会，另一边还有几千万人生活在贫困标准以下。为此，中国动员了全党全国全社会力量，坚持精准扶贫、精准脱贫方略，汇聚多方力量，加大资金投入，强化政策举措，使新时代脱贫攻坚取得决定性进展。一是建立精准识别、精准脱贫的工作体系，在继续采用区域瞄准的基础上，更加重视到户到人的个体瞄准。以14个集中连片特困地区、832个贫困县和12.8万个贫困村为区域重点，通过建档立卡精准识别贫困人口，解决"扶持谁"问题。二是建立因地制宜、因人施策的帮扶体系，根据贫困人口致贫原因和脱贫需求，量身定制扶持措施，实施"五个一批"帮助贫困群体脱贫，即发展生产脱贫一批、易地搬迁脱贫一批、生态补偿脱贫一批、发展教育脱贫一批、社会保障兜底一批。三是建立各负其责、各司其职的责任体系，实行中央统筹、省负总责、市县抓落实的管理体制，建立五级书记抓扶贫的工作责任制和严格的监督考核制度，从中央到地方逐级签订责任书，强化责任落实。四是强化资金投入保障体系，持续加大中央和地方财政资金投入力度，增加专项扶贫资金规模，创新金融扶贫政策举措，不断加大财政涉农资金整合力度，加强扶贫资金监管，提高资金使用效率和效益。五是建立政府与社会共同参与的动员体系。加大东西部扶贫协作、中央和国家机关企事业单位与军队定点扶贫力度，强化驻村帮扶，选派优秀驻村干部增强扶贫一线力量，广泛动员社会组织参与扶贫，动员民营企业结对帮扶贫困村，建立了政府、市场、社会共同参与的大扶贫格局。

四、小康路上，一个都不能少

改革开放40多年来，中国共产党领导人民创造了举世罕见的经济快速发展奇迹和社会长期稳定奇迹，群众生活水平得以大幅提高。由于区位条件非常不利、人力资本极度匮乏，总有一部分乡村和农户，涓滴效应难以惠及，包容性增长难以覆盖。因为老弱病残等而缺乏劳动能力与生活来源的人口依然存在，因为天灾人祸抗风险能力低的家庭和个人陷入生活困境的现象依然存在，因为资源禀赋不足而长期贫困的深度贫困地区依然存在。习近平总书记指出："全面小康，覆盖的人口要全面，是惠及全体人民的小康。"全面建成小康社会必须彰显共同富裕的特征，必须具有平衡性、协调性、可持续性。小康路上，一个都不能少。要坚持以人民为中心的发展思想，把增进人民福祉、促进人的全面发展、朝着共同富裕方向稳步前进作为经济发展的出发点和落脚点。要清醒认识把握打赢脱贫攻坚战面临任务的艰巨性，清醒认识把握实践中存在的突出问题和解决这些问题的紧迫性，补齐"两不愁三保障"的突出短板，加大对重点贫困群体的帮扶力度，构建精准防贫机制，健全稳定脱贫长效机制，防止已脱贫群体和边缘群体返贫致贫。要把攻克深度贫困地区脱贫任务作为脱贫攻坚的重中之重，加强基础设施和公共服务建设，推动深度贫困地区的区域发展来建立长期减贫基础，确保贫困地区贫困群体与全国人民同步实现建成全面小康社会的目标。

（叶兴庆　国务院发展研究中心农村经济研究部部长、研究员）

第一节　全部脱贫：全面建成小康社会的标志性指标

消除贫困是全世界面对的共同难题。面对这一难题，中国政府坚持“以人民为中心”，立足于社会制度与治理体系的优势，在全国范围内持续开展了有组织、有计划的大规模开发式扶贫行动。特别是十八大以来，以习近平同志为核心的党中央把脱贫攻坚作为全面建成小康社会的底线任务和标志性指标，并创造性提出实施精准扶贫、精准脱贫方略。在党和政府的全力推动下，中国脱贫攻坚工作获得了举世瞩目的成就。

★脱贫故事

“中国扶贫第一村”脱贫记

1984年，福建省福鼎县委宣传部新闻科给科员王绍据下达了一项任务：到磻溪镇赤溪村进行实地采访。那年5月，王绍据辗转2个小时的汽车、18公里的山路后，终于来到了采访目的地。

这次采访让王绍据心情久久不能平静：磻溪镇赤溪村地处太姥山西麓的大山褶皱中，出村唯一的路，就是一条环绕在山间的羊肠小道。村中居民祖祖辈辈靠吃番薯度日，偶尔出一次山买到的几斤大米是金贵物。过春节时，全家能吃两顿，平日里，只有产妇“坐月子”时才能连续吃上几天。村里人衣衫褴褛，有些甚至因为买不起鞋而光着脚板。

按理说，一方水土能养一方人，赤溪村为何不行？国家是否对这一地区的村落脱贫给予政策扶持？热血翻涌的王绍据针对该地区的贫困状况连夜写了一篇稿子，并以读者来信的方式投给了《人民日报》。

这篇稿子登报后引发了热议，同年9月，党中央、国务院发出《关于帮助贫困地区尽快改变面貌的通知》，正式拉开了新时期扶贫开发工作的序幕。默默无闻的赤溪村，从此成为“中国扶贫第一村”。

“输血”不治本，“穷根”依旧在

针对赤溪村的扶贫，最初是按传统思路展开的：用送钱送物的方式“输血”。为了使赤溪村摆脱贫困，福鼎各部门积极筹措资金，给赤溪自然村下山溪22户村民平均每户送了3只羊，还有一些树苗、鸡仔。

可是，这种救济式扶贫的结果却不尽如人意：虽然村民精心饲养羔羊，但由于缺乏专业人员指导，不到一年时间，羊羔便损亡殆尽；树苗年年栽，年年死，总是长不大。

造成赤溪村贫困的原因有两个：一是人员居住过于松散，赤溪村一共有14个由村民自然聚集而成的自然村，这些人员散落在太姥山西麓9平方公里的大山褶皱中，难以集中引导；二是交通不便，出村唯一的道路就是环绕山间的羊肠小道，不管是山间丰富的山货，还是山下扶贫的物资，都难以进出。这两大原因，将赤溪村困在了“贫困陷阱”中。因此，到20世纪80年代末时，整个赤溪村贫困率达90%以上，下山溪村年人均收入不足200元。

1988年6月，习近平同志到宁德任地委书记。当时，宁德地区除了宁德、霞浦、古田3个县以外，其他6个县都是全国连片贫困区，整个地区财政收入不到5000万元，地区所在地宁德市的财政收入还不到400万元。当地贫困人民时刻牵动着习近平同志的心，正可谓“闻其饥寒为之哀，见其劳苦为之悲”。

经过深入基层、充分调研后，习近平同志在不同场合中多次强调，只有先摆脱意识与思路的“贫困”，因地制宜、发展经济，贫困地区才能摆脱贫困、走上致富路：地方穷，观念不能穷；不能“事事求诸人”，不能寄希望于国家一下子给上个重大项目，一下子抱个“金娃娃”；要有“弱鸟先飞”的意识，“事事先求诸己”，以滴水穿石的精神去面对“脱贫”工作……

现在看来，针对宁德的贫困问题，习近平同志当时的思考已非常深入：“闽东走什么样的发展路子，关键在于农业、工业这两个轮子怎么转。”

不管是工业还是农业，都离不开电力，而闽东的优势就是丰富的水电资源。

在宁德地委的强力推动下，赤溪村上游的桑园水电站1989年当年就进入前期准备，1993年实现全面开工。因施工所需，赤溪村通往外界的羊肠土路变成了可以走货车的砂石路。然而，赤溪村境内还有14个自然村分散各处，无路相连。

怎么办？

挪穷窝，用整村搬迁全面铺开造福工程

地是死的，人是活的！

宁德市政府针对赤溪村内自然村分布过于散落的问题，提出了“整村搬迁安置”的办法，而该村内最贫困的下山溪，则成了第一个动员搬迁的自然村。

最初，世代居住于此的村民重土难迁，但当地政府承诺，搬迁后每户在中心村分两层楼，村民只需从山上带下80根木头，其余盖房用的砂石、水泥、空心砖等建筑材料的钱，全部由当地政府在上级帮助下筹集，孩子们一并转入赤溪小学。

实打实的政策和贴心的诚意，打动了村民们，搬迁安置工作从1994年8月开始，到1995年4月，不到一年的时间里，下山溪村22户村民全部完成搬迁。此后20年间，赤溪另外13个自然村的群众，前后分三期陆续搬迁至中心村。

令人欣慰的是，赤溪整村搬迁的成功经验，让当地政府看到了希望：本省既处沿海，又处丘陵地带，素有“八山一水一分田”之称。赤溪是典型的山区自然村，解决了这部分分散居住在山区的群众的贫困问题，但还有“水”上贫困问题摆在面前：一些渔民常年生产、生活在“连家船”上。这些群众祖祖辈辈靠海吃海，就地发展余地很小，自身脱贫能力弱，如果依据常规就地发展，改善基础设施与生产生活条件，不仅难度大，且成本极高——何不将整村搬迁工作就此推广开来？

说干就干！1994年，福建省正式将贫困村整村搬迁安置列为省委、省政府“为民办实事”项目。1998年，时任福建省委副书记的习近平同志又多次深入闽东沿海、山区调研脱贫工作。随后，沿海“连家船民搬迁上岸”、山区群众“茅草房改造搬迁”等一系列工程按部就班展开。

政府搬迁工作做得成功，惠民生更惠民心。在之前同样属于贫困地区的霞浦县，一位村民喜迁新居后，曾写下这样一副对联：“造就一方新天地，福到农家感党恩。”——这项至2014年底累计搬迁农村人口100万人、整体搬迁6000多个自然村的脱贫行动，就此得名“造福工程”。

拔穷根，因地制宜培育旅游特色优势产业

挪了穷窝，生活环境改善了，不用顿顿吃番薯了，可新问题又来了：靠着人均不到1亩的土地，如何彻底“拔穷根”？

1988年8月，习近平同志考察福鼎后，点明了“拔穷根”的方法：“抓山也能致富，把山管住，坚持10年、15年、20年，我们的山上就是‘银行’了。”

“造福工程”全面铺开后，包括赤溪村在内的整个磻溪镇开始全面实行封山育林，到2015年，磻溪镇森林覆盖率已高达88%，成为福鼎市首个“国家级生态镇”。

开启这座“银行”的时候到了！在丰富的林木和山地资源支撑下，当地政府决定因地制宜，培育旅游特色优势产业。如今赤溪村已有数家本地群众参与入股的旅游公司。

赤溪村正在依托旅游业幸福嬗变：这里既有已进入福建省传统文化建设项目名单的“杜家堡古村落遗址保护”，又有风景美如画的杨家溪与九鲤溪两大景区，还有各式户外拓展旅游项目，以及“生态蝴蝶园”“九品莲花塘”等一串配套项目。借着互联网的东风，农家乐、民宿、农业合作社也在积极向“互联网+生态旅游”转型……往日的穷村如今名声大噪，游客如织。数据显示，仅2016年一年，赤溪村便接待游客20多万人次，农民人均纯收入达15696元。其中，仅旅游产业相关收入，便占据了村民人均可支配收入的52%。

历经十年“输血”就地扶贫、十年“换血”搬迁扶贫、十年“造血”“旅游+产业”扶贫，作为“中国扶贫第一村”的赤溪村，走出了一条谋求“百姓富、生态美”的独特发展之路。

2019年，赤溪村共接待游客27万人次，旅游相关产业收入达2160万元，村民人均纯收入22698元。赤溪村定下了到2021年底力争实现“235”目标，即村集体收入200万元，村民人均纯收入3万元，游客50万人次。

（案例来源：《人民日报》、福鼎新闻网）

★脱贫启示

从单纯提供实物帮扶，到帮助贫困人口因地制宜寻找发展方向，进而通过自强自立摆脱贫困，中国扶贫思想经历了一个由救济式扶贫到开发式扶贫的转变过程。“中国扶贫第一村”的嬗变证明，以基层党组织为中坚力量，动员、鼓励、引导贫困地区的群众大干、苦干加巧干，将自己的努力与国家的扶持有机结合起来，通过开发自然、人文资源，增强自我积累与发展的能力，才能从根本上消除造成贫困的根源，实现稳定脱贫，走上致富大道，才能达成如期全部脱贫、全面建成小康社会的刚性目标与底线目标。

第二节 脱贫标准："两不愁"与"三保障"

2015年11月，中共中央、国务院印发《关于打赢脱贫攻坚战的决定》。《决定》明确提出，打赢脱贫攻坚战的总体目标是，到2020年，稳定实现农村贫困人口不愁吃、不愁穿，义务教育、基本医疗和住房安全有保障。实现贫困地区农民人均可支配收入增长幅度高于全国平均水平，基本公共服务主要领域指标接近全国平均水平。确保中国现行标准下农村贫困人口实现脱贫，贫困县全部摘帽，解决区域性整体贫困。

★脱贫故事

再看华溪村：曾深度贫困，如今全民脱贫

"脱贫攻坚是我心里最牵挂的一件大事。"2019年4月15日，习近平总书记到重庆考察。一下飞机，他就转乘火车、汽车辗转3个多小时来到石柱县中益乡华溪村，实地了解脱贫攻坚工作情况。

在华溪村深入贫困户家中，看过粮仓、揭过锅盖以后，总书记召开了院坝会。"小康不小康，关键看老乡。"如今，曾经深度贫困的老乡们，已经顺利实现脱贫。

老谭的治病新体验

谭登周是华溪村村民，当地人称他老谭。老谭家境贫寒，文化程度不高，不善言辞，以外出务工为生。一次意外全身严重摔伤，

产生的医药费高达16万多元——这样一笔高额费用，老谭原本就不富裕的家庭根本无力担负。老伴有风湿、高血压等慢性病，自己又被摔得站不起来，以后日子怎么办？

躺在县医院病床上的老谭正在为医疗费用犯难之际，医生却给他带来了好消息：国家有贫困户医疗保障政策，按政策，老谭与老伴医保报销比例可达90%，而且，享受“先诊疗后付费”政策——住院4个多月的时间，谭登周只出了1万多元。

不仅如此，医院还为老谭夫妻建立了健康档案，配了专门的家庭医生：老谭的病要慢慢养，老伴的慢性病更需要“治未病”。此后一年间，老谭和老伴治病共花费了3.4万多元，报销后，老两口只用出3400多元。

老谭说，以前自己和老伴身体不舒服时，能扛就扛过去，根本不敢去医院。现在有了国家的医疗报销制度，看病花钱少，有病及时治，家庭医生还主动上门问诊，“要不是国家医保政策好，我们哪敢去看病？”

小学都没有读完的谭登周在出院以后写了一副对联：“九死一生靠政策，三病两苦有医保。横批：共产党好。”

如今的老谭和老伴开始在家养蜜蜂、卖“土货”，“政策再好，咱也不能躺着向国家要”。2019年，老谭全家纯收入首次超过2万元。“趁着身体还能干，再干几年。”老谭规划着，把儿子儿媳叫回家，一起开个农家乐，争取把农家乐干成华溪村乡村旅游的热门“打卡地”。

“邋遢哥”的精神新面貌

放到2017年，华溪村村民谭万生还是让入村扶贫干部谭祥华最头痛的村民：或许是因为身体残疾，作为贫困户中的贫困户，谭万生性格非常孤僻，他总是爱和谭祥华公开作对，甚至在扶贫会议上公开起哄："你这能成事儿？"惹得众人哈哈大笑。

事后谭祥华多次上门，试图沟通，却都吃了闭门羹。

这样一个爱公开"捣乱"的困难户不解决，村里扶贫工作都成了问题。可怎么解决？谭祥华通过旁人了解到，谭万生年轻时其实挺开朗，但后来出去打工，拇指被机器打掉了，老板却一分钱不赔。从那以后，他就习惯事事挑刺了。

了解到这一实情，谭祥华苦思后认为，谭万生的心结源于自卑和不信任别人：身体上的残疾，让他认为别人看不起自己；被伤害的经历，让他不相信这个世界上有好人。这样的人，只有精神上先脱贫，物质上才可能脱贫。

最后，谭祥华想到了一个奇招：谭万生居住的溪口又脏又乱，如果从溪口区域开始推行文明积分，不仅能激励谭万生发生改变，对整个华溪村的精神文明建设也有帮助！

说干就干。谭祥华向组织打了报告，制定了"文明积分制"的详细规则：家内、门前卫生工作做得好，加分；孝顺老人，加分……积分多了，可以去超市直接当钱买东西。奖励资金部分来自乡里的拨款，部分来自对口扶贫援助。

刚开始时，谭万生还起哄旁观，但当他发现周围的人都得到奖励后，虽然依旧嘴硬，行动却慢慢有了转变：起先是自家门口变得干净起来，再后来，开始往干净利落里收拾自己。

谭祥华立即把握时机，在公开会议上表扬了谭万生，指出他的点滴进步：不仅卫生搞得好，而且主动孝顺父母。"我前几天遇到谭万生的妈妈，他妈妈说，之前谭万生都不关心老人，现在，他不仅主动给父母端洗脚水，还守着妈妈洗完脚去倒水。在孝顺这方面，你们谁也没有谭万生做得好！大家给他鼓鼓掌！”在掌声中，谭万生竟然第一次开始不好意思起来。

过后，谭万生第一次主动跟谭祥华打招呼——谭祥华知道，这个犟拐拐变了。不久后，从旁人嘴里，谭祥华知道了谭万生对自己的评价：“人家谭祥华说到做到，不玩虚的！我就服这样的人！”

如今，谭万生说话少了阴阳怪气，走路昂首挺胸，脸上有了笑容，更成了坚实的扶贫政策拥护者。

随着有名的犟拐拐、老邋遢变得越来越体面，整个村子的面貌也发生了质变：道路越来越整洁，环境越来越美丽，吵架的少了，讨论干活挣钱的多了，群众的生活态度也越来越积极。

华溪村的脱贫新景象

在华溪村的扶贫攻坚战中，谭登周、谭万生并非个例。

由于人多地少、土地贫瘠，全村建档立卡贫困户共计85户、302人；2019年4月15日，习近平总书记到华溪村时，村中还有8户19人未脱贫。

为了带领这些贫困人口脱贫，当地政府与基层干部付出了巨大努力。

对于那些家境贫寒、生活困难、住房条件极差的群众，当地政府按照政策，将他们纳入易地搬迁扶贫范围——华溪村村民冉茂叔便是其中一员。按照易地搬迁扶贫政策，原本住在华溪村山上的冉茂叔与儿子不仅以每平方米190元的标准，获得了16万元左右的复垦费，同时，还搬入了中益乡柿子坝居民点50平方米的新房，更可享受人均1.5万元的易地搬迁扶贫补助。

52岁的村民李言琼在丈夫去世后，独力支撑家庭。她本身患有尿毒症，常年靠血液透析稳定病情。2019年，她的左腿因肿瘤又动了手术，再加上儿子在读职高、女儿在学技术，原本就不宽裕的日子更加艰难。

因病致贫后，当地政府根据相关政策，为李言琼一家“配套”了一系列的帮扶举措：确定帮扶责任人，帮助李言琼从简陋农房搬入拥有终身居住权的70多平方米的居民点小区房；将李言琼一家人纳入低保，一年有近万元的兜底收入；通过医保报销，李言琼的肿瘤手术医药费自费部分只需支付不到2000元，平日血液透析费用也在医保范畴内；李言琼儿子读书的相关费用被减免，没有因贫失学。

不仅如此，村里还为李言琼本人安排了公益性岗位，一年下来有6000元的收入。2019年，李言琼一家顺利脱贫。

为了斩断穷根，华溪村还发展起了黄精产业，43岁的谭启桂一家，便靠种植黄精脱了贫。

谭启桂一家的生活原本还过得去，没想到，丈夫张寿明患了结肠癌。要不是医保报销了90%的费用，8万多元的手术费就能压垮他们一家。村里大面积种植黄精以后，谭启桂“返包”了3.5亩黄精地，1亩土地三年能拿到2000元的管护费；再加上流转了2亩多的土地，一年也有1000多元的收入。

由于群众基础好，谭启桂被推举为村里的综治专干，每个月有1700多元的工资。身体恢复得差不多的张寿明，也在村里安排的公益岗位上干了一年，全家又增收了6000元。

因病成为贫困户一年后，谭启桂一家终于摘掉了“贫困帽”。

谭登周、谭万生、冉茂叔、李言琼、谭启桂……，2019年，华溪村8户19人，全部脱了贫。

华溪村的变化是中国大地上每一个贫困地区已经或正在发生的事情。一个个鲜活的人物摆脱贫困，一个个生动的变化阐释脱贫，中国，正在创造人类反贫困历史上的奇迹。

（案例来源：《重庆晨报》、华龙网、腾讯网）

★脱贫启示

倘若贫困是“生病”，那么“两不愁三保障”就是检验“痊愈”与否的“硬指标”，用量化的方式来衡量，一目了然、不容作假。“两不愁三保障”不仅关注扶贫对象的基本物质生活，更关注其享受义务教育、医疗卫生等基本公共服务情况，是打赢脱贫攻坚战的基础。要坚持和聚焦“两不愁三保障”脱贫标准，转变工作思路、改进工作方法、加大扶贫力度，确保各项扶贫政策落地生根，全面打赢脱贫攻坚战。

第三节　决心：必须全面实现的庄严承诺

2020年3月6日，习近平总书记在决战决胜脱贫攻坚座谈会上的讲话中强调，“到2020年现行标准下的农村贫困人口全部脱贫，是党中央向全国人民作出的郑重承诺，必须如期实现”。2020年，是决胜全面建成小康社会关键之年，也是向脱贫攻坚发起总攻、夺取全胜的决战之年。突如其来的新冠肺炎疫情是一场特殊考验，决战决胜脱贫攻坚是历史赋予我们的时代使命。打好打赢这两场大战，事关如期全面建成小康社会全局。

★脱贫故事

不忘初心，奋力夺取脱贫攻坚战全面胜利

脱贫攻坚是场硬仗，越到最后，难度越大。全国剩余的未脱贫人口，都是深度贫困人口，而已脱贫的人口与地区中，有些产业基础薄弱，有些则存在就业不稳的情况。在新冠肺炎疫情这一风险因子之下，打赢这场硬仗难度大大增加。为了攻克时艰，从中央到地方，全国上下众志成城，继续扎实推进各项扶贫举措，以决战姿态决胜全面建成小康社会。

更大难度意味着更高要求、更重任务。为克服疫情影响，攻克脱贫攻坚的最后堡垒，党中央出台一系列政策措施，强化政策供给与要素投入。2020年2月8日，国务院扶贫开发领导小组印发《关于开展挂牌督战工作的指导意见》，明确将对2019年底全国未摘帽的

52个贫困县，以及贫困人口超过1000人和贫困发生率超过10%的共1113个贫困村进行挂牌督战，及时解决制约完成脱贫攻坚任务的突出问题，确保贫困人口如期脱贫、贫困县全部摘帽。

党中央强调，在2020年，对各项扶贫工作的资金投入力度不减。各类扶贫资金在2019年基础上持续增加，持续重点加大对“三区三州”等重点深度贫困地区的支持力度。同时，适当向受疫情影响较重的地区倾斜：国务院扶贫办、银保监会下发通知，对受疫情影响还款困难的贫困户，扶贫小额信贷最长可延期还款6个月。真金白银为脱贫攻坚提供了有力支撑。

2020年中央一号文件指出，进一步加大东西部扶贫协作、对口支援、定点扶贫、社会扶贫力度，在总攻深度贫困主战场的同时，稳定扶贫工作队伍，强化基层帮扶力量。

这些政策红利的释放，不仅增强了脱贫信心，更为脱贫提供了有力保障，掀起了全面决战决胜脱贫攻坚新热潮。

坚定信心，有条件有能力打赢这场硬仗

疫情影响之下，大批农民工外出务工受阻，产品销售遇到困难，如何如期完成脱贫攻坚硬任务？

为组织贫困劳动力返程返岗、外出务工，国家号召全国上下建立到户到人的就业台账和贫困劳动力滞留应对机制，加强劳务服务。各地各部门根据实地情况，出台措施，开展“点对点”对接、“一站式服务”。

从春节开始，河南罗山县杨店村的党支部书记万永志便每日寻找用工信息、发布公告、联系外出包车。这位扶贫干部在疫情期间，摇身一变，由“扶贫干部”变成了贫困群众和用工企业的“媒人”。

“不能让一个乡亲因疫返贫。”在全国，像万永志一样为了复产复工而努力的驻村干部累计有290多万。在他们的努力下，截至2020年5月31日，包括河南、云南在内的25个省份有2750.7万贫困劳动力成功外出务工，相当于去年外出务工总数的100.79%。随着复工复产全面提速，越来越多的贫困劳动力有活干、有钱赚。

为了缓解疫情期间扶贫产品销售难的问题，国家发改委、中宣部、农业农村部、商务部等28个部委联合开展2020年消费扶贫专项行动，举办产销对接活动，缓解扶贫产品卖难问题。同时，多地政府多措并举：一方面摸清受疫情影响导致产品滞销的贫困户、产业情况，一方面利用“互联网+销售”开展消费扶贫专项行动，例如江西铜鼓县便开展了“县长直播卖货”活动，短短5小时销售出1.2万斤当地特产米粉——在政府畅通物流通道，企业提升物流配送效率的基础上，这些货物快速被送往全国各地。

中央统筹、省负总责、市县抓落实的扶贫体制，多层次、多形式、全方位的扶贫协作，政府、市场、社会协同发力，集中力量办大事的举国体制优势，让我们对脱贫攻坚怀有坚定信心：我们有条件、有能力打赢这场硬仗！

下定决心，夺取脱贫攻坚战全面胜利

为了如期打赢脱贫攻坚战，全国上下斗志昂扬，立足四大原则，聚焦突出问题，确保脱贫进度不受拖延、脱贫成效经得起检验。

以硬核措施为保障。在全国52个未摘帽贫困县、1113个贫困村实施挂牌督战：贵州依据脱贫效果，对挂牌督战县每月展开综合评分，依据得分亮“蓝”“黄”“红”牌，并按规定约谈连续工作不达标的县级主要负责人。

以问题为导向。山西对易地扶贫搬迁安置区项目进行严格督导，确保贫困群众搬得出、稳得住、能致富；重庆聚焦未脱贫地区与人口，设立问题、任务、责任“三张清单”，展开挂图作战、对账销号。

以民生为底线。四川凉山彝族自治州把包括全州两万多户贫困户住房未建成在内的脱贫攻坚任务细化成18个专项行动；为预防特殊贫困群体受疫情影响，陕西省铜川市针对五保户、残疾人口、困难儿童等群体，量身打造帮扶措施，应扶尽扶，织密扎牢综合社会保障网，应保尽保。各地针对“三保障”存在的突出问题，皆拿出了较真、碰硬态度，展开逐项对账销号、动态清零，确保剩下的贫困人口稳定脱贫。

以巩固提升扶贫成果为优先任务。为预防“因疫返贫”，河北魏县建立动态机制，贫困边缘户治疗疾病进行新农合报销时，自付费用一旦超过了防贫预警线，政府便会按政策补助9000元的防贫保险。河北邯郸利用大数据展开对高返贫概率人群的识别，有效防止返贫和新发生贫困。各地在预防贫困增量的同时，更不断强化产业与就业扶贫。对易返贫的易地扶贫搬迁项目，政府更是不断加大后续扶持力度，以全力消除贫困存量。

以深度贫困地区为主战场。疫情当前，南疆四地州结合各地实际，抓住重大项目建设和企业复工复产有利时机，千方百计稳定就业，带动贫困群众稳定增收；四川省凉山彝族自治州，易地扶贫搬迁工地让115万贫困人口“挪穷窝”，一户户贫困群众住进安全房；甘肃临夏州，2020年首批东西扶贫协作科技项目已立项，为“河湟雄镇”注入科技动力、经济新活力……

疫情凶猛，对脱贫攻坚的确带来了影响，但疫情并未改变我们全党全国上下完成任务、打赢胜仗的决心。面对挑战，我们决战决胜脱贫攻坚的信心坚如磐石：坚决打赢脱贫攻坚战，确保如期全面建成小康社会。

（案例来源：《人民日报》）

★脱贫启示

今日之中国，其行进也迅疾，其抵达也浩荡。决战决胜脱贫攻坚的“冲锋号”已经吹响。不忘脱贫的初心是铁，坚定脱贫的信心是钢，夺取胜利的决心是力量——全国上下一盘棋，集中力量办大事：在凝聚全党全社会的磅礴之力后，我们定能克服新冠肺炎疫情影响，实现2020年全部脱贫的郑重承诺，向历史、向人民交出一份高质量答卷，实现中华民族摆脱绝对贫困的千年梦想！

第四节　小康路上，一个都不能少

“全面小康路上一个也不能少”，是对全面建成小康社会的形象表达，也是对中国特色社会主义制度优越性的生动诠释。全面建成小康社会，其中一个重要指标，就是到2020年中国现行标准下农村贫困人口全部实现脱贫。习近平总书记指出：“我们不能一边宣布全面建成了小康社会，另一边还有几千万人口的生活水平处在扶贫标准线以下，这既影响人民群众对全面建成小康社会的满意度，也影响国际社会对我国全面建成小康社会的认可度。”

★脱贫故事

驻村扶贫，助“中国东极”甩掉“穷帽子”

黑龙江省抚远市被称为“中国东极”，这里是中国大陆最早迎接太阳的地方，也曾是中国最东的国家级贫困县。如今，昔日苦寒荒凉之地摘掉了“穷帽子”，迎来了全面奔小康的曙光。

浓桥镇东方红村的屈晶已经70多岁了，因为做得一手好粉皮被称为“粉皮大娘”。刚在此地定居时，屈晶家的全部财产只有一间漏雨的简易泥草房。不服输的屈大娘与丈夫，一直勤劳苦干，想靠着做粉皮的手艺改善生活。不幸的是，老伴因故病重，家庭陷入困顿之中。

丈夫去世后，家里欠了亲戚朋友4万多元。为了还债，要强的屈大娘省吃俭用，每天凌晨5点起床，做完粉皮便去赶集售卖，以乐观精神笑对生活的不易。

这些年，脱贫攻坚政策惠及边疆，抚远市连续出台了32条扶贫政策帮扶当地贫困群众，并在各村派驻了驻村扶贫工作队。在驻村工作队的帮助下，屈大娘作为住房贫困户，不仅分配到了南北通透、60多平方米的彩钢房，而且房内通了自来水，屈大娘再也不用像从前那样，每日挑井水做粉皮了。

在抚远市，像屈大娘一样建档立卡的贫困户一共690人。除了住房扶贫以外，健康扶贫也是一场“硬仗”。驻村工作队来了之后，主动上门，为包括屈大娘在内的贫困人群讲解健康扶贫政策。2018年，患有高血压和心脏病的屈大娘因病住了两次院，一共花费1万多元，自己只支付了1200多元，其余费用全部由国家报销——就连住院与报销手续等也是驻村工作队队员帮着跑的。

解决了“两不愁三保障”，奋斗致富成为摆脱贫困、防止返贫的关键。

红旗村的李春喜，自幼失去了一条腿，与聋哑弟弟相依为命。多年贫困、坎坷境遇早已让他认命有“穷根儿”，扶贫干部来家里了解情况，麻木的他连半个字也不愿意多说。

对于这样的贫困户来说，单纯的物质帮扶根本起不了多大作用，必须彻底铲掉他们“家有穷根”的思想。为了让李春喜重新提起精气神，2016年，驻村工作队特意找到国家级非物质文化遗产赫哲族鱼皮艺术的传承老师，并聘请对方来村授课。

靠着教师免费留下的纸样与鱼皮，李春喜自此专心苦练“绝活儿”，并靠着出色的手艺成功脱贫。仅2019年当地的“开江节”，他一次就卖了1000多元。李春喜还学习了互联网售货，将作品放在电商平台上卖。“全面奔小康，我跟上队了！”他说。

脱贫致富在抚远市寒葱沟镇红旗村同样有鲜活案例。60多岁的花匠姜连玉因为脑梗复发，一度卧床不起。躺在床上，看着腿脚不便的老伴为自己忙东忙西，害怕拖累家人的他一心求死。多年贫困磨光了他的心气，扶贫干部到家里走访，老人一说话就哭，动不动就说不想活了。

扶贫先扶志，扶贫必扶智。看到这种情况，工作队便常常上门与姜连玉谈心，帮着他改善生活条件，找回“重生”信心。2017年，在脱贫攻坚政策的帮助下，姜连玉家新盖了彩钢房，搬出了土窝棚。通过医疗扶贫，老两口一起到哈尔滨进行了疾病治疗，1.4万元的费用自己只掏了1000多元。

解决了姜连玉的后顾之忧，驻村工作队又了解到老花匠种了一辈子花，但规模一直不大、效益一直不高。2018年，工作队为他找到了更多花卉订单，扩建了种花大棚。当年，光靠卖花，姜连玉便到手3万多元。

与贫困户一起奋战的，是一个个踏实肯干的扶贫干部，红旗村驻村扶贫工作队队长郝景文是村民眼中的“家里人”：有困难帮助解决困难，有问题帮忙找解决方法。筹措资金改造自来水、改造危房、发展特色养殖……郝景文与工作队一步一个脚印，赢得了老乡们的认可。

扶贫工作队“得民心、有奇效”的工作方法，与当地政府的规划与指导密不可分。从2017年起，抚远市要求，驻村帮扶干部每月至少帮助贫困户“打扫一次卫生、解决一件难事、举行一次联欢、进行一次评比、召开一次座谈”，“五个一”拉近了干群心与心的距离。

2018年8月17日，国务院扶贫办在北京举行新闻发布会，向中外媒体介绍了40个贫困县的退出情况，抚远位列其中，“中国东极”

终于甩掉了“穷帽子”。

（案例来源：新华网、澎湃新闻）

★脱贫启示

习近平总书记指出：“小康不小康，关键看老乡，关键看扶贫攻坚工作做得怎么样。全面小康路上一个也不能少。”决胜全面建成小康社会，不仅强调“小康”，更重要也更难做到的是“全面”：覆盖的领域和区域要全面，覆盖的人口也要全面。精准扶贫必须不分民族、不分群体地开展，做到不漏一户、不落一人。确保2020年所有贫困地区和贫困人口一道迈入全面小康社会，是我们党向人民、向历史作出的庄严承诺。

第二章

打赢脱贫攻坚战，组织领导是关键

贫困，除了自然的、历史的、客观的因素外，还有观念、信心、能力的问题，更有班子、队伍、人的问题。抓好党建促脱贫攻坚，是贫困地区脱贫致富的重要经验。

习近平总书记指出，脱贫攻坚，加强领导是根本。必须坚持发挥各级党委总揽全局、协调各方的作用，落实脱贫攻坚一把手负责制，省市县乡村五级书记一起抓，为脱贫攻坚提供坚强政治保证。各级党委和政府必须坚定信心、勇于担当，把脱贫职责扛在肩上，把脱贫任务抓在手上。各级领导干部要保持顽强的工作作风和拼劲，满腔热情做好脱贫攻坚工作。正如罗伯特·劳伦斯·库恩在本书序言中所说的那样，那些看到中国扶贫工作取得空前成功的人们必须认识到，这种成功与中国共产党的执政体制以及自上而下的强大政府治理体系之间是存在因果关系的。虽然所有政治制度都有其优势和劣势，但如果没有如此强大的权威，中国是很难实现其扶贫目标的。

一、党的领导是强力开展脱贫攻坚最大的政治优势

事业成败，关键在党，做好脱贫攻坚工作同样如此。中国共产党领导是中国特色社会主义最本质的特征，是中国特色社会主义制度的最大优势。

脱贫攻坚是一项涉及方方面面的繁重、复杂而艰巨的系统工程，点多、面广、参与人员多、用时长，需要统筹谋划、精准施策、敢作善为、持之以恒，才能取得成功，而党的集中统一领导和统筹指挥，为脱贫攻坚提供了坚强有力的政治保障，它有效地把脱贫攻坚的力量拧成一股绳，保证了每一项工作任务能够落细、落小、落

到实处。

作为脱贫攻坚的根本保证和根本优势，坚持党的领导是打赢脱贫攻坚战的根本保证。全面打赢脱贫攻坚战，如期实现全面小康，必须坚定全面打赢脱贫攻坚战的信心决心，坚决落实党中央各项决策部署，始终把脱贫攻坚作为最大的政治责任、最大的民生工程、最大的发展机遇，坚持目标导向、问题导向、结果导向，一鼓作气、迎难而上，倒排工期、强力推进，而其中，坚持党的领导是根本之根本。正是因为始终牢牢抓住党的领导这个关键，充分发挥党的领导这个脱贫攻坚最大的政治优势，中国的脱贫攻坚才取得了令全世界瞩目的成就。

2020年3月6日，习近平总书记在决战决胜脱贫攻坚座谈会讲话时强调："脱贫攻坚越到最后越要加强和改善党的领导。"脱贫进入攻坚拔寨阶段，要打赢脱贫攻坚战，必须切实加强党的建设，发挥党的政治优势、组织优势和密切联系群众优势，聚焦提升基层党组织活力，切实把党建优势转化为扶贫优势，组织活力转化为攻坚动力，汇聚起万众一心抓脱贫的强大动能。

罗伯特·劳伦斯·库恩认为："中国共产党的执政体制，使得中国可以保持政治稳定并能够高效地制定和实施国家战略。"事实的确如此。党的十八大以来，以习近平同志为核心的党中央全面加强党对脱贫攻坚工作的领导，实施了中央统筹、省负总责、市县抓落实的管理体制；中西部22个省（自治区、直辖市）党政主要负责同志向中央签署了脱贫攻坚责任书，落实了省市县乡村五级书记一起抓脱贫攻坚的工作机制；贫困县党委和政府承担脱贫攻坚主体责任，县委书记和县长是第一责任人。一系列有力措施确保了党中央的决策部署得以落实，实现了党对脱贫攻坚工作的有效领导。

加强党对脱贫攻坚的领导，最重要的就是要夯实战斗堡垒，突出脱贫攻坚“领头羊”作用。加强基层组织建设、抓好支部班子建设成为打赢脱贫攻坚战的关键。在脱贫攻坚工作中充分发挥党支部书记统揽全局的“当家人”作用、带领脱贫的“带头人”作用、解决难题的“贴心人”作用和着眼长远的“领路人”作用。把以上率下作为基本工作方法，一级做给一级看，一级带着一级干，层层传导压力，层层落实责任。党员干部特别是领导干部带头全面落实党要管党、从严治党要求，督促指导贫困村研究脱贫规划、发展脱贫产业、落实扶贫政策。以硬的举措、实的作风、好的成效，持续增强党组织战斗力、凝聚力和号召力，确保如期实现脱贫目标和任务。

二、加大组织领导力度

为确保脱贫攻坚工作稳步推进，必须切实加强组织领导，强化组织保障，严格责任落实，规范工作程序，强化考核监察，营造良好氛围，调动和凝聚各方力量共同打好脱贫攻坚战。

1949年中华人民共和国成立后，特别是自改革开放政策实行以来，中国政府在全国范围内实施了以解决贫困人口温饱问题为主要目标的有计划、有组织的大规模扶贫开发，安排专项资金，制定专门的优惠政策，对传统救济式扶贫进行彻底改革，确定了开发式扶贫方针。1986年6月，为了更好地开展扶贫工作，国务院贫困地区经济开发领导小组正式成立（1993年更名为国务院扶贫开发领导小组），每年召开全国扶贫开发工作会议，专门负责组织、领导、协调、监督、检查贫困地区的扶贫开发工作，这标志着我国扶贫工作组织系统正式确立。各省、自治区、直辖市和地（市）、县级政府也成立了相应的组织机构，在统一部署下负责本地的扶贫开发工作[1]，各级扶贫办负责日常事务。中国扶贫机构的整体架构如下图所示：

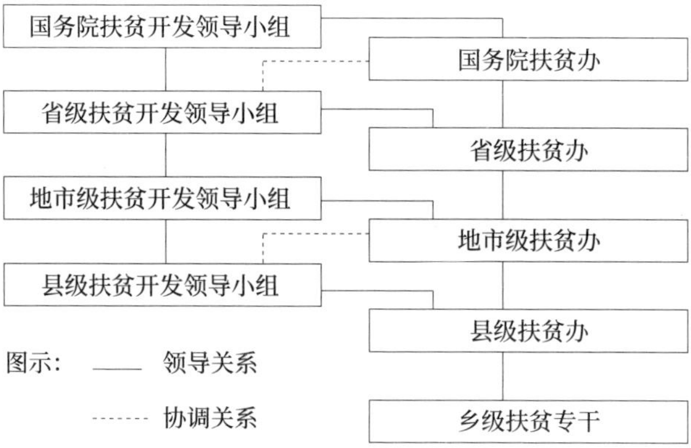

此外，贫困农村地区的基层组织也是中国扶贫工作组织保障的重要组成方面。基层群众自治制度是中国社会主义民主政治制度体系的基本内容之一，在这一制度下，城乡居民群众以相关法律法规政策为依据，在城乡基层党组织领导下，在居住地范围内，依托基层群众自治组织，直接行使民主选举、民主决策、民主管理和民主监督等权利，实行自我管理、自我服务、自我教育、自我监督。社区及村级组织建设的加强，极大提高了人们在扶贫工作中的自我组织程度和参与热情，对扶贫工作的进展起到很大的促进作用。在中央、地方及基层政府之外，军队和武警部队、专业性机构（如大学、研究机构等）、企业和其他商业团体、各类社会组织（如慈善协会、工会、志愿者等）、共青团、妇联、科协、侨联等群众组织以及海外

1　王朝明：《中国农村30年开发式扶贫：政策实践与理论反思》，《贵州财经学院学报》，2008年第6期，第78—84页。

华人华侨等其他群体也参与扶贫工作，相互协调合作，发挥着不可忽视的作用。

2011年底，中共中央、国务院印发了《中国农村扶贫开发纲要(2011—2020年)》，作为新时期中国扶贫工作的主要纲领性文件。

针对加大脱贫攻坚中组织领导力度，强化组织保证，增强脱贫攻坚组织优势目标，《纲要》特别要求在组织领导方面，强化扶贫开发责任。坚持中央统筹、省负总责、市县抓落实的管理体制，建立片为重点、工作到村、扶贫到户的工作机制，实行党政一把手负总责的扶贫开发工作责任制，进一步强化各级扶贫机构及职能，贫困程度深的乡镇要有专门干部负责扶贫开发工作；同时，强化各级扶贫开发领导小组的综合协调职能，使其能更好地研究制定政策措施，为扶贫工作提供更多指导，更好地协调落实各项工作，并每年向国务院扶贫开发领导小组进行工作报告；在基层方面，充分发挥贫困地区基层党组织的战斗堡垒作用，把扶贫开发与基层组织建设有机结合起来，通过相关优惠政策鼓励、选派优秀人才到贫困村工作，帮助建班子、带队伍、抓发展，选好配强村级领导班子，强村富民，强基固本。

脱贫攻坚以来，为加大组织领导力，增强组织优势，中央有关部门专门研究制定出了脱贫攻坚行动计划、时间表、路线图，加强组织领导，针对中央、省、市县三个层级，进一步强化体制机制，抓好产业扶贫、易地扶贫搬迁、就业扶贫、危房改造、教育扶贫、健康扶贫、生态扶贫等重点工作。不随意调高标准、吊高胃口，同时也不擅自降低标准，确保2020年现行标准下农村贫困人口全部脱贫，贫困县全部摘帽，彻底解决区域性整体贫困问题。

中国共产党始终强调加强基层组织、夯实基层基础，充分发挥党的政治优势、组织优势、密切联系群众的优势，不断把党的组织优势转化为脱贫攻坚优势，使党中央的决策部署转化为各级领导班子、各级党组织、广大党员干部奋发有为的行动指针，更好地团结带领人民群众打赢脱贫攻坚战。

三、扶贫开发与基层建设有机结合

给钱给物，不如建个好支部。脱贫攻坚任务能否高质量完成，关键在人，关键在干部队伍作风。农村基层党组织是脱贫第一线的核心力量。基层党组织的建设是直接影响地区发展的关键因素。习近平总书记曾语重心长地说："做好基层基础工作十分重要，只要每个基层党组织和每个共产党员都有强烈的宗旨意识和责任意识，都能发挥战斗堡垒作用、先锋模范作用，我们党就会很有力量，我们国家就会很有力量，我们人民就会很有力量，党的执政基础就能坚如磐石。"

中国共产党始终牢固树立"党的一切工作到支部"的鲜明导向，以提升组织力为重点，织密建强党的基层组织体系，不断增强党的组织优势、组织功能、组织力量，把党在贫困地区的执政根基筑得更牢。

农村基层党组织是党在农村全部工作和战斗力的基础，是贯彻落实党的扶贫开发工作部署的战斗堡垒。抓好党建促扶贫，是贫困地区脱贫致富的重要经验。十八大以来，我们党努力抓好以村党组织为核心的村级组织配套，为基层党组织充实了一大批思想好、作风正、能力强的优秀干部，把基层党组织建设成为带领乡亲们脱贫致富、维护农村稳定的坚强领导核心。

“两委”是发挥村级组织战斗堡垒作用的主力军。选好配强村级领导班子，抓好村党组织带头人队伍建设，把最能打的人放在一线，为决胜脱贫攻坚提供了组织人才保障。把扶贫开发与村级组织换届工作有机结合，通过动态调整“两委”，拓宽选人渠道，着力解决人难选、无人选的问题，集中开展村级组织后备干部储备推荐工作，把一批优秀返乡青年、致富带头人和大学生村干部纳入村级组织后备干部，有针对性地加强教育培养，注意选拔群众拥护、“双带”能力强的村“两委”班子带头人，把村级班子建成扶贫开发的“主心骨”。特别注重从农村致富能手、复员退伍军人、返乡农民工、专业合作社负责人和大学生村干部等群体中，把有奉献精神、吃苦耐劳，敢打胜仗、能打胜仗的优秀党员选配到村党组织班子中来。在脱贫攻坚各个领域、各个环节，通过思想引导、政策指导、资金帮扶等形式，在产业带富、创业就业、关爱守望、岗位服务等方面为党员发挥作用搭建平台，帮助党员干部开阔视野、拓展思路、提高能力，充分发挥致富带头人的引领作用。

四、完善责任体系，构建监测评估机制

责任担当，是脱贫攻坚工作取得成功的基本前提。在脱贫攻坚工作中，广大共产党员特别是各级领导干部层层压实责任、人人负起责任，形成了一层抓一层、层层抓落实的生动局面。

认真落实各级党委政府主体责任、部门协调责任、基层党委政府具体实施责任、驻村帮扶责任和督查巡查责任，横向到边、纵向到底，构建起责任清晰、各负其责、合力攻坚的脱贫攻坚责任体系，确保脱贫攻坚各项措施落到实处。

在2017年6月23日召开的深度贫困地区脱贫攻坚座谈会上，习近平总书记再次强调："党中央没有硬性要求地方提前完成脱贫任务，更何况贫困问题错综复杂的深度贫困地区。脱贫计划不能脱离实际随意提前，扶贫标准不能随意降低，决不能搞数字脱贫、虚假脱贫。"

2017年10月18日，习近平总书记在十九大报告中指出，为了打赢脱贫攻坚战，我们要"动员全党全国全社会力量，坚持精准扶贫、精准脱贫，坚持中央统筹、省负总责、市县抓落实的工作机制，强化党政一把手负总责的责任制，坚持大扶贫格局，注重扶贫同扶志、扶智相结合，深入实施东西部扶贫协作，重点攻克深度贫困地区脱贫任务"。

中央要求扶贫工作必须务实，脱贫过程必须扎实，脱贫结果必须真实，让脱贫成效真正获得群众认可、经得起实践和历史检验。一方面，领导干部必须认识到党内纪律和国家法律的严肃性，端正自己的行为。另一方面，落实监督机制，让扶贫工作在阳光下开展。通过实施最严格的考核评估，坚持年度脱贫攻坚报告和督查制度，加强督查问责，对不严不实、弄虚作假的现象严肃问责，加强扶贫资金管理使用，对挪用乃至贪污扶贫款项的行为坚决纠正、严肃处理。

在2020年3月6日召开的决战决胜脱贫攻坚座谈会上，习近平总书记强调，要严格考核开展普查：严把退出关，坚决杜绝数字脱贫、虚假脱贫；开展督查巡查，加强常态化督促指导；开展脱贫攻坚普查，对各地脱贫攻坚成效进行全面检验。

除了完善责任体系，中国共产党在脱贫攻坚工作中还致力于构建监测评估保障机制，健全督查巡查和暗访制度。具体做法是严格落实脱贫攻坚第三方监测评估办法，对年度拟出列的贫困村、脱贫的贫困户和贫困人口实行监测评估全覆盖。在工作中持续改进作风，严防形式主义、官僚主义新动向新表现，严肃查处扶贫领域贪污腐败问题。聚焦巡视反馈的具体问题和班子自查的突出问题，对分管领域的问题直接抓、抓具体、抓到底，切实履行好巡视整改主体责任和领导责任。

2020年打赢脱贫攻坚战，是党中央作出的庄严承诺，是必须完成的政治任务。脱贫攻坚进入最后关键阶段，更离不开党建的引领，只有坚持党的领导，加强党的建设，才能打赢脱贫攻坚战，才能尽早带领广大群众脱贫致富奔小康，才能真正实现“两个一百年目标”和中华民族伟大复兴的中国梦。

（雷明　北京大学贫困地区发展研究院院长）

第一节　党的领导是强力开展脱贫攻坚最大的政治优势

脱贫攻坚是一项极其严肃、极为重大的政治任务。党的十八大以来，以习近平同志为核心的党中央，以高度的责任感把精准扶贫、精准脱贫作为实现第一个“百年奋斗目标”的重点工作，摆在治国理政重要位置，把我们党领导的反贫困实践推进到一个新境界。在这项历史性工程中，党的领导是脱贫攻坚最大的政治优势，政府主导是脱贫攻坚的中国特征，社会参与是中华民族的优良传统。打赢脱贫攻坚战，必须立足国情，发挥优势，坚持党的领导、政府主导、社会参与、群众主体。

★脱贫故事

河南兰考：坚持党的领导，打赢脱贫攻坚战

兰考县是焦裕禄精神的发源地，是习近平总书记第二批党的群众路线教育实践活动联系点，2002年被确定为国家级贫困县。

2014年5月，习近平总书记在指导兰考县委常委班子专题民主生活会时，兰考县委、县政府承诺：三年脱贫、七年小康。

面对115个贫困村、总计7.7万贫困人口的脱贫难题，兰考上下2.1万多名党员共同组建起了一支脚踏实地、扎根基层的精准扶贫大军。

这支大军始终坚持党的领导，通过发挥各级领导干部示范作用，带领全县人民群众，上下一心，真抓实干，攻坚克难，在中国的

脱贫攻坚历程中扬起了一面鲜艳的旗帜。

庄严承诺，吹响脱贫号角

风沙、内涝、盐碱，是兰考县数百年的伤痛。在20世纪60年代，一年里有多半日子，这里都是黄沙飞扬：清晨起床，家家被褥上都蒙着一层沙土，脆弱的墙角和空空的锅台被白花花的盐碱侵蚀，辛苦种的庄稼几乎颗粒不收。

1962年，焦裕禄同志初到此地，在兰考火车站看到最多也最令人揪心的景象，就是衣衫褴褛的灾民们带着满脸的窘迫与无奈，背着铺盖、携家带口去外地逃荒要饭。

此后长达475天的时间里，焦裕禄步履不停地奔波在农民的炕头上、牲口棚中，访贫问苦的同时，探求着治理风沙的办法。他与工作人员查风口、探流沙、追洪水，一双铁脚板走遍了兰考120多个生产大队以后，基本摸清了灾害肆虐的规律，并找到了根治“三害”的方法：挖出淤泥压沙丘，广栽泡桐挡风沙。

遗憾的是，在1964年，年仅42岁的焦裕禄同志因肝癌病逝，这位人民的好干部未能亲眼看到兰考人民战胜“三害”。

2014年3月17日，之前曾到兰考视察工作的习近平总书记再次来到兰考，并将兰考定为第二批党的群众路线教育实践活动联系点。这一次，总书记开门见山：兰考是焦裕禄精神的发源地，他希望广大党员通过学习焦裕禄精神，为推进党和人民事业发展、实现中华民族伟大复兴的中国梦提供强大正能量。

同年5月9日，总书记在兰考县参加并指导县委常委班子专题民主生活会。他把“兰考之问”摆上了桌面：“守着焦裕禄精神这笔财富，为什么50年兰考经济依然落后，贫困县帽子依然戴着，那么多群众依然没有脱贫？”

面对总书记的“兰考之问”，在场的所有党员都红了脸。也正是在这次会议上，兰考县委、县政府立下军令状，作出了“三年脱贫、七年小康”的庄严承诺。

接下来的三年时间里，兰考组织动员多方力量，打响了一场践行承诺、奋力奔小康的脱贫攻坚战。

统筹谋划，布局脱贫战略

为了达成“三年脱贫、七年小康”的脱贫攻坚目标，兰考县委统揽思想认识、组织力量、发展实践与项目规划建设，布局十年脱贫战略。

统揽思想认识。结合县域实际，探索建立起党政主要负责同志负总责，党委、人大、政府、政协四大领导班子齐上阵的工作机制。思想上的认同，带来了行动上的协同：四大班子各自分管工作都与脱贫攻坚实现了精准融合。

统揽组织力量。在选优派强驻村帮扶队伍的同时，兰考县还进一步强化了县扶贫办综合协调职能，整合各方面的扶贫力量，全面统筹推进扶贫工作。同时，在全县范围内，树立起鲜明的用人导向，鼓励全县优秀年轻干部到基层历练。

统揽发展实践。围绕“把强县和富民统一起来”，兰考县摒弃盲目承接产业转移的思维定式，通过对本地发展优势的认真分析，因地制宜找准选好产业发展路径，培育壮大家居制造、食品加工和战略性新兴产业三个主导产业，形成城乡统筹、一二三产业融合发展的产业体系，带动群众增收致富。

统揽项目规划建设。兰考县严格按照“资金跟着项目走、项目跟着规划走、规划跟着脱贫目标走、目标跟着扶持对象走”的原则，以重点项目为平台，统筹使用涉农资金，重点开展产业扶贫、基础设施、公共服务和社会保障等方面工作。同时，兰考县还持续加大对那些可以实现稳定增收项目的扶持力度，努力由“输血式扶贫”转变为“造血式扶贫”，大大提升了域内贫困人口的脱贫致富能力。

全党动员，发挥组织优势

在充分发挥县级干部带头作用的基础上，兰考县直机关干部、乡镇干部、驻村干部在精准扶贫上下真功，形成了“领导领着干、党员抢着干、群众跟着干”的生动局面，凝聚起打赢脱贫攻坚战的强大合力，在精准扶贫工作中，展现出巨大组织优势。

号召县级党员干部带头行动。在兰考，通过党组织的号召与宣传，县级党员干部充分认识到，实际行动是最有力的号令。党员干部坚持“一线工作法”，每周至少在联系的贫困村住上一天，白天入户走访摸情况，晚上与乡村干部深入探讨整理思路。量体裁衣精准出台一系列扶贫措施，群众得到了看得见、摸得着的实惠。

调动乡科级干部的责任担当。打赢脱贫攻坚战，“中坚力量”是关键——兰考县把充分调动乡科级党员干部的积极性和主动性作为脱贫攻坚的“磨刀之功”。紧紧抓住市、县、乡换届的重要契机，把那些长期工作在基层一线、业绩突出、擅做群众工作的优秀干部选拔进乡镇领导班子，充实扶贫一线力量，使得乡镇领导班子的结构进一步优化，执行力进一步增强。

选优配强村级党组织力量。为了充分发挥基层一线党组织的桥梁纽带作用，兰考县将专业大户、返乡创业者、退休军人里的优秀党员，作为重点培育对象，推荐他们进入村党支部，有效改善了基层村党组织队伍的整体素质。同时，兰考县还把村党支部书记纳入"兰考讲堂"培训范围，并通过开发"红色e家"党员教育管理云平台、微信推送等措施，广泛深入开展扶贫政策措施培训，切实提高了基层党组织成员推动脱贫攻坚的本领。

精心甄选驻村党员干部。为彻底改变贫困群众的贫穷现状，兰考县委通过县领导包乡、县直部门包村、工作队驻村、党员干部包贫困户的方式，组建了工作队派驻到所有贫困村，选派乡镇干部担任包村干部。驻村工作队员一入村，便协助村"两委"严格落实"三会一课""四议两公开"等制度，并同结对党支部一起，每月按时举办"固定党日"等活动，党员队伍素质能力得以全面提升。

正是靠着这样一支走在前、做示范，作风优秀、团结群众的县级干部队伍，群众的内生动力被成功激起，形成了干部群众团结一心谋发展的自觉行动。

"干部不领，水牛掉井"，兰考通过实施一系列举措，立足于党的政治领导优势，把县级、中层科级、基层村级与驻村工作队联合起来，从真正意义上把党员干部团结在一起，全县上下一心，共同为了稳定脱贫奔小康努力奋斗。

2017年2月27日，兰考正式退出贫困县序列，县政府向人民许下的脱贫摘帽承诺如期实现！

（案例来源：《河南日报》）

★脱贫启示

脱贫攻坚事关民生福祉，事关全面建成小康社会。党的领导是脱贫攻坚的根本保障和根本优势。兰考县的脱贫实践表明，必须落实党政领导班子和党政领导干部的政治责任，充分发挥基层党组织战斗堡垒作用和党员先锋模范作用，更好地把基层党员、干部、人才和群众组织起来，形成“领导领着干、党员抢着干、群众跟着干”的生动局面，进而凝聚起打赢脱贫攻坚战的强大合力。

第二节　加大组织领导力度

求木之长者，必固其根本。决胜脱贫攻坚，必须加大组织领导力度，进一步压实各方责任。只有真正做到人员到位、责任到位、工作到位，将职能责任与实际情况进行紧密结合，拿出“敢教日月换新天”的气概，鼓起“不破楼兰终不还”的劲头，发挥好各级党组织带动作用，才能形成全党上下齐抓共管扶贫工作的强大合力，进而真正实现精准脱贫。

★脱贫故事

黑崖沟村扶贫记：扎根基层，换得枝繁叶茂

从2015年4月份开始，中央国家机关积极响应中央农村工作会议、全国组织部长会议精神，选派优秀干部到贫困村任职第一书记——来自国家机关事务管理局的刘伟便是其中一员。

投入真情，以真心融入基层

“刘书记早啊！”“刘书记又去看地啊？”在河北省阜平县黑崖沟村，只要看到刘伟，村民们便会热情主动打招呼。自2015年挂职黑崖沟村第一书记后，“有事找刘书记”早已成为该村村民的“口头禅”。

驻村帮扶，面对乡亲们质疑与期盼并存的话语，刘伟深知，立人先立己，只有自己做得好，才能影响与带动他人。

入户走访几天后，他便在微信平台上注册了“美丽乡村黑崖沟”公众号。这位黑崖沟村的“第一宣传员”每天凌晨5点多就起床，花费1个多小时编辑、发布村内相关内容。仅一年多的时间里，该公众号便编发文章290多期，其中，刘伟亲自撰写了其中200多篇原创文章，阅读量累计高达50多万人次，黑崖沟引起了各方注意。

黑崖沟村地处山间，2016年初时，最低温度达到零下30摄氏度。因为村内没有暖气，村民们劝他回北京：“这样的天，就算自己的孩子，我们也不让他们回来。”可刘伟却委婉拒绝了，在他看来，村子里七八十岁的老人都受得住，自己一个年轻人自然也受得了。身为第一书记，守土有责！正是由于刘伟的这种坚守态度，村里的干部群众逐渐接受与认同了这位年轻的第一书记。

精准扶贫，关注最突出的民生问题

精准识别贫困户是第一书记的一项重要工作，而民生问题事关群众切身利益，刘伟把两项任务都列上了议事日程。

不过，刚到村里时，刘伟并无具体的工作思路。经过一段时间的入户走访后，刘伟决定从上下两方面入手：“上接天气”，带领村内党组织成员系统学习中央精神与地方扶贫政策；“下接地气”，通过深入走访，对黑崖沟村贫困人口进行精准分析。

到任短短几个月的时间里，刘伟与村“两委”班子便完成了对村内贫困人口的建档立卡工作。他发现，在黑崖沟村贫困人口中，57%是老人和残疾人，最穷最苦的也是他们。在国家社会保障基础上，还能做些什么去改善这些人的生活？

初驻村时，刘伟认为，跑资金、拉项目，给村子争取到尽可能多的财政资金帮扶是上策。但地区可利用的扶贫资金有限，总有财政资金照顾不到的地方。

思考良久后，他想到了利用光伏发电项目解决村内老人的养老问题：通过光伏发电，可在25年内持续为村内240位老人提供每人每年1200元的养老收入。但近200万元的建设资金怎么筹措？

刘伟想到了一个好点子：以第一书记的名义，通过互联网发起公益众筹。短短三周时间，230万元帮扶资金与物资便落实到位。

为了让精准扶贫进一步落到实处，刘伟还因地制宜，确立了针对“老中青”三个年龄段的扶贫思路：老有所养、壮有所用、幼有所教，即让老人有保障、让年轻人有收入、让孩子有未来。

在刘伟看来，物质帮扶只能维持一时，精神帮扶才能永久，因此，扶贫的同时必须扶智。

刘伟主动联系到了北汽集团长期定点帮扶黑崖沟小学；同时，他还联系爱心人士设立了“阳光奖学金”和“晨曦奖学金”，每年表彰奖励村内在读大学生和优秀中小学生，努力营造“重视教育、教育脱贫”的氛围。

拓宽思路，立足产业助力扶贫

在刘伟看来，要想确保贫困地区真正实现可持续发展，除了产业扶贫以外，还要做到两点：鼓舞党员干部，引导年轻人与闲置劳动力干事创业。

他在走访中发现，村民们对老模范陈万昌书记非常认可，便推动建立了陈万昌纪念室与村干部任职宣誓制度，此举大大激励与凝聚了村里党员干部的士气。

考虑到在外务工的年轻人可能想回乡发展，但又对村子情况了解不足，刘伟专门建立了微信群与微信公众号等平台，吸引年轻人回乡创业。

2015年8月，刘伟认识了当地返乡创业的年轻人张红亮，对方很有想法与抱负，但苦于缺乏土地与资金，产业一直未能发展起来。在刘伟的帮助下，张红亮成立了蔬菜瓜果种植专业合作社，依托阜平县金融扶贫政策，协调银行贷款150万元，流转土地50多亩。从此，黑崖沟村的蔬菜大棚迅速发展起来。

在蔬菜上市后，刘伟通过三条举措，成功培养起了致富带头人的市场思维：他一边与合作社主要成员一起，到北京高档小区摆起菜摊子、探索销售新方法，一边到各个大型农贸市场，了解各类蔬菜品种的销售趋势与价格，更与多家农业流通企业、电商企业签订了合作协议。通过积极探索订单农业与社区农业，当地的蔬菜逐渐打开了销路。

此举的成功，让刘伟进一步确信：在扶贫领域，培养群众的市场思维，永远比政府包办更有效。

按照这个思路，刘伟与当地政府协调，设立补贴基金，结合“美丽乡村”建设活动，推动建立起了黑崖沟家庭手工业创业园，大力支持家庭手工业发展。

为了安排村内闲置人员就业，刘伟与村党支部还四处联络爱心企业到村中展开定向招聘，成功解决了村内闲置人员的增收与就业两大问题。

同时，他还依托国家机关事务管理局职教资源，加大新型职业农民培训力度，组织村内成立电商合作社，设立奖励基金，大力支持农户发展电子商务，让“互联网+”真正走入往日封闭的小山村。

如今，黑崖沟村的发展已逐渐走向正轨，在驻村干部真情帮扶下，人民群众对决胜全面小康的信心也进一步增强。

（案例来源:《抓党建促脱贫攻坚案例选：第一书记》，党建读物出版社）

★脱贫启示

打赢脱贫攻坚战的关键是人，深度贫困地区的脱贫工作更是坚中之坚、难中之难。为此，贫困地区党委和政府始终把脱贫攻坚作为头等大事和第一民生工程来抓，各级党政机关积极向贫困地区选派干部，向贫困村选派“第一书记”和驻村工作队。唯有选好了一把手、配好了领导班子，才能发挥好党组织在脱贫攻坚中的战斗堡垒作用，进而真正做到因人施策、对症下药，真正实现不漏一村、不漏一人，真正迈向全面脱贫、全面小康。

第三节　扶贫开发与基层建设有机结合

基层党建工作与扶贫攻坚工作密不可分。积极发挥基层党组织的战斗堡垒作用，为打赢脱贫攻坚战提供了坚强的组织保障。“欲筑室者，先治其基。”在实施精准扶贫的过程中，必须树立抓基层的鲜明导向，解决基层党组织弱化、虚化、边缘化问题，推动基层党组织全面进步、全面过硬，让组织体系的经脉气血畅通起来，让党支部强起来。唯有立足于贫困村基层党组织的人员情况，选配好扶贫工作带头人，打造一支攻坚克难的扶贫工作队伍，持续推进基层党建工作，才能真正实现党的建设和扶贫开发无缝对接与深度整合，进而开创扶贫、党建互动双赢局面。

★脱贫故事

广东清远：党建引领脱贫，贫困村里建起好支部

广东省清远市坚持把基层党建作为脱贫攻坚的重要引擎，把抓党建促脱贫作为头等大事来抓，注重发挥基层党组织在脱贫攻坚中的坚强堡垒、示范引领作用，将党建优势转化为脱贫攻坚动力，为脱贫攻坚提供坚强组织保障。

筑牢基层战斗堡垒

连樟村地处清远英德连江口镇东南部山区，村内山多地少，经济较为落后，大部分青壮年外出务工，留守老人较多。2016年，该

村被列为省定贫困村，共有63户159人建档立卡贫困户。

连樟村深陷贫困，与村内党组织软弱涣散密切相关：原有党支部班子成员不团结，再加上村集体收入薄弱，村内干部实行流动式办公，因此，整个党支部处于“空有壳子”状态，党建工作更是流于形式。在这种情况下，党支部自然得不到群众的信任。

2016年，清远市政府办公室党组牵头帮扶连樟村。2017年4月，扎实肯干的33岁退伍军人陆飞红被推选担任村党总支书记。

自此，连樟村不断推进基层党组织、村民自治与公共服务重心下移，在规范自然村村民理事会建设与管理制度的基础上，探索出“党支部提事、村民理事会议事、村民会议决事、村委会执事”的民主决策机制，不仅发挥了基层党组织在村级各项事务中的领导核心作用，更使党心与民意得以有效联结。

在筑牢脱贫攻坚战斗堡垒后，连樟村的脱贫攻坚工作全面顺利开展，往日十里八乡有名的穷村华丽蜕变为致富网红村。

党建促扶贫成效明显

连樟村结合自身实际，开展一系列的党建活动。将原本的8个党支部优化为5个，并从大学生村官、创业致富带头人中发展3名党员，吸纳10多名入党积极分子，有意识地挖掘当地青年人才，培养他们成为“带不走的扶贫工作队”，带领群众脱贫增收。比如，村内青年党员陆奕祥便牵头成立了“英德市顺达种养专业合作社”。截至2020年6月，该合作社在连樟村建起近50亩的西瓜芭乐生产示范基地，并动员22户农户（包括4户贫困户）种植。

此类热火朝天的以党建促扶贫的场景在清远是常态。三水瑶族乡新八村是典型的“老、少、穷”山区，全村共有703人，仅贫困户就有24户81人。为加快脱贫进度，该村创新开展党建工作，以党建促扶贫、强治理。

为增强党组织凝聚力，提升基层党员带头致富、宣传与执行政策的觉悟与本领，新八村基于“党员引进项目、整合土地、筹集资金、管理基地，群众共享效益”模式，创办起南方冬枣基地。在冬枣基地初见成效后，新八村又立足于自然环境优势，成立茶叶合作社，并建立起外出务工人员党小组，分别由村党总支书记、帮扶单位驻村第一书记任组长，真正做到“党员管项目，组织管党员”，确保村内贫困户实现长效稳定增收。

打造永不撤走的工作队

作为国家扶贫改革试验区，清远市一直在努力通过党建引领，建立起脱贫攻坚目标任务完成后的稳定扶持政策与机制。

仅拿龙华村来说，近年来，该村致力于吸纳优秀党员加入村党总支部，青年党员数量大大增加，人才结构明显优化。党总支部还通过鼓励党员参与扶贫项目和美丽乡村建设，不断提升基层党员的带头致富能力、政策传达能力。

为了打造一支永不撤走的工作队，龙华村还长期开展“八个一”活动：建强一支队伍、建成一个党群学习活动阵地、成立一支党员志愿先锋队、每月开展一次主题党日活动、建成一个红色革命历史展览室、建设一条红色教育线路、严格一套党内政治生活规范、健全一套乡村治理体系。通过该项活动，龙华村党总支部的凝聚力与战斗力大大增强。

2020年初，一场新冠肺炎疫情扰乱了所有人的生活，很多村民都为未来生计担忧。为了安定民心，集中精力战疫，龙华村党总支组织招募青年党员志愿者在路口设岗值守，得到全村党员的热烈响应。“党员先锋队”切实发挥了人民群众主心骨作用，大大安抚了惶恐的人心。

党员的优良作风，引领了积极向上的民风。2020年3月，在驻村工作队带领下，龙华村通过连线方式与20多家企业达成认购协议，将100万斤冬瓜在一周时间里分4批捐往湖北。在这次捐赠活动中，村民们还自发筹集10吨南瓜、番薯等各类农产品，与湖北人民“守望相助、共克时艰”。

如今，在清远市的每一个相对贫困村，都已实现“六个留下”，即帮扶工作结束后留下一支“永不撤走的扶贫工作队”、留下一个带动贫困户增收的产业、留下一个带动发展生产的新型农业经营主体、留下一笔互助发展资金、留下一个治理有效的机制、留下一个生态宜居的美丽村庄。

（案例来源:《羊城晚报》）

★脱贫启示

给钱给物，不如建个好支部。广东清远把扶贫开发与基层党建工作有机结合，充分发挥基层党组织的战斗堡垒作用，让党员干部成为脱贫奔小康的桥梁与中坚力量，打通脱贫道路“最后一公里”，形成长效帮扶、长久脱贫机制。唯有充分发挥党员干部的先锋模范作用，让群众在心服口服基础上形成凝聚力，才能全面激发群众脱贫内生动力，彻底调动群众致富积极性，真正实现让群众物质上脱贫、精神上富足。

第四节 提供有力制度保障，完善责任体系

2018年2月12日，习近平总书记在打好精准脱贫攻坚战座谈会上的讲话中指出，我们加强党对脱贫攻坚工作的全面领导，建立各负其责、各司其职的责任体系，精准识别、精准脱贫的工作体系，上下联动、统一协调的政策体系，保障资金、强化人力的投入体系，因地制宜、因村因户因人施策的帮扶体系，广泛参与、合力攻坚的社会动员体系，多渠道全方位的监督体系和最严格的考核评估体系，为脱贫攻坚提供了有力制度保障。这个制度体系中，根本的是中央统筹、省负总责、市县抓落实的管理体制，从中央到地方逐级签订责任书，明确目标，增强责任，强化落实。这些制度成果，为全球减贫事业贡献了中国智慧和中国方案。

★脱贫故事

华池县驻村工作队：凝心聚力，助推脱贫攻坚

甘肃省最东部的华池县是革命老区，这片承载着历史荣光的土地，因其山大、沟深、边远的地理特点，人口居住分散，基础设施建设滞后，资源利用率低，生产力原始落后，是六盘山片区国家级贫困县，也是国家最早确认的甘肃省18个干旱困难县之一。

全县6镇9乡共计111个行政村，贫困村便占据了56个；全县人口13.59万人，贫困人口共计7283户2.78万人，贫困率达24.2%。

近年来，华池县委、县政府紧盯脱贫攻坚总目标，积极选派人员，组建队伍，长期驻村，做到“建得准、选得优、抓得实、守得住”，凝心聚力助推脱贫攻坚。

帮扶机制建得准

华池县委、县政府坚持把脱贫攻坚作为“一号责任”和“一号工程”。按照“一个单位至少联系一个贫困村，一名干部至少联系两户贫困户”的帮扶机制，华池县3000多名干部进村入户，与5344户贫困户结成了帮扶关系，真正做到因地制宜、因户施策。

通过进村入户行动，华池县得以对全域内贫困村详细摸底、登记造册，把各村贫困户的底数与基本情况也全部录入系统，实现一网清、一点通的网格化管理目标。在“大数据”的帮助下，精准扶贫行动有了“靶心”。

进村人员选得优

驻村干部选得优不优、配得强不强，不仅关系到脱贫攻坚的硬仗能否打得赢，更直接影响到群众对党和政府的信任。为了确保驻村工作取得实效，华池县明确了驻村干部的四个基本条件：政治素质好，作风扎实；对群众有深厚感情，熟悉农村工作、善于做群众工作；组织协调、推动能力强；不怕吃苦、甘于奉献。在此标准下，华池县整合双联干部、大学生村官、乡（镇）包村干部以及对口帮扶干部力量，共计239名党员干部，组建了56个驻村工作队。

为了真正实现产业扶贫，华池县还从农牧、科技、卫生、教育、文化等部门抽调了200名有思路、有技术、有能力的专业技术干部，定期深入贫困村，进行种植、养殖活动的技术培训与服务指导，帮助发展致富产业。

扶贫工作抓得实

做好扶贫工作，在明确“干什么、谁来干、怎么干”的基础上，必须拿出踏石留印、抓铁有痕的劲头，发扬钉钉子精神，锲而不舍、驰而不息地抓下去。

在扶贫工作逐步推进的过程中，华池县通过驻村工作、双联行动与精准扶贫深度融合，确定了“吃透村情民意、制订帮扶计划、宣传惠农政策、推动工作落实、总结推广经验、树立良好作风”6个方面18项工作任务，进一步明晰了工作队队员的工作职责，为驻村干部有效落实帮扶任务指明了方向。

为了确保高质量、高标准完成各项脱贫攻坚工作任务，华池县把各个贫困村户脱贫时间表具体到天，设计村户减贫指标达标任务书，规划到村到户项目帮扶路线图，做到村情户情“一口清”“一本账”。

不仅如此，华池县还启动了“住进贫困户，贴近贫困、感受贫困、解决贫困”的主题实践活动，通过采用非贫困村联村单位及联系贫困村的其他双联干部也采取轮流进村住户的办法，形成“两结合、互补式”的驻村住户帮扶模式。

华池县注重培树扶贫工作典型，积极总结推广经验，提出“十个一”驻村帮扶工作法，探索出多种工作模式，有效提升了全县驻村帮扶工作队的服务水平。

干部进村守得住

华池县注重用制度抓实抓好对驻村工作队的管理，根据驻村帮扶工作队、联村单位、联户干部的工作内容制订工作制度与考核办法。

驻村工作队管理办法明确要求，驻村人员常驻贫困户家中的时间应达到220个工作日以上（含因公出差、开会、培训），实际住户时间应达到160天以上；双联干部轮流进村，每人每年两次，每次不少于30天，确保驻村帮扶工作的连续性。

同时，为了进一步严格执行驻村纪律，华池县政府建立了督查通报制度，采取专项督查和临时抽查相结合的方式，对工作队工作情况按季度进行督查与评估，建立起“一考三评”制度：一考，即对工作队与成员履职情况进行考核评价，并将考核结果作为干部提拔使用、考核奖惩的重要依据；“三评”，即采取自评、测评、点评方式，广泛征求各方意见，为精准考核提供依据。

除了制度监督，华池县还推出了对驻村工作队的激励措施：驻村达到1年以上的，可视为基层工作经历。在驻村工作期间，为驻村工作队成员报销相关费用，维持其原单位待遇不变，县财政还拨经费，在贫困村中设立办公、生活场所，彻底消除驻村人员的后顾之忧。

华池县党员干部驻村凝聚民心、帮民所需、解民所难，沉下去、安下心、蹲得住、摸得清，全面化解制约当地贫困村发展的“林、田、水、路、房”问题。

2020年3月，华池县成功退出贫困县序列——通过驻村、联动、制度监督等多措并举，依靠无缝对接、因户施策，红色老区华池县成功走出了一条精准脱贫“拔穷根”的新路子。

（案例来源：《小康路上一个不能少》，人民出版社）

★脱贫启示

哪里有强烈的责任担当，哪里便有生动的脱贫实践。打赢脱贫攻坚战，要落实扶贫责任制。按照中央统筹、省负总责、市县抓落实的要求，建立各负其责、合力攻坚的责任体系，从中央到地方逐级签订责任书，立下军令状，形成“五级书记抓脱贫、全党动员促攻坚”的局面。脱贫攻坚县市要承担起主体责任，充分发挥贫困村“第一书记”作用，强化驻村帮扶工作，真正起到对贫困户的帮扶作用。唯有制度保障有力，责任体系有效，方能确保实现精准脱贫的既定目标。

第三章

精准扶贫：心中有数才能工作有方

习近平总书记2018年2月12日在打好精准脱贫攻坚战座谈会上的讲话中指出:“脱贫攻坚，精准是要义。必须坚持精准扶贫、精准脱贫，坚持扶持对象精准、项目安排精准、资金使用精准、措施到户精准、因村派人（第一书记）精准、脱贫成效精准等‘六个精准’，解决好扶持谁、谁来扶、怎么扶、如何退问题，不搞大水漫灌，不搞‘手榴弹炸跳蚤’，因村因户因人施策，对症下药、精准滴灌、靶向治疗，扶贫扶到点上扶到根上。”“扶持谁、谁来扶、怎么扶、如何退”准确地涵盖了“坚持精准方略，提高脱贫实效”的主要内容。

一、扶持谁——精准识贫思想的提出

扶贫必先识贫，精准识别就是要将扶贫对象精准识别出来，解决“扶持谁”的问题，让贫困人口得以真正获得必要的扶持，缓解贫困状况，并最终摆脱贫困，获得可持续发展的能力。“多年来，我国贫困人口总数是国家统计局在抽样调查基础上推算出来的，没有具体落实到人头上。也就是说，这么多贫困人口究竟是谁、具体分布在什么地方，说不大清楚。要问有多少贫困户，还可以回答个大概齐；要问谁是贫困户，则大多是说不准。”[1]2014年4月2日，国务院扶贫办印发《扶贫开发建档立卡工作方案》，以建档立卡为特点的精准识别工作在全国大规模有计划地全面展开。2015年全国又组织200多万人开展“回头看”，自下而上开展逐户、逐村、逐乡、逐县摸底调查，剔除识别不准的贫困人口929万人，新识别补

1　中共中央党史和文献研究院编:《习近平扶贫论述摘编》，中央文献出版社2018年版，第61页。

录贫困人口807万人。截至2018年，中国初步搭建了全国扶贫开发信息系统，汇集了近1亿农村贫困人口数据，建设起具有中国特色的扶贫大数据平台和脱贫攻坚档案库。随着精准识别方略在各地落实，其政策内涵和实施方法根据各地实际情况得到了不断丰富和完善，逐渐形成了具有中国特色的精准识别思想，为国际贫困识别提供了中国方案。

从国际视角来看，减贫是全球发展面临的核心问题，而减贫的前提和关键在于对贫困对象的覆盖，将稀缺的扶贫资源更加有效地瞄准贫困人口。但这却是一个全球性的难题，国际社会在识贫方面作出了相应探索，识别贫困人口的做法经历了由不刻意瞄准到向瞄准策略倾斜的转变。20世纪80年代后，无论是发达国家还是发展中国家，扶贫政策已经完全向瞄准倾斜。[1]通过梳理发现，国际上关于瞄准机制的研究主要集中于对代理资格审查法（PMT, Proxy-Means Testing）、自我瞄准法（Self-Targeting）和社区瞄准法（Community-Based Targeting）三种瞄准机制效果的讨论与对各种瞄准机制各自优势和劣势的比较，没有形成系统性典型范式，其经验仍然存在适用性问题。整体来看，尚未出现任何针对贫困人口实施大规模、系统性、精准化的识贫扶贫政策。

新时代中国精准识别的识贫标准突破了单一贫困线，发展成为“两不愁三保障”的多维标准，从此改变了以往单一维度使用货币收入衡量和识别贫困人口的标准，确定了识别标准多维度、科学性、合理化的正确导向。在精准识别的过程中，综合衡量贫困对象的实际状况，充分考虑贫困的可持续发展能力和贫困人口的生活福

1 叶初升、邹欣：《扶贫瞄准的绩效评估与机制设计》，《华中农业大学学报（社会科学版）》，2012年第1期，第63—69页。

利，符合多维贫困理论的主张，具有现实科学合理性。在“两不愁三保障”标准的指引下，精准识别贫困对象、精准发力，既不降低标准、影响质量，也不调高标准、吊高胃口，确保工作取得实效。

新时代中国精准识别以“建档立卡”为重要特征，瞄准对象，精确到人。所谓精准识别，就是指通过申请评议、公示公告、抽检核查、信息录入等步骤，将贫困户和贫困村有效识别出来，并建档立卡。建档立卡是精准识别工作的重要环节，也是精准识别扶贫对象的关键。精准识别的基本要求是要回答“贫困人口在哪”的问题（定位贫困人口），但不仅仅局限于此，还包含了对贫困对象具体贫困状况的掌握，为符合贫困标准的贫困户建立贫困档案，登记贫困程度、贫困原因等相关信息，对贫困人口进行精细化、确定性管理，为扶贫工作提供包括贫困家庭基本状况、致贫原因和帮扶措施等方面的详细信息。建档立卡瞄准到人是我国扶贫战略的重要创新，精准识别的“精”与“准”很大程度上是靠建档立卡来保障的。国际上的贫困瞄准只是方法上的选择，通过对贫困标准的调整尽量降低遗漏比率和误判比率，进而提高瞄准的精度。但是国际上没有任何国家像中国这样，实施大规模的建档立卡工作，对贫困人口进行全面摸底，将贫困人群信息登记造册，精细管理。

新时代中国精准识别是基于对贫困对象“回头看”的动态精准。我国精准扶贫政策下对贫困人口的精准识别方略是瞄准机制的实践创新。精准识别建档立卡将贫困人口确定在案，不是僵化的、一成不变的，而是具有时效性，是动态的。精准识别是对扶贫对象的动态瞄准，即根据实际情况对已经建档立卡的贫困人口及时复盘，检验扶贫效果。通过深入调查现状，核实对比贫困状况，对已经脱离贫困的人口在扶持政策持续性的基础上进行必要的调整，对新进贫困人口进行及时识别纳入贫困档案，对已有建档立卡信息进行实时更新，做好对贫困户、贫困村的动态管理，以确保建档立卡所瞄准的是真正的贫困人口，锁定“穷根”，为扶贫工作“对症下药”因地制宜提供必要、精准的现实依据。“回头看”是对已有的扶贫工作进行回溯，查看扶贫效果，对原有识别的贫困对象进行重新审核，以确保贫困识别的动态精准性。动态管理是根据贫困状况的实际变化，及时识别出新的贫困家庭和人口，同时将已经脱贫的家庭和人口调整出去，保持精准扶贫的有效性。

精准识别政策在识别标准的指导之下，实践中遵循了“自上而下”与“自下而上”行动顺序相结合的策略，实现了对扶贫对象进行精准识别和动态精准管理。

二、“谁来扶”——基于国家能力的理论解读

习近平同志指出“要解决好‘谁来扶’的问题，加快形成中央统筹、省（自治区、直辖市）负总责、市（地）县抓落实的扶贫开发工作机制，做到分工明确、责任清晰、任务到人、考核到位”。改革开放以来，作为世界上最大的发展中国家，我国实现了规模最大、难度最高的减贫目标，实现了从普遍贫困、区域贫困到基本解决贫困的转变。中国的扶贫成就是一张令世界瞩目的脱贫成绩单，这是传统的增长理论无法解释的奇迹。单纯的经济增长并不能完全解决贫困问题，要想实现持续性减贫，就必须加大国家无形的基础设施建设——增强国家能力。强大的国家能力是扶贫的重要保证，一个国家要想在一定时空范围内减少贫困，就必须具备强大的能力，这个能力不仅包括雄厚的经济实力，还应包括政治的动员能力、引领社会群体的

能力、执行政策法规的能力、调配资源投入的能力，等等。

国家社会关系理论的代表人物米格代尔认为“国家能力（State Capacity）是国家通过种种计划、政策和行动实现其领导人所寻求的社会变化的能力”。我国学者王绍光、胡鞍钢认为“国家能力是指国家将自己的意志、目标转化为现实的能力”。联合国社会发展研究所在《消除贫困和不平等的报告》中将国家能力分为政治能力、资源调动能力与向生产和提高福利的部门分配资源的能力。米格代尔则将国家能力分为提取（国家从社会中取得人力、物力和财力的能力）、渗透（国家机构及其代理人进入社会的各个角落的能力）、规制（国家制定规则并让民众和组织遵从规则的能力）和分配（以特定方式配置或运用资源）四大能力。王绍光将国家能力概括为以下四种能力：一是汲取能力，指国家动员社会经济资源的能力；二是调控能力，指国家指导社会经济发展的能力；三是合法化能力，指国家运用政治符号在属民中制造共识，进而巩固其统治地位的能力；四是强制能力，指国家运用暴力手段、机构、威胁等方式维护其统治地位的能力。他同时指出，汲取财政能力是国家能力中最重要的能力，是实现其他国家能力的基础。

基于中国的现实国情，在借鉴前人研究的基础上，以下从领导能力、执行能力、社会动员能力、资源汲取能力、再分配能力以及问责能力六个方面来解读中国扶贫工作开展以来的成就，为世界贡献中国的扶贫智慧。

领导能力是一个国家制定和实施政策的引领。中国共产党作为执政党，在中国特色社会主义事业的建设中发挥着总揽全局、协调各方的领导核心作用。消除贫困、实现共同富裕是党的重要使命，以中国共产党领导扶贫治理机制是中国扶贫治理的一大特色。习近平总书记指出，“实现贫困人口如期脱贫，是我们党向全国人民作出的郑重承诺。责任重于泰山，各级党委和政府一定要不辱使命。要强化扶贫开发工作领导责任制，把中央统筹、省负总责、市县抓落实的管理体制，片为重点、工作到村、扶贫到户的工作机制，党政一把手负总责的扶贫开发工作责任制，真正落到实处”。党领导国家的体制在人类政治文明史上具有独创价值，它能够通过民主集中制原则，调动社会各方面的积极性和创造力，形成统一意志，培育强大的国家能力。

执行能力是一个国家完成政策目标的基础。国家在制定了相关政策之后，需要一支高效的工作队伍来确保国家计划的顺利实施，这是由国家的执行能力决定的。以印度为例，作为仅次于中国的第二大发展中国家，同样在反贫困的过程中投入了大量的人力、物力、财力，但是由于扶贫工作政策执行不到位、政府腐败等因素，减贫成效十分有限。而在我国精准扶贫和精准脱贫的推进过程中，国家各工作部门在党中央的带领下，保持统一的战线，形成强大的合力，表现出了高效的执行能力。在精准扶贫的工作中，在党的统一领导之下，从中央到地方，逐级下达指令，并按照统一的方向因地制宜地贯彻实施。各级政府是政策的执行者和公共物品的提供者，力争把精准扶贫的基本方略落实到每一个环节，并不断加强扶贫队伍的自身建设，积极履行政府治理贫困的职能，政策推行的效率得到极大提升，体现出我国集中力量办大事的政治优势，也展现出了我国在政策执行方面的强大的国家能力，构成有效治理贫困的基础。

社会动员能力是促进精准扶贫的关键。我国精准扶贫有其独特的结构：以党为主导、高位推动。这充分体现了我国政治动员方面的强大能力。同时在精准扶贫的推进中，中国也具有强大的社会动员能力。在政府发挥主导作用的基础上，推动全社会参与扶贫事业，这是中国扶贫机制的又一大特色。中国当前形成的多元化的扶贫体系是与强大的社会动员能力分不开的。在坚持以政府推动为主的基础上，中国的精准扶贫能够带动市场、社会以及其他组织个体共同参与到脱贫攻坚的进程中来，从而形成全社会合力，确保在全国范围内实施扶贫计划和项目。国家具有强大的动员能力，这是中国特色扶贫事业的独特优势，是实现脱贫攻坚奋斗目标的关键力量。

资源汲取能力用于衡量一个国家对于社会资源获取的能力，是推进精准扶贫工作的重要前提。现代国家对于资源汲取的主要方式是税收。王绍光指出财政汲取能力是国家能力中最重要的能力，是实现其他国家能力的基础。根据世界各国经济发展的历程来看，几乎所有的国家都会在一定程度上增强财政的汲取能力，国家是通过贯彻其强大的意志来实现运转的，因此就必须具备强大的财政汲取能力。财政汲取能力与一个国家的财政制度的有效性是密不可分的，财政制度的低效率将直接导致财政汲取能力的弱化，进一步影响国家管理经济社会活动的有序进行。除了中央财政资金，其他方面的资金也在扶贫开发中发挥着重要作用。中央财政税收以及多渠道的社会资金是扶贫资源的主来来源，为实现脱贫攻坚奠定了坚实的物质基础，体现了我国在精准扶贫中的强大资源汲取能力。

再分配能力是维持社会稳定，促进社会公平，缩小贫富差距的重要保障。王绍光指出，随着经济发展与科技进步，经济组织日益复杂，社会化生产日益广泛，这种能力对现代国家越来越重要。[1]脱

1　王绍光、胡鞍钢：《中国国家能力报告》，辽宁人民出版社1993年版，第3页。

贫攻坚目标的实现需要国家强大的再分配能力，为贫困群体提供扶贫资源保障。我国财政扶贫资金分配是中国特色社会主义制度下的政府反贫困措施，是中国反贫困事业长期以来的实践结果和合宜性的权衡措施，对中国乃至世界的反贫困事业的发展起到了重要作用。打赢脱贫攻坚战，资金投入是基本保障，其中财政投入发挥着主体和主导作用。

国家问责能力是对脱贫攻坚的有力监督。能否实现真扶贫、扶真贫和真脱贫，这是与国家的问责能力息息相关的。对扶贫工作采取问责的方式，“从严从实”推进精准扶贫，这是一项具有中国特色的扶贫机制，保证了贫困人口真正从根源上实现脱贫。习近平在东西部扶贫协作座谈会上的讲话中指出打赢脱贫攻坚战的关键点就是“真扶贫、扶真贫、真脱贫”，同时从四个维度来解释这九个字，一是领导工作要实，二是任务责任要实，三是资金保障要实，四是督查验收要实，这是中国在精准扶贫过程中问责的主要内容，坚持从严要求，促进真抓实干。

中国政府在长期与贫困作斗争的实践中探索出一条具有中国特色的反贫困道路，扶贫脱贫治理机制的精准性不断提高，对贫困的动态性和复杂性认识越发深刻。尤其是以习近平同志为核心的党中央开展扶贫工作以来，结合中国特色社会主义发展的具体实践，不断加深对于贫困问题的认识和探索，形成具有中国特色的、体现社会主义优越性的精准扶贫战略思想，这一伟大思想是中国扶贫理论的最新成果。作为对世界反贫困理论的发展和创新，精准扶贫为广大发展中国家提供了减贫经验，必将为实现全球范围内彻底解决贫困问题的共同目标提供镜鉴！

三、“怎么扶”——精准施策相关理论及解读

“怎么扶”是我国在精准扶贫实施过程中减少贫困的具体策略。中央出台“六个精准”和“五个一批”重要举措，从具体实施层面细化了“怎么扶”问题。其中“六个精准”指“扶持对象精准、项目安排精准、资金使用精准、措施到户精准、因村派人精准、脱贫成效精准”，切实有效地将“精准”落实到扶贫工作的各个重要环节。习近平总书记2015年11月27日在中央扶贫开发工作会议上的讲话中指出，解决好“怎么扶”的问题，开对了“药方子”才能拔掉“穷根子”。要按照贫困地区和贫困人口的具体情况，实施“五个一批”工程。[1]一是发展生产脱贫一批，引导和支持所有有劳动能力的人依靠自己的双手开创美好明天，立足当地资源，实现就地脱贫；二是易地搬迁脱贫一批，贫困人口很难实现就地脱贫的要实施易地搬迁，按规划、分年度、有计划地组织实施，确保搬得出、稳得住、能致富；三是生态补偿脱贫一批，加大贫困地区生态保护修复力度，增加重点生态功能区转移支付，扩大政策实施范围，让有劳动能力的贫困人口就地转成护林员等生态保护人员；四是发展教育脱贫一批，治贫先治愚，扶贫先扶智，国家教育经费要继续向贫困地区倾斜、向基础教育倾斜、向职业教育倾斜，帮助贫困地区改善办学条件，对农村贫困家庭幼儿特别是留守儿童给予特殊关爱；五是社会保障兜底一批，对贫困人口中完全或部分丧失劳动能力的人，由社会保障来兜底，统筹协调农村扶贫标准和农村低保标准，加大其他形式的社会救助力度。“六个精准”和“五个一批”要求提出之后，

1　中共中央党史和文献研究院编：《习近平扶贫论述摘编》，中央文献出版社2018年版，第65页。

各地按照中央统一部署，结合地方实际纷纷出台了“N个一批”的精准扶贫政策，进一步丰富并拓展了精准施策内涵。

通过梳理1978—2013年我国扶贫基本途径及演变发现，新时代精准施策内涵及要求并非凭空而来，而是对历史的继承、发扬和创新；另外通过梳理国际社会针对扶贫措施的争论发现，国际社会对贫困的认识也是不断发展变化的，从简单的援助式扶贫向着开发式扶贫方向发展，从致贫原因出发寻找减少贫困的可行方案；进一步分析认为可以从可行能力理论、地理环境决定论、内源性发展理论及社会福利理论出发，解读当前我国精准施策措施的合理性和科学性。

诺贝尔经济学奖获得者阿马蒂亚·森在其《什么的平等？》一文中首次提出了可行能力的概念。森指出，可行能力反映了一个人可以实现的各种可选择的功能性活动的机会，生活质量的好坏可以根据可行能力的实现情况来判断。阿马蒂亚·森在《以自由看待发展》中系统地阐述了可行能力的概念[1]，可行能力被表述为可供选择的功能性活动的组合，“功能性活动”的概念反映了一个人认为值得去做的事物或达到的多种多样的状态。有意义的功能性活动是多元化的，基础性的功能性活动包括免受挨饿、获得足够的营养、避免过早死亡等，高级复杂的功能性活动则包括接受教育、过体面人的生活以及获得周围人的尊重等。一个人的可行能力既可以是实现了的功能性活动，也可以是所拥有的可供选择的真实机会。因此，可行能力表示个体所拥有的实质自由和机会，是一种将社会资源转化为有价值的功能性活动的能力。将“可行能

1　[印度] 阿马蒂亚·森:《以自由看待发展》，任赜、于真译，中国人民大学出版社2002年版。

力”理念引入贫困分析，森提出了“能力贫困”的概念。他认为贫困对应的是功能性福利的缺失，而功能性福利缺失的背后则是实现功能性福利的可行能力的缺失，即个人的福利是以能力为保障的，而贫困的原因则是能力的匮乏。一方面，可行能力的丧失是贫困产生的原因，另一方面，它们本身就是贫困的表现。因而，基本可行能力包括的功能不仅具有消除贫困的工具价值，而且它本身就代表了一种人类福利。[1]与传统经济学不同，可行能力理论注重人们所拥有的能力而不是强调收入和消费的重要性。贫困的根本原因并非收入低下，而是可行能力不足。在可行能力理论框架下，原本单纯依据收入多寡来确定贫困的方式受到挑战，能力成为识别贫困的新标准，具体的扶贫工作和措施也逐渐从给钱给物以弥补收入不足转变为提升个人的可行能力。

可行能力理论与精准施策之间具有高度的耦合性。如果认定贫困问题的本质原因是贫困群体可行能力的缺失，那么根据可行能力方法，要有效脱贫就需要避免或弥补贫困群体基本可行能力的缺失。精准施策的重点则是引导相关的扶贫项目、资金和措施来切实应对贫困的症结，即通过各种可能措施弥补贫困群体可行能力缺失。“五个一批”精准施策思想中包含的“发展生产脱贫一批”“发展教育脱贫一批”及后来拓展的加强医疗保险与医疗救助、科技扶贫、电商扶贫等具体扶贫措施，均是旨在提升贫困群体可行能力的重要减贫措施。

从地理环境决定论来看，地理环境对贫困的影响，主要表现在两个方面：一是作为生存条件的地理环境；二是作为生产力要素

---

1 丁建军：《多维贫困的理论基础、测度方法及实践进展》，《西部论坛》，2014年第1期，第61—70页。

的地理环境。例如我国14个集中连片的特困地区内，居住着绝大多数民族地区的农村贫困人口，其自然条件差、基础设施落后，恶劣的自然环境限制了贫困人口人力资本边际效益的递增，导致在社会经济活动过程中产生了大量的沉淀成本。[1]地理环境决定论认为，恶劣的地理环境成为制约在特定地理环境中生存的群体发挥主观能动性摆脱贫困的主要障碍。那么精准施策内涵中必然要包含针对该问题的适应性策略。“五个一批”精准施策思想中包含的“易地搬迁脱贫一批”和“生态补偿脱贫一批”正是这种适应性策略的体现。

内源性发展理论对扶贫实践的指导主要表现在两个方面，一是在对贫困群体的援助过程中，不应该仅仅关注其当期收入指标的变化，而应该增加对困难群体的培训和投资，通过激发和规整欠发达地区及贫困个体本身的发展因素，最终使得这些地区及个体走上内源性发展之路。二是在帮扶过程中，应坚持文化相对主义视角，充分重视和尊重受援助地区的文化、历史、具体发展情况以及受援助地区人民的发展意愿，即在具体的发展项目中，坚持提供以“参与式发展”为核心工具的帮扶措施。[2]“五个一批”精准施策思想中包含的“发展生产脱贫一批”“发展教育脱贫一批”等措施正是对内源性发展理论的具体实践表达。

社会福利理论包含了“损有余而补不足，对丧失劳动能力者的保障和对疾病或残障者提供生活保障是社会成员的共同责任”的思想，而“五个一批”精准施策思想中的“社会保障兜底一批”措施正是对社会福利思想和理论的具体实践表达。尽管我国扶贫工作以开

1 黄承伟、王猛:《“五个一批”精准扶贫思想视阈下多维贫困治理研究》,《河海大学学报（哲学社会科学版）》,2017年第5期，第1—5、47、89页。

2 李小云:《参与式发展概论》，中国农业大学出版社2001年版，第1—2页。

发式扶贫为主，尝试通过多种措施培养贫困群体的基本可行能力，提高其内源性发展能力，但是需要引起重视的是，目前我国仍有为数不少的完全或部分丧失劳动能力的贫困人口，这些人口因缺乏基本劳动能力而陷入贫穷的泥潭，提升其基本可行能力、培养其内源性发展能力帮助其摆脱贫困的难度较大。这时候就需要政府部门发挥其社会服务工作的功能，向这些群体提供剩余性社会福利，以使其基本生活得到保障。当前“社会保障兜底一批”中包含的各种社会救济形式和制度设计均是政策制定者基于社会福利理论和当前发展实际采取的适应性精准减贫措施。

四、“如何退”——具有中国特色的渐进退出与第三方评估机制

“如何退”不同于“扶持谁”“谁来扶”“怎么扶”这三个具有一定发展演进过程的问题，因为过去我国从未设定过贫困退出机制。一些贫困县、贫困户每年获得政府的各种补贴，不但没有激发脱贫积极性，反而滋生出“等”“靠”“要”等“赖贫”思想，不仅造成我国扶贫资源的浪费和分配不公，政府的财政压力不断加剧，而且贫困退出机制的缺失还导致贫困地区缺乏发展激励。

为实现贫困群体精准退出，习近平总书记在中央扶贫开发工作会议上的讲话中提出四点方略。一要设定时间表，实现有序退出，既要防止拖延病，又要防止急躁症。对于贫困县的摘帽和贫困户的退出要早作规划、早建机制，建立合理的退出标准。二要留出缓冲期，在一定时间内实行摘帽不摘政策。贫困县的帽子虽然不好看，但却能够实实在在地得到政府补贴，导致很多地方担心摘帽后产生

悬崖效应而不愿意摘。为了避免这种现象的发生，保证摘帽的积极性，也考虑到贫困县摘帽后需要一定时间来巩固自我发展能力，我国出台了“扶上马、送一程”的政策，即摘帽后扶持政策不变，行业规划、年度计划继续倾斜，专项扶贫资金项目和对口帮扶等也继续保留，对于提前主动摘帽的贫困县还给予奖励。三要实行严格评估，按照摘帽标准验收。虽然我国对贫困县摘帽、贫困户退出采取正向激励政策，但是并不意味着可以为了脱贫降低标准，蒙混过关，对于搞“数字脱贫”和“虚假脱贫”的严肃追责，脱贫摘帽的结果必须经得起检验。因此，需要严格脱贫验收办法，明确脱贫摘帽标准和程序，加强社会监督，引入第三方评估机制，以增强脱贫工作绩效的可信度。四要实行逐户销号，做到脱贫到人，脱没脱贫要同群众一同算账，要让群众认账。扶持力量应该尽可能精准、聚焦，对建档立卡的贫困户实行动态管理，脱贫了逐户销号，返贫了重新录入，尽管全面建成小康社会的任务刻不容缓，但是贫困退出的本质目的还是扶贫脱贫，不能为了追求脱贫时限，而使一些贫困户“被脱贫”，同时也要重视因病致贫返贫现象，对贫困户的帮扶措施，即使销号了也可以再保留一段时间，只有做到了稳定脱贫才能够脱钩，否则可能会降低脱贫成效，极有可能导致返贫。

从理论视角解读我国的精准脱贫思想，有助于我们对其有一个更全面的认识和理解。从世界经验来看，社会福利制度可能会导致“福利陷阱”，贫困退出机制就是我国在精准扶贫这项社会福利制度中防范“福利陷阱”而采取的举措。一方面，“福利陷阱”会导致贫困人口对福利的依赖。福利依赖容易产生“等”“靠”“要”思想，造成公共资源的浪费，影响社会公平，引发社会自食其力者的不满，造成社会动荡，甚至可能在代际间传递，对下一代的思想产生消极影响，不利于社会的可持续发展。另一方面，“福利陷阱”可能加大政府的财政压力。我国的扶贫资源主要来自于政府公共财政，具有一定的稀缺性和有限性，滥用或者过度消耗都会导致扶贫资源的稀缺，使真正贫困地区不能获得充足的支持。我国设立贫困退出机制，就是要将已经脱贫了的贫困户、贫困村、贫困县及时地清理出帮扶对象名单，提高扶贫的精确性，使扶贫成果最大化。建立具体的贫困县、贫困村、贫困人口退出机制，实施摘帽不摘政策都是我国在精准脱贫中为了防止“福利陷阱”的具体做法。

另外，为了确保评估的公平性与专业性，无论是政府改革还是扶贫绩效评估，国际社会都倾向于积极引入第三方评估机制。近几年，我国政府也逐步在精准扶贫中引入第三方评估制度，这既顺应了国际发展的趋势，又是我国政府治理转型的需要。我国对达到标准的贫困户、贫困县交由专业的第三方评估机构进行评估。我国各地方贫困退出的评估内容大致相同，贫困人口退出标准以“一超过、两不愁、三保障”为主，同时兼顾“七不计入”和“八不退出”；贫困村退出标准为“两个确保、两个完善”；贫困县的退出标准以综合贫困发生率为主要衡量指标，以脱贫人口错退率、贫困人口漏评率以及群众认可度为参考指标。在退出考核中，各地方积极引入第三方评估机制，以增强脱贫工作绩效的可信度并确保退出后的可持续发展，实现“真脱贫、脱真贫”。

（郑风田　中国人民大学农业与农村发展学院副院长）

第一节　切实做到“六个精准”

党的十八大以来，以习近平同志为核心的党中央根据时代发展条件和贫困特点变化，适时提出了精准扶贫精准脱贫理念，并将之贯穿在打赢脱贫攻坚战的全过程，充分发挥制度优势，凝聚全社会合力，体现了马克思主义执政党的政治立场、政治勇气和治国理政的智慧与能力。在“六个精准”基本要求指引下，国家贫困治理能力大为提升，农村脱贫成效十分显著。

★脱贫故事

十八洞村精准脱贫记：精准扶贫结出“幸福果”

位于湖南湘西土家族苗族自治州花垣县的十八洞村积贫已久，由于地处武陵山区腹地、交通闭塞，处于集中连片特困地区。

2013年以前，该村甚至连一条进村的路都没有，再加上山高路险，自然灾害频发，村民几乎常年与世隔绝，受教育程度也很低。当地发展产业极为艰难。

2013年11月3日，习近平总书记来到这里考察调研，首次提出了“精准扶贫”的重要思想。

之后三年，深山苗寨立足“精准”二字，让村内经济发展步步登高，并于2017年实现了全村脱贫。

由于精准脱贫经验突出，这里成为其他贫困地区纷纷“取经”之处。

精准识别扶贫对象

当时，十八洞村共225户939口人，想精准扶贫，就必须要在这939口人中，把真贫识别出来，解决好“扶谁”的问题。

为了防止“富人上榜、穷人落榜”的情况发生，按照总书记提出的“实事求是、因地制宜、分类指导、精准扶贫”的重要指示，村里建立起了程序化、规范化的识别机制，先后制定了《十八洞村精准扶贫规划》《十八洞村精准扶贫贫困户识别工作做法》等，进一步明确了“贫困农户识别九不评”的标准，如不务正业、懒惰成性的家庭不评，有楼有车有房的不评等。

同时，村中按照“户主申请→投票识别→三级会审→公告公示→乡镇审核→县级审批→入户登记”七道程序，对榜单结果进行及时公布，让识别贫困户的工作全程曝光在公众视线中，把识别的评议、监督与最终确定权力交给了十八洞村民，确保了识别结果公开、公正、公平。

在“九不评”“七程序”的保障下，全村共准确识别出贫困户136户533人，占总人口的56.8%。而对于这一公示结果，家家户户都服气。村民们说，虽然大家对贫困的感觉、看法不一样，但因为评选的标准明确、程序规范，就算自己评不上也心服口服。

精准发展特色产业

习近平总书记到十八洞村与村民座谈时表示，希望大家“把种什么、养什么、从哪里增收想明白”。

十八洞村民与各级领导干部积极响应习总书记的号召，因地制宜、合理规划发展当地经济，实现精准脱贫。

由于地处山坳，十八洞村村内人均耕地仅有0.83亩，且地块零散分布在山间，无法规模化利用。村中便转变思路，提出了“跳出十八洞，发展十八洞”的“飞地经济”方案，在县农业科技园异地流转了1000亩土地，村民们以产业帮扶资金与自筹资金入股，集中种植猕猴桃，仅此一项，便在2018年为村民们增收88.5万余元，这一收益未来还将持续增长。

由于村内拥有丰富的自然资源，森林覆盖率高达78%，十八洞的山泉水甘洌洁净，富含矿物元素。花垣县政府在发掘出这一自然优势后，与步步高集团合作，共同打造了十八洞村山泉水厂。这是该地首个现代化产业项目，同时也是该村脱贫致富的重要产业平台：村集体以资源入股，每年皆可获得50万元的保底分红。

十八洞村景色迷人、山坡奇特，野生动植物丰富，有包括十八溶洞群在内的诸多奇特景点，素有“亚洲第一奇洞”的称号和“小张家界”的美誉，更重要的是，该地苗族文化保存完好，苗族的特色民居、饮食，特有的过苗年、打苗鼓等节日风俗，以及民间苗绣、蜡染等手艺在此地皆可完整呈现。

不过，这些资源长期开发利用潜力不足，村民们便另辟蹊径，围绕发展“乡村旅游”这条主线，按照“农业旅游一体化”的思路整合资源，着力打造了十八洞“旅游+”产业体系：以种植、养殖、苗绣、劳务、乡村游五大产业为主，立足资金跟着穷人走、穷人跟着能人走、能人跟着产业走、产业跟着市场走的做法，村内一共成立了苗绣、牧业、油茶种植、养猪等8个农民专业合作社组。

在该体系中，村委在县政府以及驻村工作队的帮助下成立了农旅农民专业合作社，根据乡村旅游需要，流转村民土地，展开统一规划、统一开发。同时，还成立了旅游开发公司，在大力发展苗绣、蜡染等手工艺品的同时，引导村民发展黄桃、油茶、蜂蜜等绿色环保产业。边发展旅游边向旅客销售产品的策略，使本村的“乡村旅游”成为省内热点，扩展了农民的增收渠道。仅2018年，全村便接待游客达30万次，仅旅游一项收入就高达300余万元。庞大的人流量，不仅带火了村中民宿，也让当地农家乐蓬勃发展了起来。

随着“乡村旅游”策略的成功，村中还因户施策，组织人员外出学习，通过开展技术培训、进行市场对接等多种方式，每家每户都找到了最适合自己的致富门路：厨艺好的便开饭店，有多余的空房就办民宿，会说普通话的年轻人则当起了导游，而老年人则在家门口摆摆山货摊子，也能带来一些收入。

精准激发内生动力

幸福不会从天降，好日子是干出来的。往日，简单的给钱送物式扶贫，在调动贫困群众积极性、激发内生动力上做得不足，甚至在个别地方出现了扶贫干部忙得“满头大汗”，贫困群众却“靠着墙根一边看”的现象。“等着别人送小康”，把国家支持、干部帮扶视为理所当然的行为要不得，没有自力更生的内生动力，外力一旦发生变化，即使脱贫，也很容易返贫。

十八洞村的驻村工作队与村干部深刻意识到，这里的老百姓苦了许久，很多对通过自己奋斗过上好日子不敢想，也不敢干。想彻底扶贫，就必须激励村民提起精气神。于是，村委先是通过换届，把那些能力强、有文化、群众信任的能人选了出来，建强了村“两委”，发挥班子的引领作用。

由于十八洞村是个合并村，当时村内四个寨子都是各自为政，各干各的，时不时还有纷争。因此，新村“两委”上任后，所做的第一件事就是配合文体活动做好村民的思想工作、宣传工作，避免

“村合心不合”的情况。

为了方便群众，村“两委”经过反复征求意见、多次讨论后，在四个寨子外出办事的必经之地建立了便民服务中心，时常组织党员干部一起交流工作，学习党的政策方针，交换致富意见。同时，他们还举办了文艺晚会、篮球赛，组织苗歌会、过苗节等多项文体活动，真正实现了把村民们的心往一处拢、情往一处聚。

为了激励村民们的致富动力，村“两委”还开办了道德讲堂，通过民主活动评选出“最美脱贫攻坚群众典型”进行表彰；村内创新推行了“群众思想道德星级化管理”，对每一个村民的行为表现进行量化、评比，并以户为单位，确定星级，张榜公示。通过发挥典型带动作用，群众们争当先进的热情被彻底激发起来：“星级化管理和典型表彰，当典型还是当落后，谁都会选有面子的！”

如今的十八洞村民，不仅致富决心大，还干事劲儿足：往日在扶贫会场吵着要钱要物的，现在成了村里的带头养蜂大户，不仅自己富了起来，还热心传递经验，带动村民一起致富；过去天天等扶贫的，如今成了农家乐的店主，每日忙里忙外不停歇。

随着致富信心越来越强，村民们对村里事务越来越热心。从2013年开始，村里各项公共建设都是由村民自愿投工投劳完成的：首先是将进村的羊肠小道拓成了宽6米、长3公里的柏油道路。连通外界后，大型旅游车辆可直接进村，前来参观的游客陡然增多。村子顺势启动了乡村旅游，村民们又自愿参与新修了大型停车场、公厕及长达1118米的游步道。为了配合乡村旅游的发展，村民们还主动实施了民居改造及改水、改厕、改厨……两年多时间，整个十八洞村，处处都迸发着活力。

2017年2月，十八洞村宣布成功脱贫摘帽，成为全国精准扶贫典型。十八洞村精准扶贫经验，可学可用，是习近平总书记“精准扶贫”重要思想在基层的成功实践，更是我国脱贫攻坚战的优秀典型——往日偏远的湘西村庄就此成为中国脱贫攻坚历程中的“地标”，更构成中国扶贫的新“节点”。

（案例来源：《人民日报》海外网）

★脱贫启示

十八洞村能成为我国脱贫攻坚历程中具有“地标”性意义的地方，有两大原因：一是丰富的自然资源、完好的民族生态，二是社会各界的支持与本地政府创新的发展模式。而十八洞村的成功经验也告诉我们，只有依据习总书记“六个精准”的重要指示展开扶贫工作，确保扶贫资源精细化配置，真正用在贫困人口、贫困地区，精准扶贫的效率才会更高，精准扶贫的效果才会更好。

第二节　科学识贫，解决好“扶持谁”的问题

精准扶贫的本意在于让群众共享改革红利，为那些真正的贫困人群雪中送炭。国家的扶贫资源有限，资金应该用在那些最需要的人身上，这不仅是我们在扶贫攻坚战中应严守的公平底线，同时更是打好贫困攻坚战、决胜全面建成小康社会的关键。因此，在精准扶贫的过程中，必须要先扣好第一颗扣子：把真正贫困、真正需要帮扶的群众识别出来，把不符合条件的人剔除出去，力求既不让一个真正的贫困户落榜，也不让一个不符合标准的贫困户进档。

★脱贫故事

海南琼中：创新举措，让扶贫数据精准到每户每人

如何确保贫困户的精准识别？当地基层的党员干部是关键。他们长期驻扎在第一线，对当地情况掌握得最清楚。而那些严格按照党和政府要求办事、认认真真执行扶贫攻坚相关方针政策的基层干部，则是精准识别贫困户过程中的主力军——位于海南中部山区的琼中黎族苗族自治县湾岭镇岭门村第一书记黄海军便是其中一员。

依靠基层干部，做好精准识别第一步

2015年7月，黄海军从省农信社派驻到琼中县湾岭镇岭门村任第一书记。驻村以后，黄海军做得最多的工作，就是进门入户，与

农户交谈。

入户核查是核实贫困户是否实现“两不愁三保障”的关键：针对村中还未脱贫的贫困户，黄海军与村“两委”列出帮扶发展情况一览表，准确详实地标记出贫困户的家庭成员、致贫原因、生产生活能力、收入来源等情况。通过平日里与贫困户对话、查看相关资料，黄海军对扶贫是否达标了然于胸。

正是因为有大量像黄海军这样的基层干部深入群众，他所在的琼中县得以破解“扶贫工作如何开展”这个难题。

作为国家扶贫工作重点县，琼中从2014年起便将建档立卡纳入县委、县政府重要议事日程，列为各级部门“一把手工程”。

2015年，琼中把全县划分为22个片区，派出450多名干部，配合22个省调查组，开展“一访二问三听四看五查”的“12345”调查行动——黄海军便是该次行动中的一员。

按照贫困对象识别程序，琼中县开展了“一申请、三计算、一评议、两公示、一公告”的“13121”识别行动，由农户、村“两委”、驻村帮扶工作队、乡镇、县级逐层签字，精准识别。

经过核查、识别后的贫困人口得以享受国家给予的教育补贴、小额脱贫贷款、医疗保险、房屋修缮补助及残障人士相关社会保障。

两平台联动，把好精准监测关

立足基层搞好识别与核查只是找准“扶持谁”的第一步，扶贫开发想要成功，必须要找准“穷根”、明确靶向，量身定做、对症下药，真正地扶到点子上、扶到根上。

如果你在2016年至2018年间去过琼中县政府的综合办公大楼，

那你一定见过一幅醒目的县、镇（乡）、村三级脱贫攻坚“作战图”。图上一一罗列了县内贫困人口具体分布、脱贫时间安排、致贫原因等重点内容。

为了把好精准监测关，真正做到对贫困户的动态检测、联动反馈，琼中县搭建了线上、线下两个监管平台：以纸质档案台账作为线下监管载体，同时，利用建档立卡信息系统，建立贫困户电子档案。

为了确保不错漏一户一人，保证精准识贫结果正确，琼中县人民政府还牵头组建了10个抽查小组，对入户调查工作开展了“回头看”，定期或不定期地进村入户调查。针对贫困户错漏情况，抽查小组会督促各乡镇再核查、再识别、再公示。

多次复查是为了达成两个目的：一方面核实基层干部是否用心对待工作，另一方面也可对双平台上的贫困人口数量、家庭收入、具体产业扶持情况等数据信息进行及时更新，分期、分段进行脱贫情况对比，实现真正动态全程监管。

贫困人口实现了精准锁定，如何让脱贫全过程精准可视化？点开琼中扶贫开发信息系统，扶贫对象、扶贫主体、扶贫资金管理、扶贫项目管理、数据管理等子系统便清晰地展现在眼前——原来，该系统除了可以精准及时地管理、更新扶贫“大数据”，还可以像体检仪一般，通过各项指标来分析贫困户的教育、住房、医疗、就业等具体脱贫情况。

2015年2月，被列入贫困户的吊罗山乡新安村村民蒋文，在政府帮扶下种桑养蚕、养鸡鸭鹅，忙碌一年后，原本生活窘迫的四口之家收入涨了近三倍，在2017年底被通知摘掉“贫困帽”。

与此同时，营根镇朝参村村民王进裕则被纳入了建档立卡贫困户，享受了危房改造、教育帮扶等政策——双平台联动的实时性，在贫困户动态监测和联动反馈中得到了极佳的体现。

为了达成这样的实时性，琼中县下了细功夫：对贫困户实行村级初审、乡镇复审、业务部门审核、扶贫部门核定备案的“四级联审制”。也正是在“四级联审制”的规范之下，双平台才得以精准地对符合脱贫条件的脱贫、对不该纳入的剔除、对返贫的重新建档立卡，真正做到了对贫困户有进有出、实名制动态化管理。

选好药方，真正实现措施与需求有效对接

贫困户精准数据，为精准帮扶号准了“脉”，接下来便要选好“药方”。

为此，琼中制定了“1+10”精准脱贫措施，即出台一个总纲《琼中农村脱贫攻坚“十三五”规划和年度实施方案》，配套农业特色产业、生态旅游业、基础设施、教育发展、光伏发电、金融服务、生态补偿、转移就业、易地搬迁、保障兜底“十个一批”脱贫专项实施方案，并对照群众致贫原因、发展意愿，列出脱贫需求清单，菜单式勾选对应的扶贫措施，为贫困户“量身定做”增收项目，使扶贫措施与贫困户需求有效对接。

为了督促干部落实精准脱贫措施，琼中县还深入开展了县级领导“四联三问”、党政机关“联村帮扶”、选派驻村第一书记、村“两委”干部“领头雁”培养等活动，实行“县级领导挂点、县直部门包村、乡镇包片、干部包户”的四级联动帮扶模式，对帮党建帮思路、帮资金、帮门路、帮技术、贫困户，实现帮扶全覆盖。

在琼中县人民政府扶贫总纲的指导下，黄海军等基层干部深入贫困户家中，逐户制订帮扶措施，开出精准药方。

从黄海军的具体工作中，我们可以窥见琼中精准扶贫工作的用心程度：对于那些因为没有发展资金而陷入贫困的贫困户，黄海军主动发挥专长，申请担任了村里的信贷员，为贫困户申请贴息贷款，帮助发展生产。

当时，岭门村一位名叫王成安的贫困户，经历过几次创业失败后便失去了干劲。50多岁的他借酒消愁，家中无钱时还会借钱喝酒，谁劝也没有用。黄海军上门走访时，他还对劝他“再干一次”的黄海军直言不讳地说穷也没啥，穷点政府就会多给点。

黄海军多次上门，各种言语激励：“成安叔，你要错过这机会，可能一辈子就这样了。”王成安心有触动，随后黄海军趁热打铁，激励他贷款养羊，并在没有人愿意担当保人的情况下，自己做保人帮助王成安贷出了5000元的信用贷款。

为了确保专款专用，黄海军亲自为王成安牵线买羊仔，更陪他去参加扶贫机构举办的培训，带他到养羊大户家中参观学习相关经验。到了该给羊打防疫针的时节，黄海军还帮助王成安跟畜牧部门联系，指导他做好防疫工作。

功夫不负有心人。2016年6月初，王成安不仅还清了贷款，还决定再贷2万元，扩大自己的养羊规模——五里八乡著名的“懒酒鬼”，通过奋斗变成了村里的养殖大户。

经过多年努力，琼中县“精准扶贫”取得优异成绩，脱贫攻坚工作也得到了国务院督导组、海南省省际交叉考核组的充分肯定，在2018年区域协调发展与精准扶贫成果报告会上，琼中获“2018年十佳精准扶贫创新县”称号。

未来，琼中县还将全县上下齐动员、齐努力，在精准扶贫的基础上，全面巩固脱贫攻坚成果，奋力夺取脱贫攻坚收官之战的最终胜利。

（案例来源：《前线之声：中国脱贫攻坚》专题纪录片）

★脱贫启示

精准扶贫须先精准识贫。识贫精准不精准，直接关系到扶贫有效不有效。扶真贫、真扶贫，首先要识真贫、真识贫。海南琼中选派驻村干部走村入户摸清贫困“大数据”，对扶贫数据进行实时观测、动态监测和分析研判，真正做到“不留死角、不漏一户、不错一人”，为打赢脱贫攻坚战奠定了坚实基础，继而为贫困户“量身定制”脱贫增收项目，对精准识别出的贫困户进行精准帮扶，为他们拔除“穷根”。

第三节　责任到人，解决好“谁来扶”的问题

推进脱贫攻坚，关键是责任落实到人。空喊口号、做表面文章“啃不下”脱贫攻坚这块“硬骨头”。从中央到地方，各级党政领导干部把脱贫职责扛在肩上，把脱贫任务抓在手上，形成中央统筹、省负总责、市县抓落实的扶贫开发工作机制，做到分工明确、责任清晰、任务到人、考核到位，各司其职、各尽其责，协调运转、协同发力解决“谁来扶”的问题。

★脱贫故事

第一书记，不是一个人在战斗

党的十八大以来，中央把选派机关优秀干部到村任第一书记作为全面从严治党向下延伸的重要抓手，而向贫困村选派第一书记，也成为推动贫困地区脱贫攻坚、与全国同步实现全面小康的重要举动。第一书记奋战在脱贫攻坚第一线，他们领头干、作表率、挑大梁，为民办实事、做好事、解难事，解决了一批群众最关心、最直接、最现实的突出问题，充分彰显了共产党员本色，增进了干群关系，更令一个个派驻村旧貌换新颜，赢得了群众的信任、社会的认可。

选准选对，一把钥匙开一把锁

在2015年11月召开的中央扶贫开发工作会议上，习近平总书记强调，抓党建促脱贫攻坚，离不开第一书记这支先锋队。只有根

据贫困村的实际需求精准选配第一书记，才能把基层党组织真正建设成为带领群众脱贫致富的坚强战斗堡垒。

《关于做好选派机关优秀干部到村任第一书记工作的通知》（以下简称《通知》）于2015年4月正式发布,《通知》的发布意味着从全国层面部署推动选派第一书记工作，标志着选派第一书记的工作由自选动作升级为规定动作。

2017年4月，中组部在召开基层党建工作重点任务推进会时进一步强调，一定要把第一书记这支队伍选派好、管理好、使用好。党的十九大报告中同样指出,“注重在基层一线和困难艰苦的地方培养锻炼年轻干部，源源不断选拔使用经过实践考验的优秀年轻干部”。

党与政府的谆谆教导，明确的是第一书记选派工作的重要性：只有着眼长远，把真正适合的人员选派到最急需的岗位上去，把最优秀的人才输送到最需要的地方去，实行后备干部力量挂职包村扶贫，真正实现“选得好、下得去、干得来”，才能啃下脱贫攻坚这块“硬骨头”。

人才要往哪里派？供需如何对接？第一书记的基本要求不仅包括政治素质好、工作能力强，还要敢于担当、不怕吃苦。各地在贯彻中央要求的基础上，结合实际，对标准进行了进一步细化，认真把好人选的政治关、品行关、廉政关与能力关。

江西提出了“四不派”：对基层工作不熟悉者不派，政治素养不强者不派，组织协调能力不佳者不派，工作作风不实者不派；江苏实行了“三优先”：后备干部、工作表现突出且发展潜力大的年轻干部优先，有农村工作经验或涉农方面专业技术特长者优先，愿回原籍、原乡原村任职者优先；而新疆、西藏两地考虑到群众多是少数民族，第一书记必须要懂当地少数民族语言。

在脱贫攻坚的冲刺阶段，党中央规定，选派范围需覆盖所有党组织软弱涣散村、建档立卡贫困村，如今，全国范围内皆已达标完成。放眼全国，按基层需求对接干部队伍成为选派标准：党政干部派驻基层建设软弱村庄，经济干部派驻穷苦村庄，政法部门干部派驻混乱村庄，涉农科技部门干部派驻产业村庄。一些别的地方还自我加压，要求对特殊类型的村庄实现覆盖。如今，福建的选举难点村、河南的艾滋病防治帮扶重点村、新疆的维稳任务重点村，皆实现了第一书记全覆盖。

通过各地政府专门组织力量摸底排查基层需求与干部队伍情况，配合双向选择、供需对接，“菜单式”遴选优秀干部到村任第一书记，第一书记的选派做到“一把钥匙开一把锁”。

明确责任，留下“带不走的扶贫队”

面对初来乍到的第一书记，很多村民私下议论：“这些过去坐办公室的年轻领导，到村里来能干啥？”为了明确第一书记“能干什么”，《通知》规定了第一书记的四项职责：建强基层组织、推动精准扶贫、为民办事服务、提升治理水平。

建强基层组织。第一书记是从国家行政机关、企事业单位里优中选优的业务骨干，不过，这并不意味着第一书记到村后就要当家作主，凭一己之力力挽狂澜，而是主要依靠村党组织，带领村“两委”成员展开工作。这就决定了第一书记在工作过程中，与村党组织书记并非上下级关系，而是要做到指导不领导、参与不干预、支持不包办。

“帮钱帮物不如帮助建个好支部”，广大第一书记在实践过程，坚持把建强村党支部作为自己的首要任务，国家工商总局驻黑龙江抚远市通江乡东安村第一书记李世杰，通过规范“三会一课”制度，组织开展“夜学充电、夜访查情、夜谈交心”活动，大大增强了党支部的凝聚力、战斗力；安徽省地税局杨传杰，在担任涡阳县义门镇小辛村党总支第一书记期间，从物色培养村书记入手抓班子带队伍，组织村“两委”干部外出培训，健全班子民主科学决策机制，留下一支“带不走的工作队”。通过第一书记的有效指导、支持与配合工作，村党支部成了村民们的靠山，村干部们的威信大大增强。

推动精准扶贫。在脱贫攻坚战主战场，第一书记不仅要大力宣传党的扶贫开发与强农富农惠农政策，做好贫困人口的识别和建档立卡工作，同时更要在立足任职村资源优势、分析原因基础上，发挥自身特长，制订脱贫规划，整合各类资源，多方筹措资金培育产业、引进项目……不仅自己投身脱贫攻坚一线打头阵、当尖兵，更要团结与带领群众找良方、拔穷根。

财政部派驻湖南平江县横冲村第一书记高杰，便带动村民利用区位优势积极创新创业，将许多村民家中的闲置房屋翻新建设成民宿，并牵头注册成立了横冲民俗旅游专业合作社，由合作社对农户进行统一管理、培训，统一配备家用床品、洗漱用品。合作社与加盟农户按3：7的比例分配经营收益，互利双赢。原本集体经济零收入的横冲村，发展成为全省乡村旅游热点村、集体经济示范村。

在第一书记的精心“培育”下，各类产业项目、农民合作社如雨后春笋一般成长起来。这些立足当地资源优势发展起来的产业与项目，不仅令贫困村彻底拔掉了穷根，更给村庄留下了宝贵的发展经验。

为民办事服务。第一书记定点扶贫村往往基础设施薄弱，有些地方甚至是因为水、电、路不通而贫困，有些地方则是因为贫困，当地学校、房屋等建筑破烂不堪。第一书记们入村后，往往会竭尽所能，为群众们解决水、电、路、学、房等实际困难。

杨传杰是安徽太湖县九龙村的第一书记，刚驻村时，全村28个村民组有13个不通路。他向相关部门争取资金，帮助村子修了长达12.8公里的道路、多达35处的农田水利，真正形成了小山村组组通水泥路，农田旱可浇、涝可排的局面。

提升治理水平。第一书记驻村后便会通过与村“两委”成员谈，入户与群众谈等形式，全面掌握村级组织建设、村内重点矛盾等问题，一方面摸清村民所盼所想，一方面征求发展意见与建议。

明确了群众意见、村内情况后，第一书记会与村“两委”严密配合，立足村情，围绕基层建设、村内发展、服务民生等重点职责，明确工作重点。在多方意见沟通中，展开长期与短期的工作谋划，帮助村级组织运转更规范。

广大第一书记责任重大、使命光荣，目标明确、信念坚定，带领村民在全面建设小康社会的伟大征程中奋勇前行，取得了喜人成绩。

严管厚爱，激发干事创业动力

第一书记队伍并非从一开始就表现卓越的：驻村后，有些怕被原单位遗忘，在村里待不了几天便要跑回去看看；有些怀着“用扶贫镀金”的思想，驻村任职浮于表面；有些干事缺资源、谋事少拍手，干了许久还不出实绩……针对第一书记这些“待不住、下不去、干不好”的问题，各地建立健全机制，立足于严管厚爱原则，切实做到精心培育、精细管理。全国各地相继出台了省级层面上的第一书记管理办法。

明确立体式管理体系。为防止出现“管理真空”，《通知》要求，第一书记管理权限应以县乡为主、多方共管：由县级党委组织部、乡镇党委和派出单位共同管理，县级党委组织部和乡镇党委担负直接管理责任。河南、广西等地多部门联合，成立“第一书记管理办公室”、市县成立“第一书记临时党支部”；四川广安市给派员单位、乡镇党委、第一书记三方列出负面清单，画明红线，集聚工作合力。这些举措都进一步精细化了立体式管理体系，确保了第一书记在岗有为。

用刚性制度约束日常管理。各地普遍建立了第一书记工作例会、公开承诺、定期汇报、请假销假、廉洁自律等制度。北京、宁夏、吉林等22地明确规定，第一书记每月在村工作时间要在20天以上；山东、湖北等地针对廉洁问题，出台了第一书记“不吃请、不饮酒、不插手发包工程”等“十条禁令”；天津、海南、广西等地，通过巡回督导、随机调研、电话查岗等多种形式，对第一书记在岗履职情况进行督导，到岗履职但不到位者会被谈话提醒，督促整改。

以综合考评激发干事活力。针对第一书记展开的各类考核，如何才能考准考实、评出效果？江苏、新疆等地不仅建立日常考核制度，同时更配合季度观摩、半年考评、年度总评等综合评价办法。黑龙江、江西则实行百分制量化考核，采取现场查看、资料查阅、考核组与群众测评等多种方式展开综合评价。

用严管厚爱建立长效激励机制。第一书记身在一线打硬仗，各地皆在积极健全第一书记激励保障机制。除保障原任职待遇外，各地政府还对第一书记给予资金、精神、政策上的大力支持。浙江、海南、河北、河南等地，不仅派出拥有职能、资源优势的单位支援第一书记的工作，更为第一书记安排了专项帮扶经费，用于支持村里发展。

两年多时间里，全国第一书记队伍中，共有1.9万人因工作突出受到表彰奖励、3.6万人得到提拔晋升——将第一书记工作实绩作为选拔任用、表彰激励的重要依据，已是通用做法。

同等条件下，表现优秀者优先使用，那对于那些不胜任、考核不达标的第一书记又要如何处理？福建、云南、四川等地动真碰硬，结合暗访督导与考核结果，两年多时间内，召回调整了7000余名不胜任的第一书记。安徽滁州市等地还明确规定，被召回的第一书记在两年内不得提拔。

正是因为广大第一书记牢记党与人民的重托，以“舍我其谁”的担当精神，在脱贫攻坚第一线上冲锋陷阵、建功立业，中国精准扶贫事业才取得了显著的成效。

（案例来源:《经济日报》）

★脱贫启示

第一书记扶贫是我国开展脱贫攻坚战的重要举措，意在通过向贫困地区软弱涣散的基层党组织注入领导力资源，在加强基层组织建设的同时，以第一书记有效带动农村经济发展，加快精准脱贫速度。而海南、黑龙江等地的真实事例证实了，向基层党组织输送第一书记，不仅能有效增强基层党支部组织力、党员凝聚力，而且能在实现精准脱贫基础上，有效推动农村产业兴旺，不断增强贫困村发展活力。

第四节 分类施策，解决好“怎么扶”的问题

因各地资源禀赋、地理环境与人文因素不同，贫困地区与贫困人口的具体情况也有极大差异。想真正实现精准扶贫，就必须坚持“分类施策，量身定制”，精准实施“五个一批”工程：发展生产脱贫一批，易地搬迁脱贫一批，生态补偿脱贫一批，发展教育脱贫一批，社会保障兜底一批。只有找准那些影响面大、可以发挥决定性作用的关键环节，一项项突破、一项项落实，才能真正破解“怎么扶”的难题。

★脱贫故事

陕西平利：“三项举措”确保高质量脱贫

陕西省平利县是秦巴连片特困地区重点县，为打赢本地脱贫攻坚战，该县紧盯重点去攻坚、攻克难点求突破、锐意创新求实效，在实践中探索出了一批务实管用、精准高效的脱贫举措。在“平利模式”下，全县贫困发生率从2014年底的20.9%降至2019年底的1.2%，79个贫困村全部高质量脱贫退出，为如期全面建成小康社会奠定了坚实基础。

领导带头，全县上下全力攻坚

脱贫攻坚战打响以来，平利县委始终发挥强力统揽和全面统筹的核心作用，时时处处做到以脱贫攻坚为大为先为重，汇聚党、政、

民、社会组织及群众各方力量投身扶贫事业。自2016年起，在年度目标责任考核中，平利县就实行了脱贫攻坚考核与年度目标责任考核、干部个人考核“捆绑挂钩”，对县级领导实行量化考核，对各镇、各部门负责人实行积分管理。

为了以脱贫统揽经济社会发展全局，平利县强调，领导干部必须亲力亲为带头顶上去。每年，县委书记郑小东到村中调研脱贫工作的时间超过100天，平日里，几乎每项脱贫攻坚的重点工作、重要会议、重要文件他都会亲自把关，以求全面做好指挥、调度、协调、督察与落实工作。

村上是落实脱贫攻坚的前沿阵地，平利县创新推行脱贫攻坚总队长机制：全县所有县级领导、部门和镇党政主要负责人直接到村担任脱贫攻坚总队长，一人一村，对村上脱贫攻坚任务落实负总责，实现137个村全覆盖。

脱贫攻坚到最后的冲刺阶段，留下的都是难啃的硬骨头，为此，平利县创新推行了“红黄绿”三色清单管理机制，坚持以问题为导向，对照贫困村退出的七条标准、贫困户脱贫的五条标准与群众反映的诉求，逐户、逐项对标查验：“红色”项是未落实、不满意的项目，由主要领导抓；“黄色”项是有欠账、有差距的项目，由分管领导跟踪督导；“绿色”项是已经完成、群众满意的项目，由帮扶干部进一步跟踪巩固提升，真正找准路子、扶到点子、帮到根上。确保真正不落一人、不漏一户、不错一项。

在县脱贫攻坚指挥部、镇作战部的统揽协调下，各个村得以明确脱贫攻坚重点任务，更能统领调度村上所有帮扶力量，统筹解决村上困难问题。

攻坚拔寨的关键点真正下沉到村到户到人，构建起以村为基本单元、以户为主要靶向、以人为主要对象的脱贫攻坚“一线作战体系”。

团结各方，人人都是脱贫主攻手

党员干部主动扶贫、贫困群众自主脱贫、社会力量参与扶贫是打赢脱贫攻坚战的“三个内生动力”，而平利县解决好“怎么扶”的关键，也在于充分发动了这三股力量。

在平利县，脱贫攻坚没有局外人，人人都是“主攻手”。

邹会熊是一名即将退休的老干部，身为柳林子村驻村工作队队员，白天他忙着与队员们一起，到村中户里了解脱贫情况，晚上则与群众们坐在一起，开群众院坝会，从干部群众那里汲取经验、听取意见，讨论村子脱贫工作中的难点。

像这样的院坝会，在平利县137个村早已是常态，每一次院坝会结束后，驻村工作队队长都会结合干部与群众们的发言进行点评，甚至会结合意见，当场对工作进行落实。

为了激活党员干部的扶贫积极性，平利县制定出台了干部选用、激励措施等多项规章制度，同时，大力实施“引老乡、回故乡、建家乡，兴产业、办企业、置家业”为重点的“三乡三业”能人返乡工程，鼓励大学生、退伍军人、经商人士返乡，并从中选拔、使用人才，充实“两委”基层组织。

通过这些举措，平利县先后提拔、交流与使用脱贫一线干部50人，总占比68%。新鲜血液的注入，大大提升了党组织和干部的领富带富能力。

同时，针对一些贫困户存在的“等、靠、要”惰性思维，平利县大力实施“诚孝俭勤和”新民风建设，全县范围内，137个村建立健全村规民约、红白理事会、村民议事会、禁赌禁毒会、道德评议会“一约四会”和“红黑榜”，还设立了民风积分爱心超市。

村中每季度展开一次道德评议，平利县每年都会评选表彰100名“自强标兵”和“苦干脱贫光荣户”。评先进、树典型，真正使贫困群众的心开始热起来，身子开始动起来，而日子逐渐好起来。

为激发社会力量作为助推脱贫攻坚生力军的积极性，平利县开展了“万企帮万村”“巾帼扶贫”“劳模助力脱贫”等精准扶贫行动，与江苏携手举办了“平利特产进武进·百家企业手拉手”等多项招商推介活动。

每年，招商推介活动都会选出50个“最美扶贫企业”，这些企业的企业家不仅可优先享受项目资金扶持，更可优先推荐“两代表一委员”。如此一来，社会帮扶力量真正实现了群众里享美誉、发展中得实惠、政治上有舞台。

通过一系列举措，全县上下扭成一股绳、聚成一股力，形成全民动员、合力攻坚“大合唱”的格局。

创新举措，多产业扶贫谋发展

为了加快产业扶贫，平利县把发展绿色产业作为脱贫攻坚的重要抓手，制定实施了“五个十万”：以十万为单位，发展茶叶、富硒粮油、中药材、生态猪等产业，并将之细化量化分解，确保每一个贫困村都有一个主导产业，每一个贫困家庭都有一项增收项目。同时，更结合土地流转、产品回购、合作经营等方式，探索起了共建、共享的利益联结机制，真正将全县范围内贫困户嵌入生产营销的产业链中。

为了让易地搬迁的群众实现就近就业，平利县还创新产业扶贫方式。

药妇沟社区是平利县第一个建设的千人社区，共安置群众2800余人。原来住在山上时，村民们以种地为生，如今搬到山下，他们的谋生成了问题。郑小东在一次回乡创业座谈会上得知，一些沿海地区的小工厂因劳动力不足而面临停产困局，于是想到了“引厂入社区”的点子。在他的牵头下，相继有3家企业在平利县试点建厂。

试点建厂的点子成功后，县政府决定推广经验、以点带面，并成立了社区工厂发展领导小组。郑小东主动挂帅，县政府制定了“一城十镇百社区百工厂”的发展规划，相继出台多个优惠政策，使社区工厂在全县11个镇全面铺开。

如今，平利县11个镇、50个搬迁社区累计兴办手套、棉鞋、服装等各类社区工厂83家，提供就业岗位6000多个。搬迁群众不用出远门，楼上居住、楼下就业，在家门口的社区工厂工作，每月仅工资收入便有3000余元。

平利县创新社区工厂的做法，被作为安康市脱贫攻坚“五大工程”之一在全市推广开来，更成为全国脱贫典型。目前，安康市发展社区工厂400余家，解决了1.7万余名搬迁群众的就业问题。

久困于穷，冀以小康。

往日秦巴山连片特困地区，如今已在众志成城的强大合力之下，走出了一条具有当地特色的脱贫路子。多种创新模式如今已在陕西省内多地推广开来。平利县连续两年被评为陕西省脱贫攻坚先进县，成为高质量脱贫的一面旗帜。

（案例来源：陕西网）

★脱贫启示

“怎么扶”是精准扶贫中的重中之重。中央提出的“五个一批”工程，强调因地制宜，充足实际，分类施策。授人以鱼不如授人以渔，扶贫是外力引导，终究会有结束的时间点，因此，精准扶贫成功的关键一点就是要增强贫困地区发展的内生动力，提高贫困地区群众收入，树立正确的价值导向，防止重新返贫。而陕西平利县展示的“怎么扶”的成功思路，恰恰可以给后来者以启示：必须坚持可持续投入，坚持开发式扶贫，坚持协同推进，方能打赢这场脱贫攻坚战。

第五节　精准脱贫，解决好“如何退”的问题

解决好“如何退”的问题，事关脱贫攻坚的圆满收官。建立贫困户脱贫和贫困县摘帽评估机制，明确退出标准、程序、核查办法和后续扶持政策，是解决好“如何退”问题的关键。坚持严格评估，科学设定时间表，合理有序退出，严格脱贫验收办法，实现有进有出、动态管理。无论是贫困户脱贫还是贫困村摘帽，都要和脱贫攻坚总要求、总任务对标，和全面建成小康社会进程对标，既积极而为，又不急躁冒进，每年退出多少要精准到村、到户、到人，成熟一个摘帽一个，脱贫一户销号一户。贫困村摘帽后需要培育和巩固自我发展能力，要留出缓冲期，在一定时间内摘帽不摘政策；对提前完成脱贫任务的乡镇要给予奖励，保证苦干实干先脱贫的不吃亏。贫困户脱贫后，帮扶措施要再保留一段时间，做到不稳定脱贫不脱钩，确保真脱贫、不返贫。

★脱贫故事

革命老区换新颜：解析井冈山脱贫“密码”

2016年4月，《关于建立贫困退出机制的意见》印发，其中明确规定，贫困县退出要以贫困发生率为主要衡量标准，原则上，贫困县贫困发生率需降至2%以下（西部地区降至3%以下）。截至2016年底，井冈山市贫困发生率降至1.6%——90多年前的中国革命摇篮，90多年后又成为中国贫困退出机制建立后首个脱贫“摘帽”的

贫困县。

肖权林一家是井冈山经济技术开发区脱贫致富的典范：肖权林因儿时患病导致腿脚不便，虽然家境贫苦、半生不顺，但他却从未放弃过对勤劳致富的美好向往。往日，他与失明的妻子秋姑以收购废品为生，一家四口人过得颇为艰难。

在脱贫攻坚工作开始后，老肖在当地帮扶干部的指导下，开始做饲养猪、牛蛙等赚钱快的行当，每年都能净赚两三万。不仅如此，老两口在政府征迁补偿后，获得了大面积安置房，同时还享受村里的光伏发电、厂房出租的分红。

老肖一家作为井冈山市脱贫致富的缩影，靠的不仅仅是自力更生、勤劳致富的斗志，更有扶贫干部与井冈山市政府的全力支持：在扶贫过程中，该市政府始终将脱贫攻坚当成一件政治任务来抓，围绕"精准、落实、可持续"，真正将扶贫工作"抓实抓细，经得起检验"，更以"保障措施、实际收入、长效机制'三个到位'"来要求扶贫工作出成果。

扶贫措施针对化，全面保障个人收入

在具体工作中，井冈山突出精准为先。个人收入是脱贫致富奔小康的标杆性指标，为了确保像老肖一样的贫困群众收入可持续增长，井冈山依托自身优势和资源禀赋，牢牢把握产业、安居、保障、基础设施四大关键，根据贫困群众致富意愿与具体劳动能力等实际情况，有针对性地制定了帮扶措施。

对于像老肖一样缺乏劳动能力、难以完全放手自我发展的贫困群众，井冈山除了鼓励他们个人干些力所能及的事情以外，还采取多种合作模式，吸纳他们以土地或资金入股，参与村庄或企业的产业发展，使贫困户与企业、村庄集体经济形成利益联结，真正实现家家有资产性收益。

针对那些完全丧失劳动能力的贫困群众，井冈山市实施了贫困线与低保线“双线合一”，使贫困人口实现两个“尽可能”：尽可能享受低保，尽可能享受更高标准的低保，实现人人兜底有保障。

对于原本住在危旧土坯房中的贫困户，井冈山实行了维修加固、拆旧建新、政府代建与移民搬迁四类安居建房举措，通过“政府补一点、群众出一点、社会捐一点、扶贫资金给一点、银行贷一点”的“五个一点”办法筹措资金，确保每一户存在住房困难的贫困户都拆得动、建得起、住得进新房。

与此同时，为了进一步加快致富进程，井冈山还因地制宜，利用独特的山区环境，推进了“231”富民工程：在全市范围内全力推进建设20万亩茶叶、30万亩毛竹、10万亩果业种植加工基地，实现了“一镇一产业示范基地、一村一产业合作社、一贫困户一增收项目”，保障户户有一份稳定的产业收入。

经过努力，原本贫瘠的城乡面貌发生了巨大变化，农民生活有了较大改善，群众实现了“两不愁三保障”的奋斗目标。

长效机制常态化，进一步牢固兜底保障网

为了使兜底保障网变得更牢固，井冈山在2016年创新保障办法，将低保标准与农村居民人均纯收入挂钩，形成动态调整机制，同时，推进低保线与贫困线“双线融合”，按照平均12%的增长比例提高农村低保标准。

脱贫摘帽后，井冈山从市内的旅游门票收入与土地出让金中各拿出了10%，将2000万元以上的资金用于贫困户的兜底保障。同时，市内对3074名未享受低保的红卡户，在2017年全部纳入了自创的市级低保，每人每月发放100元。通过一系列提高低保标准的政策,2017年，井冈山在不调高标准、不吊高胃口的情况下，实现了低保对象年收入3660元，确保了低保线略高于贫困线标准，牢牢兜住了贫困底线。

为了保障教育扶贫，井冈山继续实行贫困户子女从学前到大学，一揽子费用减免与补助的政策。义务教育贫困寄宿生，不仅享受国家资助政策，每生每年还可获得额外500元补助。2017年，全市共向贫困户学生发放1000余类补助资助金1000余万元，有效化解了贫困的代际传递。

近年来，我国一些已脱贫地区群众“因病致贫、因病返贫”的情况时有发生。为了降低此类情况的发生率,2016年，井冈山便针对最易致贫、返贫的慢性病，推出了门诊医药费用报销，确保贫困户看病报销比例达到98%以上。此后，为了让贫困群众敢看病、敢治病，该市还建立起了贫困户“一站式”报销结算平台，在基本医疗保险、大病保险、医疗附加险、重症疾病保险、意外伤害险“五道防线”的基础上，将基本医保、商业保险和民政救助补偿连为一体。

2017年2月26日，江西井冈山市正式宣布在全国率先脱贫摘帽。井冈山脱贫退出，是国务院扶贫办委托第三方评估机构、经过对各项数据详细评估以后，由国家层面作出脱贫退出的认定。井冈山市由此成为中国贫困退出机制建立以后首个脱贫“摘帽”的贫困县——70年沧桑巨变，革命老区井冈山和新中国一起“换了人间”。

（案例来源：学习强国·江西学习平台）

★脱贫启示

井冈山率先脱贫“摘帽”，不是终点，而是新的奋斗征程的起点。决战决胜脱贫攻坚，高质量完成脱贫攻坚目标任务，我们胜券在握。要做好收尾工作，建立反映客观实际的贫困县、贫困户退出机制，确保脱贫成果经得起历史和人民检验。脱贫基础不牢，穷根就无法彻底拔除。要严把退出关，始终把提高脱贫质量放在首位，瞄准脱贫目标，严把脱贫标准，规范退出程序。要坚持脱贫不脱政策，贫困人口退出后一段时间内帮扶政策不变、力度不减，“扶上马，送一程”，巩固脱贫效果，实现稳定脱贫，防止返贫。

第四章

以资金投入保障脱贫攻坚

为深入贯彻落实习近平总书记关于“中央财政专项扶贫资金，增长幅度要体现加大脱贫攻坚力度的要求”这一重要指示精神，优先保障扶贫投入，无论是投入规模、投入比重，还是资金增速，都充分体现了政府投入在扶贫开发中的主体和主导作用。打赢脱贫攻坚战，是全面建成小康社会最艰巨的任务，是以习近平同志为核心的党中央向全国各族人民作出的庄严承诺，财政作为国家治理的基础和重要支柱，在打赢脱贫攻坚战中肩负着重要职责。国家提出精准扶贫战略以来，不断创新财政支出体制，坚持支出优先保障，持续完善资金使用管理机制，切实强化资金监管，形成了政府、社会和市场资金多元参与的扶贫资金投入机制，建立了与脱贫攻坚目标相适应的财政投入机制，为完成脱贫攻坚目标提供了强大的资金保障。

一、国家财政支出结构的不断调整与优化

开展脱贫攻坚以来，国家财政形成了公共财政专项扶贫资金、专项财政扶贫资金和一般公共财政对贫困地区的倾斜资金投入机制。

2013—2019年中央财政累计补助地方专项扶贫资金5108.78亿元（其中:2013年379.48亿元,2014年424.55亿元,2015年460.95亿元,2016年660.95亿元,2017年860.95亿元,2018年1060.95亿元,2019年1260.95亿元），年均增长幅度达22.16%。

精准扶贫战略实施以来，一般性公共财政转移支付也逐渐开始向贫困县倾斜。除此之外，各部门预算内的财政支出也逐渐向贫困地区倾斜。同时，不断加大对贫困地区的转移支付力度，全国832个

贫困县的一般公共预算支出中，上级补助及返还占比达80%左右。引导有助于脱贫的农业、教育、医疗、交通、生态等各类专项转移支付向贫困地区、贫困人口倾斜，推动解决突出问题，弥补脱贫攻坚短板。此外，有关部门专门印发通知，要求东部地区根据财力增长情况，增加对口帮扶财政投入，并列入年度预算。 154

二、调动和动员金融保险领域多渠道筹措扶贫资金

第一，调动金融资源，助力脱贫攻坚。如国家开发银行通过中长期投融资、转贷款、助学贷款等融资举措和规划咨询、干部培训、人才支持等融智服务，全力支持打赢脱贫攻坚战。截至2019年底，国家开发银行“十三五”以来累计发放支持脱贫攻坚贷款1.4万亿元，贷款余额1.29万亿元，按照人民银行精准扶贫贷款统计口径，2019年发放金融精准扶贫贷款及带动服务贫困人口贷款1828亿元，贷款余额6835亿元；国家开发银行向贫困地区累计发放农村基础设施贷款3649亿元，贷款余额2834亿元，支持建设村组道路31万公里、校安工程6508个、农村危旧房改造57万户、安全饮水设施20万个，惠及建档立卡贫困人口2800多万人，显著改善了贫困地区的生产生活条件，为进一步促进产业发展奠定了坚实基础。按照中发34号文件要求，与交通部、水利部等有关部委大力合作，不断加大对深度贫困地区交通、水利、电力等重大基础设施的支持力度，截至2019年底，累计发放贷款9213亿元，贷款余额6733亿元。

中国农业发展银行在全面贯彻落实党中央、国务院脱贫攻坚战略部署时制定了政策性金融扶贫五年规划和三年行动方案，确立以

服务脱贫攻坚统揽业务全局的战略定位，把支持易地扶贫搬迁作为“头号工程”，全力服务中央和地方易地扶贫搬迁规划实施。累计投放易地扶贫搬迁贷款3139.01亿元，贷款余额1981.4亿元，惠及搬迁人口768万，其中建档立卡贫困人口522万，占68%。

第二，保险业助力脱贫攻坚工作稳步推进。2019年，农业保险为1.9亿户次农户提供风险保障3.8万亿元，承保的农作物品种超过270类，基本覆盖了农林牧渔各个领域。2016—2019年，农业保险向1.82亿户次受灾农户支付保险赔款1558.68亿元，在助力脱贫攻坚、帮助受灾地区恢复重建、保障农民财产安全等方面发挥重要作用。根据全国农险数据管理平台和建档立卡贫困户数据匹配结果，2016—2019年农业保险累计为9840万户次贫困户提供风险保障9121亿元，累计为3031万受灾农户支付赔款230.38亿元，有力防止受灾贫困户因灾更贫、因灾返贫。

同时，银保监会还大力推进健康扶贫。一是做好大病保险。2019年，17家保险公司在全国31个省（区、市）开展了大病保险，承保11.72亿城乡居民，覆盖了绝大多数建档立卡贫困群众。8年来，大病保险累计赔付超过3800万人，全国大病保险患者实际报销比例在基本医保的基础上平均提升了10—15个百分点，最高报销金额超过110万元，有力减少了“因病致贫、因病返贫”现象。二是配合各地开展贫困人口补充医疗保险。目前保险公司在全国20多个省（区、市）超过300多个县（区）承办了政府针对贫困人口的补充医疗保险，覆盖2000多万贫困人口。三是积极参与经办社会救助。目前，保险公司在全国467个县市开展了医疗救助经办项目，减轻了政府工作负担，使基本医保、大病保险与医疗救助制度之间有效衔接。

三、通过用地指标增减挂钩创新贫困地区融资渠道

脱贫攻坚期间国家实施了跨区域城乡建设用地增减挂钩节余指标省内交易和社会资本调动。自然资源部实施了超常规的增减挂钩政策。对集中连片特困地区、国家和省级扶贫开发工作重点县、开展易地扶贫搬迁的贫困老区，允许将增减挂钩节余指标在省域范围流转使用；对“三区三州”及其他深度贫困县，允许将增减挂钩节余指标跨省域调剂使用。

省域内流转方面，自2016年2月政策实施以来，已有18个省份开展了省域内流转，累计流转指标超过45万亩，流转收益超过1300亿元。

跨省域调剂方面，2018年3月，国务院办公厅印发《城乡建设用地增减挂钩节余指标跨省域调剂管理办法》（国办发〔2018〕16号），明确增减挂钩节余指标由国家统筹跨省域调剂。自然资源部配套印发《城乡建设用地增减挂钩节余指标跨省域调剂实施办法》（自然资规〔2018〕4号）。考虑到2020年实现全部脱贫摘帽的目标要求，调剂任务分解为2018和2019两个年度下达，年均600亿元。其中，2018年，帮扶省份共确认调入节余指标15.05万亩，附加规划建设用地规模1.2万亩，完成调剂资金743.78亿元，超额完成103.78亿元。深度贫困地区所在省份共确认调出节余指标19.43万亩，可获得资金607.28亿元。

2019年，帮扶省份共确认调入节余指标21.6万亩，附加规划建设用地规模3.28万亩，完成调剂资金1152.4亿元，超额完成641.6亿元。深度贫困地区所在省份共确认调出节余指标20.88万亩，可获得资金640.06亿元。

四、推动贫困县涉农资金的县级统筹整合改革，让贫困县有更多的财政资金调控使用权

贫困县涉农资金实现县级统筹整合，这一做法是脱贫攻坚期内的一项重要的资金投入机制改革与创新，打破了财政资金使用的诸多限制，加强了县级政府在资金调配方面的自主权。2016年，财政部会同国务院扶贫办等有关部门研究起草，报请国务院办公厅印发了《关于支持贫困县开展统筹整合使用财政涉农资金试点的意见》（国办发〔2016〕22号），整合试点的核心是将部分涉农资金的配置权完全下放到处于脱贫攻坚一线的贫困县，支持贫困县依据当地脱贫攻坚规划，区分轻重缓急，自主确定和实施扶贫项目。2016年，整合资金规模超过2700亿元；2017年，整合试点范围进一步推广到全部832个贫困县，实际整合3286亿元，完成支出2935亿元；2016—2019年，全国832个贫困县实际整合资金规模累计达到1.26万亿元，县均整合资金规模超过15亿元。

五、建立严格的扶贫资金监管体系

习近平总书记强调“资金保障要实，做到投入实、资金实、到位实，精打细算，用活用好，用在关键，用出效益”。为贯彻落实《中共中央、国务院关于打赢脱贫攻坚战的决定》和习近平总书记的重要指示精神，进一步发挥绩效评价对财政专项扶贫资金使用管理的导向和激励作用，2017年财政部联合国务院扶贫办制定了《财政专项扶贫资金绩效评价办法》，规定财政专项扶贫资金绩效评价的主要内容一般包括资金投入、资金拨付、资金监管、资金使用成效等

方面的情况，从这些方面对各省财政专项扶贫资金的绩效进行评价打分，打分的结果一般划分为四个等级：优秀、良好、及格、不及格。资金绩效评价结果将直接纳入省级党委和政府扶贫工作成效考核，根据评价结果给予激励奖励，通过绩效评价"指挥棒"引导地方强化扶贫资金使用管理。

2019年财政部又印发了《关于全面加强脱贫攻坚期内各级各类扶贫资金管理的意见》，建立了"1+4"的扶贫资金管理机制，进一步强化扶贫资金管理的目标导向和问题导向。同时，制定《扶贫项目资金绩效管理办法》，着力推动建立"花钱必问效，无效必问责"的绩效管理机制，切实提高财政扶贫项目资金配置和使用效益。探索建立扶贫资金动态监控机制，将42项支持完成现行标准下脱贫攻坚任务的相关中央转移支付资金全面纳入扶贫资金总台账管理，研究建立扶贫资金动态监控平台，可实时了解各级、各地、各类资金的安排、拨付和支付情况，切实加强扶贫资金监管，保证财政专项扶贫资金管理使用的安全性、规范性和有效性。

（左停　中国农业大学国家乡村振兴研究院副院长）

第一节 建立与脱贫攻坚要求相适应的投入体系

真金白银，真抓实干，决战决胜脱贫攻坚正处于冲刺阶段。必须以一贯之坚持加大投入，强化资金支持，夯实保障基础，切实发挥政府投入的主导和主体作用，建立与脱贫攻坚要求相适应的投入体系。积极筹措财政资金，整合金融资金，挖掘社会扶贫资金。加强涉农资金整合，将扶贫资金主要用于深度贫困地区脱贫攻坚，重点加大对贫困人口多、贫困发生率高、脱贫难度大的深度贫困地区的投入力度，向脱贫攻坚的薄弱环节重点发力，更好保障贫困群众真脱贫、稳脱贫，进一步提升脱贫攻坚质量。

★脱贫故事

山河作证，金寨开遍映山红

地处大别山腹地的安徽省金寨县是著名的革命老区。土地革命时期，总人口不足25万的金寨县，有10万英雄儿女参军参战，最终仅700余人幸存。因地理环境恶劣，2011年，金寨县被列入大别山区域扶贫集中连片开发重点县。2015年，由区域扶贫转变为精准扶贫后，金寨县在安徽省政府大量财政资金支持下，成功开拓出一条健康扶贫、创新扶贫之路。

多政策结合，提供健康全面兜底

十几年前，54岁的潘中洋一家人差点因病返贫。当时，一同在外地打工的妻子突然罹患白血病。回想起那段日子，潘中洋印象最深的是缺钱：医生说，想彻底治愈白血病，需要骨髓移植。可他想都不敢想，“别说找不到合适的配型了，就算找到了，也付不起五六十万的手术费”。可妻子得活着，儿子才上小学，他不能让孩子没有妈妈。

潘中洋能做的，就是让妻子每两个月左右输一次血，一次一两万。为了多挣钱，他前往江浙一带打工，那里工资高，能挣得多一点。待妻子需要输血了，自己再回来。就这样，勉强撑了五六年，邻居亲戚都借了个遍，外债欠了十几万，可妻子身体却一日不如一日，时刻都有倒下去的危险。

“怎么办！”潘中洋心里越来越绝望，他从外地返回金寨，“就是死，一家人也得死一起！”心里这样想，可他怎么甘心？儿子才上小学，大好的日子就这样断了，他真是不甘！他在“生”与“死”之间苦苦挣扎，忍到了2016年，意外的好消息来了：当年，安徽省实行了“健康扶贫”，建立了“三保障一兜底一补充”综合医疗保障体系，为省内群众提供了超常规的全面兜底保障。

简述之，这一医疗保障体系可以用“351”和“180”表示：所谓“351”，即按照基本医保、大病保险、医疗救助政策补偿后，贫困人口在省内县、市、省级医疗机构就诊，个人年度自付封顶额分别为0.3万元、0.5万元和1万元，年内自付合规费用超过上述额度后，超出的合规费用将由政府兜底保障。所谓“180”，即罹患慢性病的贫困人口在建档立卡后，1年内门诊医药费用由“三保障一兜底”补偿后，剩余合规费用再由补充医保报销80%。

需要大量财政资金支持的全面兜底保障政策，针对的正是潘中洋妻子这样的患者。上述政策自2017年实施到2019年底，仅在金寨县一地，“351”便共补偿29043人次2895万元；“180”共补偿151252人次1567万元。

在“351”和“180”之外，安徽省的贫困人口还有一个“两免两降四提高”的特惠政策：“两免”即免缴个人参保费用由财政全额代缴、免交住院预付金实行先诊疗后付费；“两降”即降低基本医保补偿起付线、降低大病保险起付线；“四提高”即提高基本医保补偿比例、提高重大疾病及慢性病保障水平、提高大病保险分段补偿比例、提高医疗救助补助标准。

“三保障一兜底一补充”，结合“两免两降四提高”，两项政策为贫困群众提供超常规全面兜底保障，大大降低了贫困人口的看病就医负担。潘中洋一家由此获得生机。仅在2018年12月期间发生的一次输血费用，国家便报销了10502.89元，个人实际仅支付金额521.99元。“要不是健康扶贫，谁知道我老婆有没有命活到今天？”如今的潘中洋发出感慨。

像潘中洋一家一样，因健康扶贫政策而获助的人还有很多。2014年，与潘中洋同乡的熊桂银的儿子得了尿毒症，光是做检查便花了3万多。2017年下半年，为了给儿子支付每周几千元的血液透析费用，他卖掉了自己在城里唯一的房子。“要不是全面兜底保障政策，就只能等死了。”2019年1月31日，熊桂银儿子的治疗总费用为7650元，他仅自付了76.05元。

除了上述政策以外，金寨县健康扶贫还重点推行了分级诊疗政策，落实这一政策的是家庭医生签约制度。根据“1+1+1”精准帮扶机制，金寨县组织乡县村三级机构1021名医务人员，与全县贫困人口开展结对帮扶，一人一策，一病一方，精准管理，全程服务。与此同时，该制度还根据高血压、肿瘤、糖尿病等慢性病划定重点人群，做出了全县贫困手册，真正实现了有诊疗需求的贫困人口全部实行“应签尽签”。

2015年底统计数据显示，安徽省全省因病致贫、因病返贫的家庭多达73.91万户，占建档立卡贫困人口的57.2%。在全面实施健康脱贫工程以来，安徽省累计完成贫困人口30种大病救治23.44万例，占救治任务的99.2%；截至2019年底全省有72.28万因病致贫户脱贫，占建档立卡因病致贫户的97.8%。2020年4月29日，金寨县退出国家级贫困县。

“阳光”发电工程，助力10万人脱贫

作为首批国家扶贫开发工作重点县，金寨县自2014年以来便创新实施了光伏扶贫工程，成功走出一条可持续精准扶贫之路。该县立足于试点先行、因户因村制宜，创新光伏扶贫电站，创设了户用光伏扶贫电站、村级光伏扶贫电站和联村光伏扶贫电站三种模式。

在金寨县光伏扶贫工程中，“联村光伏扶贫电站”总装机规模达14.5万千瓦。同时，各级驻村帮扶单位以“村”为单位，分村建成总装机规模为3141千瓦的村级光伏扶贫电站。

为了促进扶贫事业的发展，金寨县政府规定，这两类发电站的发电收益只可用于贫困户直接增收、开展公益岗位扶贫、村内小型公益事业扶贫等。后期实施过程中，这些电站的收益通过入股方式分红给贫困户，覆盖1.8万户贫困户。

自2016年开始，金寨县在联村光伏扶贫电站、村级光伏扶贫电站项目成功的基础上，开始推行户用光伏扶贫电站项目：对那些具备光照、承压、方位等条件的贫困户，在其房屋周围或屋顶建设户用光伏扶贫电站。对于那些有心投入但资金不足的贫困户，政府还给予金融补贴，助力他们拿到贴息贷款，帮助建设户用扶贫电站。

傅卫兵便是通过这种方式，成为光伏扶贫项目受益者。如今，每日从手机APP上查看和记录发电情况，早已成了他的日常“理财”习惯：“我身体残疾，家里还有80多岁的老母亲，要不是靠了发电项目，穷日子得一直过下去！”

截至2019年5月，金寨县共建成7803户、每户3千瓦的独立户用光伏扶贫电站，户均年可增收3000元。

除了享受发电收益、入股分红，金寨县还坚持综合利用，积极探索农业与光电站互补、药业与光电站互补、养殖与光电站互补等模式，在光伏板下积极发展特色种植、畜禽养殖、苗木培育、药菌栽培等产业，使收益链条进一步延伸，最大限度释放光伏扶贫电站综合效益。这样一来，不仅增加了村集体经济收入，也增加了贫困户生产性收入。

吴家店镇吴畈村占地158亩的药光互补光伏扶贫电站建成并网发电以来，村民们便在政府的带领下，发展起了“光伏板的灵芝种植”。为了帮助村民们提升种植效益，政府还聘请了种植专家，到田间地头指导，大大提升了灵芝的存活度与产出率。至2018年，种植株数已达80多万株。

该药光互补光伏扶贫电站年发电量580万千瓦时，年收入近600万元。当时建站时，有1934户贫困户入股，每年户均年收入3000元。平日里，还有20多户贫困户受雇在灵芝种植基地工作，每人每天都能拿到80—100元的工资，而这项收入也成为他们摆脱贫困的一项稳定收益。

截至2019年5月，金寨县总投资14.78亿元，建成19.71万千瓦光伏扶贫电站，实现综合收益4.5亿元，共有67个村10.58万人受益于此并成功脱贫。2018年10月，由于光伏扶贫工程的成功，金寨县被国务院扶贫开发领导小组授予“脱贫攻坚组织创新奖”。

（案例来源：《光明日报》、新华社）

★脱贫启示

安徽金寨县的扶贫实践证实，加大资金投入支持力度，发挥好政府投入的主体与主导作用，更好地统筹安排资金，一方面保持资金投入规模有增量，另一方面让资金投入结构向深度贫困地区与人口倾斜，进一步提升资金使用效益，有助于下活脱贫攻坚一盘棋。

第二节 加大金融扶贫力度

金融扶贫是打赢脱贫攻坚战的重要举措。要做好金融扶贫这篇文章，仅靠有限的财政扶贫资金难以满足扶贫攻坚资金的需要，要将财政资金和金融资金有机结合起来，充分发挥金融资金在扶贫攻坚中的作用，形成集中攻坚的强大合力，确保顺利完成精准扶贫、精准脱贫攻坚任务。

★脱贫故事

金融“水脉”，打通宁夏盐池扶贫经络

近年来，宁夏回族自治区吴忠市盐池县立足于扶贫小额信贷，巧用“政府有形之手”，引导群众利用勤劳之手、诚信之举精准发力，成功将金融创新作为撬动脱贫富民的杠杆，通过发挥“四两拨千斤”效应，有效破解了金融扶贫小额信贷面临的一系列难题，成功走出了一条“通过金融创新推动产业发展、立足产业发展助力精准脱贫”的脱贫富民之路。

强化风控，让金融机构愿放贷敢放贷

金融扶贫的对象本身就是经济基础薄弱人群，他们的风险承受能力差，金融机构放贷后，往往面临着贷款收回不及时甚至收不回的风险。

为了降低金融机构的放贷风险，从2006年开始，盐池县便持续

推进、完善了贫困户的诚信体系。在总结各村实践经验与民间智慧基础上，盐池县改变原有银行“资产+保人”的传统评级授信标准，创建出了全新的“631”评级授信系统：在审核贷款资格时，建档立卡贫困户的诚信度占比提高到60%、家庭收入占比30%、基本情况占比10%，然后根据A到3A级的评级结果，分别给予2万元至10万元不等的授信额度。

2020年，盐池县再次创新，把原有的“631”信用评定系统升级为“1531”模式：把60%诚信度细化为10%的精神文明建设和50%的诚信度，家庭收入30%和基本情况10%占比不变，建立了政银社民四位一体的评价体系。在该评价体系之下，信用等级越高，享受的贷款优惠就越多。

在多年的不断培育后，盐池县贷款户诚信意识逐渐增强。“穷可贷、富可贷、不讲信用不可贷”，“信用不能倒，倒了发展的希望也就断了”，成为贫困户们的统一认知与心声。如今，盐池全县已评出8个信用乡镇、92个信用村、525个信用组、4.8万户信用户，诚信度达到90%以上，做到应贷尽贷，实现了政策全覆盖。

为了进一步提升金融机构的放贷信心，盐池县还拿出了8000万元的政府风险补偿基金注入涉农银行，建立起了风险补偿合作机制：在精准扶贫过程中，银行按1∶10的比例提供扶贫小额信贷，因重大灾病等不可抗力因素造成不能偿还的，由风险补偿金和银行按7∶3的比例分担，降低银行借贷风险。

针对“扶贫保”，盐池县更设立了1000万元风险分散补偿金：保险公司在一个保险周期内在亏损的情况下，亏损部分由风险分散补偿金承担60%、保险公司承担40%；在盈利的情况下，盈利部分60%返回风险分散补偿金，确保贫困群众脱贫路上“零风险”。

建全体系，解决建档立卡户的“本钱从哪来”问题

盐池县位于宁夏中部的干旱带，该县13.9万农村人口里，有2.9万是贫困人口，由于没有用于干事的本钱，这些贫困群众即使想创业也无力解决资金问题。比如，当地的特产盐池滩羊早在公元1755年便已是“宁夏五大物产”之一，可是，自然状态下的小农经济完全靠羊群自然繁殖，很难实现规模上的突破，实现规模效益的提升。

在其他生产种植领域也是一样，有些群众想要通过贷款自力更生，但过去村民贷款往往很难，有段时间还需要公职人员担保才能贷款成功。更有少数人贷款之后不按时还款，导致信誉受到影响。因此，在面对本身就无担保、信用低的贷款者时，金融机构放款也会变得格外谨慎。

为了加快当地脱贫步伐，盐池县从2006年开始尝试改变单一依靠财政资金投入的扶贫方式，撬动金融资金参与扶贫：联合区域内金融系统，设立贫困村村级发展互助资金，农户只需要缴纳一定的互助金，便可按比例享受1000元至5000元不等的互助借款。基于还款记录，该系统会逐渐生成贷款农户的诚信记录。

通过该贷款系统，贫困户可实现免担保、免抵押贷款，而且可以实现一次授权信用，3年内随取随用，一般3分钟便可到账，且不用款便不计息，大大降低了贷款门槛和成本。

王乐井乡陈庄子村村民王生忠对此感触颇深：“以前哪敢贷？一申请就开始计息，赚钱不赚钱，先得还利息，每天都是钱。现在没了这种顾虑，干事都有了底气。”以前他最多才养十几只羊，而且全靠自然繁殖，想多养也没有本钱，现在他申请了贷款，“钱没取出来就不计利息，所以，我在2019年把养羊规模扩大到了260多只，现在一年挣个七八万元没问题！”

金融贷款成了杠杆，撬动了养殖规模的迅速扩大，同样是养羊，过往只是盐池农民种地之余顺带的营生，如今，则成了当地脱贫致富的主业。

逐步进化，让金融扶贫解决“贫困边缘户致富难”问题

在盐池县，金融扶贫不仅惠及普通贫困人群，更关照到了“小众”人群的金融需求，比如推出照顾老人群体的“特惠”政策，使金融扶贫逐步覆盖各个层面，向着“普惠”进发。

在全国范围内，一般金融机构规定的贷款年龄封顶线都是60岁。可是，在盐池农村，60岁左右正是养羊的“最佳年龄”：这一年龄段的老人不再外出务工，闲置在家的他们多有养羊经验，更有养羊致富的心劲儿，可就因为年龄问题被排除在了贷款许可范围内——60多岁的冯记沟乡平台村贫困户薛虎便是其中一员。

考虑到当地的实际情况，盐池县与金融机构协商，将贫困户的贷款年龄上限从60岁放宽到了65岁。在放宽年龄的当年，多次申请失败的老薛便顺利拿到了3万元贷款。他把自己散养的几只羊扩大到了80只，当年年底，仅养羊一项便增收3万元。

截至2020年2月底，仅盐池县农村商业银行一家金融机构，便为511户60岁以上建档立卡贫困户发放贷款2462万元，使这部分有脱贫意愿的农村老人摆脱了成为“脱贫兜底户”的命运，真正实现了老有所为、自食其力。

同时，盐池县多个金融机构还对一些非恶意拖欠贷款的“黑名单”贫困户进行了解禁，通过帮扶举措，促使他们进行信用重建。在该项举措下，全县共释放“黑名单”贫困户968户，并为他们发放贷款7373万元。

2020年3月，盐池县又进一步放宽贷款条件，从年龄上限放宽进一步发展到人群放宽：原先贷款特惠人群仅指定建档立卡贫困户，如今非建档立卡户也可申请特惠贷款。这一政策不仅解决了贫困“边缘户”的“返贫”危机，更巩固提升了脱贫成效。

王乐井乡西沟村村民王仁便因此而受益。王仁是个种植、养殖大户，家里有500多亩地、230多只羊，但因为资金周转困难，眼看要陷入困境——盐池县农村商业银行上门为他办理了10万元贷款，如今，王仁更有信心要大干一场。

（案例来源：学习强国·宁夏学习平台）

★脱贫启示

打赢脱贫攻坚战，金融力量不可或缺。而从宁夏盐池县的成功实践中，我们也可以看出，金融扶贫是脱贫攻坚的有效且持久路径之一。想要变“输血式”扶贫为“造血式”扶贫，不是靠简单的政策倾斜就能实现的，必须全面改进和提升金融服务，增强金融服务的精准性和有效性，精准对接融资需求，推动普惠金融发展，让金融杠杆真正撬动当地经济发展。

第三节　推进资本市场参与扶贫

2018年2月12日，习近平总书记在打好精准脱贫攻坚战座谈会上的讲话指出："脱贫攻坚，资金投入是保障。必须坚持发挥政府投入主体和主导作用，增加金融资金对脱贫攻坚的投放，发挥资本市场支持贫困地区发展作用，吸引社会资金广泛参与脱贫攻坚，形成脱贫攻坚资金多渠道、多样化投入。"深入推进脱贫攻坚战，资本市场是重要战场。要按照扶贫攻坚战略的总体部署，以贫困地区实体经济需求为导向，以资本市场服务产业脱贫为重点，积极引导培育优质企业进入资本市场发展壮大，提升贫困县自我"造血"和产业发展水平。

★脱贫故事

证监会：发挥专业优势，脱贫攻坚书华章

党的十八大以来，证监会党委坚决贯彻落实习近平总书记关于扶贫工作的一系列重要指示批示精神，组织动员包括证券公司、基金公司、期货公司等在内的全系统全行业力量，积极发挥资本市场优势服务国家脱贫攻坚战略。

出台政策，引资本"活水"滋养贫困地区

国务院扶贫办主任刘永富2020年7月在接受《证券日报》独家专访时指出："证券期货行业参与扶贫有天然的市场信息敏感优势，

它们可以帮助贫困地区引进好的企业，帮助当地建立现代企业制度。”近年来，为了推进贫困地区利用资本市场进行产业结构调整、转型升级的速度，证监会坚持政策引导，先后出台了一系列服务西部地区、革命老区、少数民族地区的政策，积极引资本市场的“活水”到贫困地区去。

2012年5月，西部企业首次公开发行优先审核政策发布，此后证监会还相继出台了支持中央苏区振兴发展政策、支持西藏发展政策、暂免征收民族地区企业挂牌费用等扶贫政策。

2016年3月，中国人民银行、银监会、证监会、保监会、国务院扶贫办等七部委联合印发《关于金融助推脱贫攻坚的实施意见》，提出了支持贫困地区的企业通过多层次资本市场进行融资的政策。

同年9月，中国证监会发布《关于发挥资本市场作用服务国家脱贫攻坚战略的意见》，细化了资本市场服务脱贫攻坚的政策措施，并从政策支持、引导行业力量支持、加强定点扶贫支持等方面制定了全面的帮扶措施。

“中国证监会推出了贫困地区企业上市绿色通道政策，虽然通过这个通道首发上市的企业数量并不多，筹集的资金只有几百亿元，通过增发筹集的资金近千亿元，但这同样体现了对贫困地区发展的倾斜支持。”刘永富如是说。

创新模式，建全资本扶贫机制

证监会响应国家强化扶贫资金监管，坚持“阳光扶贫”“廉洁扶贫”原则，在资金监管机制方面，创新性确立了“先拨付，后报账，村决策、乡统筹、县监管”的扶贫资金运用体系。该体系借鉴了上市公司信息披露制度，建立了扶贫资金公告公示制度，进一步强化了社会监督，以保障每一分扶贫资金都用在贫困人口身上。

证监会还探索建立了政府主导、银行支持、企业带动的“三位一体”金融扶贫模式：一是政府用扶贫资金向银行注入风险补偿基金，并对发展潜力大、诚实守信用、主动参与扶贫的企业给予贴息支持；二是银行按风险补偿金的数倍授予贷款规模，按基准利率贷款支持扶贫企业；三是企业优先安排贫困劳动力就业，或捐赠扶贫基金支持贫困户发展产业。该操作模式使财政资金效应进一步扩大、金融机构风险有效可控、企业融资难题得以破解，贫困农户稳定持续增收，实现了政府、银行、企业、农户四赢局面。

证监会还建立健全了脱贫攻坚的长效机制。

中国证监会党委先后选派优秀干部到定点县挂职任副县长，到西藏、新疆、青海等地驻村帮扶，并连续派出数任干部到兰考县东坝头乡张庄村担任第一书记。这些证监会系统挂职干部，不仅为对口帮扶县带来了资本市场促进县域经济发展、民生改善的春风，而且为提升贫困地区企业竞争力、促进产业发展发挥了重要作用。

在做好证监系统开展扶贫工作的同时，证监会注重发挥证券期货行业在智力、人才、资源和资本等方面的优势，为脱贫攻坚提供专业服务。同时，鼓励和引导上市公司、证券基金期货等行业力量共同履行社会责任，共同参与脱贫攻坚。

继2017年证监会定点扶贫县兰考县在全国率先实现脱贫后，2018年9月，陕西省政府宣布延长县脱贫摘帽，这是第二个退出贫困县序列的证监会定点扶贫县，至2020年7月，证监会9个定点扶贫县全部摘帽。

做强成效，以资本撬动经济发展

在做好政策保障、创新扶贫机制的同时，证监会还多方位做细做强金融扶贫成效。

以证监会会机关定点帮扶的河南省兰考县为例，在证监会的帮助下，兰考原有的金融扶贫模式得以创新，并成立了4个融资平台、2个担保公司、2只扶贫产业基金、1个农业保险公司，加快脱贫致富步伐。

此外，证监会会机关还提出了城乡融合发展的兰考产业体系建设：在产业集聚区，引进行业龙头企业甚至是上市公司，促进产业集群发展；在乡镇，因地制宜配套建设食品、家具、乐器等专业工业园区；在农村，大力发展小型养殖种植、饲草配套种植、木业加工等特色产业。各项扶贫举措充分显示出“因地制宜”的特点，切实促进了兰考脱贫致富工作的开展。

在产业扶贫方面，上海证券交易所在安徽宿松县帮助企业对接资本市场。2015年底，宿松县中天石化在“新三板”挂牌，结束了当地没有挂牌企业的历史。

在金融扶贫方面，深圳证券交易所拿出1500万元在甘肃武山县设立扶贫贷款风险补偿基金，帮助12家小微企业和1050户农民解决了“贷款难贷款贵”的问题。

在展开对口扶贫期间，证监会充分发挥行业优势，统筹行业力量，积极助力脱贫攻坚。截至2020年7月，101家证券公司累计结对帮扶285个贫困县，帮助贫困地区融资2026亿元；98家期货机构与156个贫困地区签署250份结对帮扶协议，投入资金3.37亿元。这些资金被运用于教育、民生、产业、基础设施等领域的90多个帮扶项目中，有效改善定点扶贫地区生产生活条件，促进了当地经济社会发展。

以证监会为代表的资本市场在扶贫领域表现卓越，通过发挥专业优势助力精准扶贫，在脱贫攻坚战中作出了不可忽视的贡献。

（案例来源：《证券日报》、中国经济网）

★脱贫启示

资本市场是市场经济中最具活力和效力的一环，证监会参与扶贫的成功实践证明，国家积极引导资本市场在贫困地区发挥作用，充分发挥资本市场在资源配置中的撬动作用，能够有效促进贫困地区资本的形成，在大大提升资源配置效率的同时，更能激发贫困地区的内生动力，带活一方经济，进而实现贫困地区旧有金融模式与经济发展模式的全面创新。

第四节 发挥保险力量，着力精准扶贫

作为重要的扶贫手段，保险扶贫已经成为政府解决因病致贫、因灾致贫这一难题的良方妙药。近年来，在各地脱贫攻坚过程中，大力发展农业保险、医疗补充再保险，创新支农融资方式，通过农业保险实现利农富农，为农户生产撑起“保护网”。在兜底民生保障，防止因病、因灾致贫返贫，助力产业扶贫中，保险业正在发挥着越来越大的作用。

★脱贫故事

宁夏“扶贫保”：撑起脱贫保护伞

“一共就养了30只羊，结果半夜下了大暴雨，死了7只！要不是有保险一次赔付了3000多块钱，这一年又白干了！”宁夏盐池县南梁村贫困户孙付顺对去年5月理赔的经历仍记忆犹新。

这样的“好事”始于2016年。为了发挥保险机构在脱贫攻坚过程中的重要作用，进一步借力保险业提升扶贫效率，宁夏出台了《宁夏精准扶贫“脱贫保”工作实施方案》，为全区15万户建档立卡贫困户、58万建档立卡贫困人口提供了精准扶贫的“扶贫保”产品。这一产品成为当地实施精准扶贫的有效助推器，而宁夏也由此成为全国首个“扶贫+保险”全覆盖的地区。

对症下药，用基本保险兜底扶贫

“扶贫保”产品其实在2015年时就已筹划。当时，宁夏与中国人寿、人保财险、平安产险3家保险机构展开合作，针对贫困户的实际情况，量身打造了该产品。“扶贫保”所有产品皆采取“政府补助+贫困户个人自筹”相结合的形式购买，原则上，政府补助保费80%，贫困户个人只需承担保费的20%。

因受疫病、自然灾难等因素影响较大，农业生产存在一定的风险，农民因此而返贫的概率也较高。作为重要的金融工具，农业保险能够有效分散、化解农业生产经营的风险，是农村风险保障体系中的重要支柱，同时更是脱贫攻坚的利器之一。

为破解农民因灾致贫返贫难题，2016年，盐池县创新推出了“2+X”菜单式“扶贫保”模式。

“2”为基础险，涵盖建档立卡户大病医疗补充保险、家庭综合意外伤害保险。在低保费、高保额基础上，大大降低了因病返贫致贫的概率。特别是大病补充保险，报销比例可达70%以上，报销额度最高限额10万元。

“X”为选择性险种，其最鲜明的特点是精准投放。两险种结合，构建起了较为完善的贫困群众风险保障体系：养羊险、黄花菜险；保价险、保收入险、价格波动险……农户们可自主选择。比如，针对当地的黄花菜产业，盐池县便联合人保财险公司推出了黄花种植保险，每亩投保费60元，政府财政补贴52.8元，农户只需要承担7.2元。2018年，因多日阴雨，多家农户未来得及晒干的黄花菜发霉，惠安堡镇大坝村的黄花菜种植大户刘仲昌当时220亩的黄花菜共赔了2.92万元，他说：“幸好买了保险，虽然菜糟了，最起码采摘费回来了。”

所有产业的发展都离不开资金的支持，而金融创新会让精准扶贫更有实效。盐池县基于自身特殊的区域实际，形成了金融扶贫与区域产业发展相匹配的有效制度。如今，这一制度依然在实践中不断迭代，为该县的乡村经济发展源源不断地注入活力与动力。

持续优化，杜绝不确定因素致贫返贫

“扶贫保”产品推出以来，宁夏逐步完善了家庭成员意外伤害保险、大病补充医疗保险、借款人意外伤害保险和优势特色产业保险四大基本产品，满足了贫困户日益增长的保险需求。

一是对优势特色产业保险进行了强化。该保险原本是对建档立卡贫困农户投保的优势特色产业提供保障，即当牛羊因价格下跌或者产量降低导致销售收入低于保险合同约定的预期收益时，或者牛羊因为意外死亡时，按约定对贫困农户进行赔偿。2019年，该保险品类又增加了肉羊收益保险、香水梨种植保险等新品种，并创新推出了种植业“自然灾难+价格（产量）”、养殖业“疫病+收益”双重保障，真正实现了为贫困群众提供稳定脱贫的防范风险保障。

二是对大病补充医疗保险和家庭意外伤害保险进行了优化。在大病补充医疗保险方面，患病贫困户在基本医保、大病保险报销后，对于依然需要个人负担的费用，目录内再报销70%，既防止了过度医保，又实现了预防因病返贫。原本“按户投保”的家庭意外保险则调整为“按人投保”，每人意外伤害保障额度为3万元、意外医疗保障额度3000元。在更精准贴近贫困户需求的基础上，实现了更好的健康扶贫。

三是把借款人意外伤害保险责任进行了细化。在实践过程中，宁夏扶贫部门发现，由于配偶身故，往往加重家庭经济负担的同时，也会加大借款人还款难度。对此，他们在与保险公司多次协调后，将保险责任进一步拓宽即主借款人或者主借款人配偶因意外导致身故、残疾或因疾病导致身故或全残时，保险公司将承担相应的保险责任。这一举措大大减轻了那些遭遇意外的贫困家庭的经济负担。

这些经过调研分析、实践检验作出的保险细节调整，真正达到了商业保险助力扶贫工作的目的，同时也真正兜住了因病、因灾、因意外返贫的底线。

更新观念，扩大保险覆盖成果

截至2019年底，“扶贫保”项目在宁夏已实现100%全覆盖，涉及全区19个县、市，182个乡镇，其中，“家庭意外伤害保险”和“大病补充医疗保险”两款全覆盖产品保费由政府全额出资，凡是建档立卡的贫困户，按照家庭成员意外伤害险每户100元、家庭成员大病补充险每人45元的标准直接将保费支付给保险公司。

保险公司则在原有惠农保险基础上，把原为6.6万元的意外保险保额提升到9.9万元，大病补充医疗保险则在承担既往病史责任基础上，累计最高赔付可达8万元，充分体现了“以人为本、保本微利、最大限度优惠参保家庭”的原则。

但是，对参与该项目的保险公司来说，“保本微利”并不易实现。来自宁夏金融工作局的调研显示，截至2019年，仅有部分“扶贫保”产品能实现这一目标，还有一些则处于亏损经营状态，特别是像牛羊养殖一类优势特色产业保险，因为市场价格、疾病等不可控风险更高，赔付概率也更高。

不过，对待此类问题，参与的保险公司却有自己的筹划：保险深入人心后，自然会带来更大收益。为了保障收益，保险公司还拟定了动态调整的机制：根据一年内的赔付情况，选择在下一年降低保费或者调高保额。作为参与者的中国人寿还主动建议宁夏扶贫办，进一步扩大大病补充保险的范围，将一些自费药品纳入进来。

保险深入人心后带来的影响已显示：对贫困户来说，亲身经历、亲眼目睹的一次次理赔，不仅让他们更有底气与勇气去参与产业脱贫，同时更让他们逐渐意识到了保险“花小钱、保大钱”带来的好处。

如今，这份由政府埋单、保险公司“定制”、贫困户专享的“扶贫保”，早已惠及宁夏全域内的建档立卡贫困户。它充分发挥了保险机制的风险保障与经济补偿功能，为贫困地区构筑起了一道生产、生活的屏障，有效地促进了当地扶贫事业的顺利开展。

（案例来源：新华社、《金融时报》）

★脱贫启示

如何提高贫困人口抵御风险的能力，又如何防止脱贫又返贫？很显然，宁夏用“扶贫保”找到了答案：用保险守住脱贫攻坚的成果。助力精准扶贫精准脱贫，为贫困群体“拔穷根”“摘穷帽”提供保障，保险业大有可为，大有作为。实践证明，保险手段特别是农业保险可以有效增强农民抗风险能力；利用保险参与扶贫脱贫，有助于实现扶贫从“输血”到“造血”的转变。

第五节　加强土地政策支持，全力助推脱贫攻坚

实现脱贫攻坚目标，必须加大土地政策支持力度：脱贫攻坚期内，国家每年对集中连片特困地区、国家扶贫开发工作重点县专项安排一定数量新增建设用地计划；贫困地区建设用地增减挂钩节余指标和工矿废弃地复垦利用节余指标，允许在省域内调剂使用；建立土地整治和高标准农田建设等新增耕地指标跨省域调剂机制；贫困地区符合条件的补充和改造耕地项目，优先用于跨省域补充耕地国家统筹，所得收益通过支出预算用于支持脱贫攻坚。加强精准脱贫攻坚行动支撑保障，确保满足深度贫困地区基础设施建设、易地扶贫搬迁、民生发展等用地需求，全力助推脱贫攻坚。

★脱贫故事

青海海东：从班彦村“挪穷窝”，看易地搬迁奔富路

班彦村位于青海省海东市互助土族自治县，全村约三分之一的人口住在山上。班彦村海拔高、土地贫瘠且常年各类灾害频发，生产生活极为不便。近百年来，这里的贫穷根深蒂固。2016年，山上的村民开始易地搬迁至山下设施完善的新村，旧日的班彦开始焕发新颜。

易地搬迁斩穷根

班彦旧村属于半浅山地区，共有8社369户1396人，其中五社、

六社的129户484人住在沙沟山山梁沟坡间，那里常年干旱缺水，粮食歉收。由于山路崎岖，村民们从山上走到山下，至少要走7公里。出行难、用水难、上学难，提起以往的难日子，村民们纷纷感慨：山路难走，平日里想出趟门都不容易，尤其是赶上雨雪天，一连几天都得在家里待着。

2016年，班彦村开始实施易地搬迁项目，很多原本住在沙沟山的村民都有些顾虑：虽然听上去是搬到新村，但修建的新房子国家补助多少？自己还要出多少？退耕还林的地给我们如何补偿？这些问题得不到解答，村民们便始终难以心安。

随后，政府给出的答案，让他们完全打消了顾虑：搬迁到班彦新村后，建档立卡贫困户每户可享受8万元住房补贴款，这些村民自己只需要出4000元，就可以住上新房子。此外，退耕还林的地每年每亩都能获得120元生态补偿。有了这些答案，村民们放宽了心。

在搬迁安置方式上，互助县则采取了集中安置、自主安置两种方式：自主安置，可以选择自己建房，而集中安置由政府建房，房中自来水工程、供电、排水等基础设施完全配套，村民只需要负责自家的装修费用即可——大量村民选择了后者。

新村居住环境比山上旧房环境好出太多：村内不仅道路宽敞，更有活动室、村民活动广场等公共区域。村民们纷纷感慨：往日“搬出大山、住上新房”的美梦，如今成真了。

同样的情景还发生在巴洪村、土观村等其他7个村子。互助县先后整合专项扶贫资金、行业资金及群众自筹资金1.31亿元，实现了8个村共计746户2522名群众的易地扶贫搬迁。

产业兴旺定脱贫

易地扶贫搬迁，其意义并不仅限于“搬出穷窝”，更重要的是，让搬迁农户在“有所居”的基础上增加收入。

青海省早有扶贫政策：农区内建档立卡贫困户人均可获得5400元产业扶持资金，班彦村在征求贫困户意愿的前提下，将这笔资金集中使用，发展集体经济，帮助贫困户发展生产、增收致富。在政策指引下，互助县投入5154万元财政扶贫资金，在台子乡哇嘛村等28个贫困村发展特色优势产业，扶持贫困户2758户9507人。

在班彦新村，互助县探索出了以“中厚公司+农户（养殖能人）”的模式，鼓励村民们参与、发展八眉猪养殖。八眉猪是当地特产，村民们全部搬迁入住班彦新村后，政府拨出了36亩的土地，供该村建设养殖小区。对于那些无力购买猪仔、饲料的贫困户，政府采取了免费赠送的方式帮助他们发展生产，而在猪仔养大以后，中厚公司便会上门收购，“不愁卖不上钱”让农民们对脱贫致富有了更大的信心。

除了八眉猪养殖基地以外，村内还以“村党组织+合作社+致富带头人+农户”的模式，动员本村贫困户入社入股，并逐步发展扩大养殖规模，帮助贫困群众增收致富；成立班彦村土族盘绣产业协会，建设盘绣园，发展具有民族特色的非遗文化产业；为了增加劳务收入，互助县对搬迁下来的农户进行挖掘机、电焊、泥瓦工等技能培训。此外，新村还有10间门面房，这些门面房也由班彦新村建档立卡贫困户经营，以开小超市、洗车店、餐馆的方式实现稳定脱贫。

土地政策助小康

发生在班彦村的脱贫实践只是海东市脱贫攻坚的一个缩影。近年来，海东市立足于易地扶贫搬迁，出台了《“八个一批”脱贫攻坚行动计划和十个行业部门专项脱贫方案》。方案中明确了建房补助直接补助到户，基础设施建设补助专项则用于集中搬迁安置区水电路网等项目建设，不足部分由行业部门配套解决。

作为解决贫困人口脱贫致富的有效途径，在易地扶贫搬迁模式下，不仅仅是互助县的班彦新村，乐都区达拉乡白草台全村98户365人，也全部都住上了面积为100平方米的四室一厅一厨一卫小区房。同样的变化也发生在平安区三合镇：2015年，三合镇对当地429户共计1540人进行了易地扶贫搬迁安置。此外，2016年，化隆县在区域内13个贫困村实施了易地搬迁项目，共涉及1497户6225人……

海东市的土地政策严格按照国家要求，向扶贫攻坚倾斜，同时更有自己的创新：在项目区土地使用上，不仅照顾了迁入地群众的利益，在尊重搬迁群众的基础上，还立足于协调一致原则推动了土地兑换。同时，海东市还积极开展了搬迁群众原居住点的土地整理，实现占补平衡。

在项目区建设上，海东市坚持统一规划、统一设计、统一建设的原则，不仅杜绝了群众乱修乱建导致的村容村貌混乱现象，更突出了易地搬迁带来的生态、经济与社会效益，为当地经济的可持续发展奠定了坚实的基础。

海东市还在推进易地扶贫搬迁的同时，确保基础设施同步配套，提前谋划后续产业，并将针对搬迁贫困户的社会兜底、产业扶持、技能培训与劳务输出等各项扶贫政策落实到了每一户、每一人，真正实现了安居与乐业并重。

“走出大山，拥抱幸福生活。”——很显然，青海省海东市在易地搬迁方面的创新政策不仅大大加快了当地扶贫进程，而且为搬迁群众谋得了更高收益，有效帮助了困难群众脱贫致富。

（案例来源：青海新闻网）

★脱贫启示

易地扶贫搬迁是精准脱贫的重要路径之一，可以有效阻断人类与生态环境之间的恶性循环链条，对生态脆弱或生态恶劣区域居民的生活方式进行重构。在实施易地扶贫搬迁的过程中，要充分考虑资源环境承载能力，用好用活城乡建设用地增减挂钩政策，为搬迁农民安置提供用地保障，为搬迁农民建新居、农村基础设施建设和扶贫产业发展提供有力的资金支持，确保易地扶贫农民搬得出、稳得住、能致富。

第六节 夯实基础设施，筑牢脱贫根基

基础设施不仅是基本民生保障，更是发展产业的先决条件。基础设施不完善，是制约贫困地区发展的主要因素之一。打好脱贫攻坚战，基础设施要先行。在推进精准扶贫工作中，国家花大力气不断完善贫困地区公共服务体系，促进基础设施服务向农村延伸、向贫困村覆盖，推动贫困村基础设施全面提档升级，在为贫困地区带去人气、财富的同时，改善了群众生产生活条件与乡村整体面貌，为贫困户致富奔小康提供了硬件支撑，让贫困地区的农业资源、旅游资源、自然资源、劳动力资源优势得以充分迸发和涌流。

★脱贫故事

新疆：狠抓基础建设，提升脱贫攻坚支撑力

在扶贫攻坚过程中，新疆维吾尔自治区人民政府，把水利、交通、电力、公共设施等基础设施建设摆在了优先位置，不断加大基础设施建设力度，加快改善基础设施落后状况，破解新疆经济发展的瓶颈制约。

升级电网，为农牧民脱贫添动力

“现在机井通了电，再也不用担心农田浇水的问题，田间管理轻松了许多，今年肯定又是一个丰收年。”春天，塔城地区额敏县二道桥乡库尔特村村民朱松山放宽了心：再也不用担心农田灌水

的问题了。

之前，库尔特村村民们灌溉农田时，用的都是柴油机发电机井，浇地时，必须要有人看守发电机，维护起来不方便不说，每百亩地一年的灌溉费用就超过了2万元。如今，机井改了电井，只需要手指轻轻一按，就能轻松浇地，而且每百亩地一年只需要六七千元——“井井通电”工程，成为当地老百姓眼中的“福气工程”。

农网改造升级，是加快补齐农村基础设施短板的重要内容，更是打赢脱贫攻坚战的重要支撑性工程。“井井通电”工程作为机井通电农网改造升级项目之一，由国网新疆电力有限公司在2016年6月主持实施。

作为农村电网改造的重点，“井井通电”配网建设计划投资4623.47万元，主要解决机井通电末端电压低的问题，提升农网设备装备水平以及供电电能质量。牛松山所在的额敏县便因此而受益，实现了16眼柴油机发电机井的改造。截至2018年3月，额敏县已完成12个村村通动力电改造工程，而“井井通电”工程更是为额敏县8000多亩农田的灌溉用电提供了坚实保障，使农牧民发展生产拥有了充足的电力支撑。

在新疆，像额敏县一样因电网升级而受益的地区还有很多。新疆自2016年全面开展农网改造升级工程“两年攻坚战”以来，累计投资19.26亿元，对域内748个小城镇（中心村）电网进行了全面改造升级，惠及人口多达100万户。

为了进一步完善升级自治区内的电网，新疆还全面开展实施了农产品初加工等致富项目的配套供电工程建设：自2014年以来，截至2018年3月共为5065座烘干房、1122座冷藏库提供了可靠电力，帮助数万农村富余劳动力增加了收入。

如今，新疆的农网改造升级工作依然在持续推进。国家发改委也明确表示，将重点提高贫困地区、守边护边地区农村电网的供电能力与供电可靠性，为农牧民脱贫增收致富提供坚实的电力保障。

畅通路网，让康庄大道通各地

早上，和田地区策勒县策勒镇拖格喀里村，村民巴亚森·赛迪正在仔细地清扫家门口的路面：“党和政府为我们修路，我们就要像爱护自己的家一样好好爱护它！”亲眼看到往日家门口坑洼不平的土路，如今变成了平整坦荡的柏油路，巴亚森心里高兴不已。

“要想富先修路”虽然是一句俗语，但是却蕴藏着致富的秘诀：想打好脱贫攻坚战，农村公路是先导，更是基础支撑。正如巴亚森所说的一样，以往，道路不通，村民们的生产生活都极为不便。不管是春天种植时节买农资，还是秋天果实成熟后向外运输，都因道路不畅而增加了成本。如今，新修的公路从主干道一直延伸到了村间地头，不仅方便了村民们的出行，更打通了致富路上的“最后一公里”。巴亚森高兴地说：“路通了，运输成本低了，我种的红枣、核桃也能卖出个好价钱了！”

畅通的路网也使当地农副产品的销售渠道进一步拓宽。往日，农户要自己把农产品送到农副产品经销商那里去；现在，对方开着车就能来到田边地头，现场查看产品品质，遇到满意的，便能立即下订单。

2016年、2017年，新疆交通扶贫成效显著：投资139亿元，新改建农村公路里程达2.25万公里，其中，南疆四地州共计投入57.3亿元，新改建里程达9797公里。2018年，新疆的农村公路等地方道路的新改建持续推进，对于那些不通畅的乡、建制村，则全力实施通硬化路；2019年底，新疆全面完成了全自治区剩余5个乡、250个建制村通硬化路的农村公路扶贫攻坚目标任务。

2020年内，力争实现22个深度贫困县所辖1962个深度贫困村具备条件的村内主要街巷、自然村（20户以上村组小队）内主要街巷通硬化路，打通村与村间的道路连接，积极推进域内深度贫困村“最后一公里”的道路建设，全面建成“外通内联、通村畅乡、班车到村、安全便捷”的农村公路网络。

补齐短板，用公共设施惠民生

近年来，文化、商业服务、通讯、园林绿化等为发展农村生产和保证农民生活而提供的公共服务越发受到重视。为了打赢脱贫攻坚战，喀什地区麦盖提县尕孜库勒乡的深度贫困村罕库勒村，聚焦“两不愁三保障”目标，全力推进村内公共设施建设。

如今，村里不仅新修了村委会大院，更完善了村文化活动室，在公共区域安装了健身器材等各类公共设施，确保真正补齐精神与物质“短板”。

往日，罕库勒村村民们的生活极其单一，每日干完活以后，就只能待在家里，没有什么业余活动。村文化活动室建成后，村委会白天在这里开展诸如服装制作、销售技巧等技术培训，晚上则开展普通话与其他知识的教学。节假日期间，村委会还会组织村民排练节目，以文艺晚会的形式让大家放松心情。

罕库勒村是麦盖提县全面改善公共设施的一个缩影。如今，麦盖提县还在持续完善贫困村公共设施建设，除了加快城乡一体化电网建设以外，县政府还持续推进了22个深度贫困村的电商服务站建设，更将通信网络全覆盖当成目标，不断巩固提升广播电视“户户通”成果。为了跟上互联网时代，县政府还在域内大力实施了行政村通邮和“宽带乡村”工程，持续推进光纤进村入户，真正实现邮政和网络村村通。

如今，麦盖提县的农民幸福指数不仅大为提高，人口素质、助力扶贫开发的“软实力”更是大为增强。

未来，在补短板、强化基础建设方面，新疆还将认真对照“三保障”要求，特别是对早期基础设施建设标准不高的问题展开查漏补缺、巩固提升，在坚持“缺什么补什么”的基础上，紧盯贫困村水电、路讯等基础设施薄弱问题，采取过硬措施予以解决，切实提升脱贫攻坚的质量与成色。

（案例来源：《人民日报》）

★脱贫启示

基础设施建设是经济发展的重要引擎，更是脱贫攻坚的重要抓手。只有基础设施脱了“贫”，产业发展才能跟上。新疆的成功实践表明，夯实贫困地区的基础设施，是筑牢脱贫根基的前提条件。在推进精准扶贫的过程中，必须以贫困村基础设施建设为突破口，坚持把基础设施建设作为改善群众生产生活条件的根本途径，高起点谋划、全方位争取、大力度实施，增强农村发展后劲，促进产业发展，实现农民增产增收。

第五章

强化社会合力，打赢人民战争

改革开放以来，国家首个支持社会参与扶贫的政策是1984年中共中央、国务院发布的《关于帮助贫困地区尽快改变面貌的通知》。该通知鼓励到贫困地区兴办开发性龙头企业，并从税收上给予减免5年的优惠。通过对30多年的社会参与扶贫政策进行梳理，可以发现社会参与扶贫政策的变化背后有两个影响因子：第一，社会力量构成情况和参与扶贫的意愿；第二，扶贫对于社会力量的需求情况。

在2000年之前，中国的社会力量相对比较薄弱，企业主要关注的还是赢利情况，社会组织大多缺乏活力。这一时期，政府主导的扶贫机制刚刚搭建，对于社会力量的参与并没有太多的硬性需求。在2000—2010年这一时期，企业和社会组织都在发展，数量上不断增加。加入世界贸易组织（WTO）之后，国际上通行的企业社会责任被引入中国，企业开始将扶贫作为履行其社会责任的重要领域。同时，国际机构将各种社会组织参与扶贫的政策机制引入中国。在这一阶段，中国的扶贫系统开始将企业社会责任、政府购买服务以及政府与社会组织合作机制引入扶贫机制。在2010年之后，中国的扶贫进入一个新的阶段，这个阶段需要社会力量更多参与精准扶贫。

一、社会资源参与扶贫开发

中国当前动员参与扶贫的社会资源主体包括：非扶贫专门机构的政府部门、企业、社会组织和社会民众。

2015年9月，国家多个部委联合出台《关于进一步完善定点扶贫工作的通知》，按照“同一类单位定点扶贫任务相对均衡、分类考核”的总体原则，对定点扶贫结对关系进行了局部调整。2015年11月，中共中央、国务院下发《关于打赢脱贫攻坚战的决定》。在该决定中，提出要广泛动员全社会力量，合力推进脱贫攻坚。

2016年1月，全国工商联、国务院扶贫办、中国光彩事业促进会出台《关于推进“万企帮万村”精准扶贫行动的实施意见》，以民营企业为帮扶方，以建档立卡贫困村为帮扶对象，以签约结对、村企共建为主要形式，力争用三到五年时间，动员全国一万家以上民营企业参与，帮助一万个以上贫困村加快脱贫进程。在该实施意见中，对帮扶方式进行了界定：产业扶贫、就业扶贫、公益扶贫。2016年10月，中共中央办公厅、国务院办公厅印发《关于进一步加强东西部扶贫协作工作的指导意见》的通知。在该指导意见中，对原有的结对关系进行适当调整，实现对民族自治州和西部贫困程度深的市州全覆盖，落实北京市、天津市与河北省扶贫协作任务。

2017年11月，国务院扶贫开发领导小组下发《关于广泛引导和动员社会组织参与脱贫攻坚的通知》。在该通知中，首次将参与脱贫攻坚确定为社会组织的重要责任，动员社会组织帮助贫困人口解决最直接、最现实、最紧迫的问题，促进社会资源向贫困地区和贫困人口汇聚。同时，在该政策中，对社会组织参与脱贫攻坚的重点领域给予界定：产业扶贫、教育扶贫、健康扶贫、易地扶贫搬迁、志愿扶贫等。该通知明确将全国性和省级社会组织作为此次社会组织参与脱贫攻坚的主力军。

从出台的各项扶贫政策来看，政府非常重视动员社会参与扶贫。社会资源参与扶贫已经成为中国政府主导型的扶贫工作的一个重要补充。政府动员社会参与扶贫机制越来越规范，对不同主体参与扶贫的方式、领域和途径都有较为明确的规定。

从政策创新来看，以定点帮扶和东西协作扶贫为主的非扶贫专门机构的政府部门的扶贫已经开展了20多年，基本上形成了一套比较成熟的运行机制，并且这部分扶贫资源仍然是以政府公共资源为主，无论是制度还是管理都有比较成熟的政策规定和规范文件，因此这部分的社会参与扶贫更多是延续过去的做法，扩大扶贫投入的规模和增加扶贫投入的渠道和方式等。政府目前尤其重视企业、社会组织和社会公众参与扶贫中，相关规范性政策文件都对这些主体参与扶贫有更为明确的规定。

从总体上来看，非专职扶贫政府部门参与扶贫开发工作，加强了贫困地区同中央以及省级部门的沟通和交流，同时有助于政府部门更深入全面了解中国的发展情况，对其专职工作具有积极的促进作用。对于被扶持的贫困地区而言，通过政府部门的扶持，可以获得大量计划外的扶贫资源，同扶持部门在人才、技术和信息等方面的交流，极大地拓展了他们的社会资源，加强了贫困地区的组织能力建设。中国东西扶贫协作也由刚起步时东部单向帮扶西部，拓展为在对口帮扶框架下东西部双向互动、共同发展、实现共赢；由最初主要是地方政府间的援助行为拓展为各类市场主体的共同参与，再发展到包括各类社会团体、民间组织、爱心人士在内的社会各界多形式、宽领域的广泛参与。

二、不同类型企业参与精准扶贫的主要特征

中央企业参与精准扶贫的主要特征有以下方面。第一，将精准扶贫行动提升到政治责任和社会责任层面，在企业层面建立相关管理架构，落实精准扶贫任务。第二，以定点扶贫为主，根据中央部

署，央企共承担了246个贫困重点县的帮扶任务。第三，参与精准扶贫投入力度大，充分发挥央企各自的行业优势。

中央企业参与精准扶贫的模式主要有以下几种。一是产业帮扶。央企会根据当地贫困村的产业优势，通过动员央企的人才、技术、市场渠道等，建成规模化的产业项目。二是为贫困地区提供就业岗位。央企通过在贫困地区建厂，吸纳当地劳动力特别是建档立卡贫困户就业。三是开展劳动技能培训、支持地方公益事业和民生建设等援助帮扶活动。通过这样的援助帮扶活动，改善贫困村的基本面貌，增加福利供给。

民营企业参与精准扶贫的主要特征有以下方面。第一，聚焦精准，将有限企业帮扶资源最大限度投放到贫困农户。民营企业将扶贫资源聚焦贫困人口，提升他们脱贫致富的能力，为他们摆脱贫困提供机遇。第二，注重产业扶贫，民营企业实现利润增长的同时，帮助贫困农户持续增收。国家在鼓励企业参与扶贫的政策中，一方面加大企业获得扶贫优惠政策的幅度，另一方面在帮助贫困农户增收方面也提出了相应要求。第三，多方位参与精准扶贫。既有像恒大、阿里巴巴这样的大型企业，也有植根于基层的微型民营企业。不同规模的民营企业发挥各自的产业优势和资金优势，与贫困地区的产业基础和贫困需求进行有效对接。第四，联合各方优势，形成扶贫合力。湖北黄冈探索实施的“政府+企业+银行+保险+贫困户”的“五位一体”模式作出了很好的示范。第五，注重创新，提升扶贫效果。民营企业通过自身的品牌优势，嫁接贫困村庄的优质农产品，形成高附加值收益，并通过制度设计，确保农户获得较大比例的收益。

民营企业对于贫困村的支持主要有四种模式。一是围绕一个县（乡、村）开展综合性扶贫，比如恒大集团结对帮扶毕节市大方县。

二是针对建档立卡贫困户开展产业扶贫，企业直接对接市场，组织、带动贫困户永续发展。这个模式目前有三种类型："政府+金融机构+公司+贫困户""大公司+基地（合作社）+贫困户""小公司（能人）+合作社+贫困户"。三是为建档立卡贫困家庭中的劳动力提供适合的就业岗位。四是拿出企业部分利润，在公共服务和公益方面提供支持，比如泛海集团发起的一系列教育扶贫行动。

三、社会组织参与扶贫工作的形式和方法

社会组织在与政府的减贫合作中积累了大量经验，其参与扶贫的形式和方法也呈现出多元化特点。

第一，大型社会组织开展公益品牌项目。具有官方背景的社会组织在政府有意识的推动下，在全国开展了很多大型公益性扶贫项目，这些项目有的一直延续到今日，拥有很高的知名度。如中国青少年发展基金会发起的"希望工程"项目、中国人口福利基金会等发起的"幸福工程"项目，以及其他社会组织发起的"光彩事业""母亲水窖""母亲健康快车""贫困地区儿童营养改善项目""春蕾计划"等。

第二，社会组织直接参与贫困地区村庄发展建设。社会组织开展综合扶贫开发主要包括两种方式：一种方式是全国性的大型社会组织进行外部干预，实施乡村参与式发展规划，开展乡村建设，如中国扶贫基金会开展的"美丽乡村计划"；另一种方式以活跃地方性社会组织参与社区综合性治理为主，强调的是发展和培育农民自身的社会组织，如山西省永济市蒲韩镇农业协会开展的综合性乡村社区治理模式。

第三，社会组织作为资源整合平台开展贫困村庄综合治理行动。社会组织作为资源整合平台，一方面链接社会资源、政府扶贫资金用于贫困村庄的贫困治理，另一方面在缺乏自治能力的村庄实施长期脱贫规划，如小云助贫中心在云南省勐腊县河边村开展的工作。

第四，社会组织参与教育扶贫，阻断贫困的代际传递。教育扶贫是当前国家和社会组织扶贫的重点内容。社会组织充分利用自身优势，针对贫困地区开发适应性强的教育扶贫模式，如中国发展研究基金会开展的“慧育中国”“山村幼儿园计划”“阳光校餐”项目。

第五，医疗救助与健康扶贫。社会组织与政府合作开展了大量旨在解决贫困农户医疗救助、提高农户身体素质水平的健康扶贫项目，如浙江传化基金会开展的“传化安心卫生室”项目。

（李小云　中国农业大学文科资深讲座教授）

第一节 弘扬中华民族扶贫济困的优良传统

扶贫不只是物质上的给予，更是精神上的守望相助。自古以来，中华民族便提倡友善仁爱，主张“躬自厚而薄责于人”的立身处世态度，更倡导“出入相友，守望相助”的人际交往原则。这些思想与理念植根于国人内心，并潜移默化地影响着我们的思维方式与行为方式。如今，脱贫攻坚已进入“啃硬骨头”阶段，更需要全社会广泛参与，大兴友善互助、守望相助之风，在为贫困户送去更多温暖的同时，让中华民族扶贫济困的传统美德发扬光大。

★脱贫故事

九旬老人，扶贫济困六十余年

90多岁了，没给儿女留半点钱不说，还总和他们“斤斤计较”；长达16年的时间里，没有买过一件新衣服，邻居说，他只抽5块钱一包的烟……就是这样一位“抠门”老人，却用毕生积攒的50万成立了“振美教育基金”，在供全乡贫困孩子读书的同时，带动更多人捐资助学。如此善举，获得了社会的高度评价。2019年9月，王振美荣获第七届全国道德模范“全国助人为乐模范”称号。

一生勤奋，不忘被助之恩

出生于1925年的王振美年少时读过一些书。1977年时，江西莲花县六市乡公社大力发展社办企业，几个头脑活泛的人谋划着要建个花炮厂，大家一致选定让王振美“入伙”：他能写会算，又在县政府工作过，是个值得信任的人，让他算账目准行！

52岁的王振美被说动了，可是，千辛万苦建起来的花炮厂由于没有销路，经营很快陷入困境。王振美临危受命，又开始兼任销售工作，最终成功打开了市场，甚至一度将产品销往海外。

王振美“富”了起来，但他一直没有忘自己的穷乡亲：“自己先富了，也要带着大家一起富。”

20世纪，王振美响应号召，主动从县政府返乡支援农村。从国家干部变成农民，这一选择在当时令人钦佩。

可没想到，1965年时，王振美突患急性传染病，不仅眼睛发红，而且吐泻不止，甚至一度危及生命！村里的医生束手无策，送到城里的大医院后，却无力支付高昂的医疗费。“是乡亲们把我从家里抬进大医院的。”王振美每每回想起来便会眼红，大家东拼西凑，给他凑出来了1000多元的救命钱。

“那时候，1000多元能在村子里建两栋房啊！”面对沉甸甸的情谊，王振美那时便已下定决心，一定要向党、向政府、向乡亲们“报恩”。

热心助人，积极回馈社会

王振美说到做到。随后的几十年间，只要是当地的公益事业，不管是扶贫济困、捐资助学，还是参与新农村建设都少不了他的身影。

1968年，太沙村有座村民外出必走的木桥已经损坏得不成样子，王振美带头，商议再建一座石拱桥。由于没有机器，王振美发动全村劳动力，带头从河里挑砂石，经过一个多月的辛苦，终于建成石拱桥。多年过去，这座桥依然挺立。

2006年时，家境贫寒的太沙村村民王水清突发脑溢血，送医院抢救，王振美主动捐助7800余元。

2012年，山背村村民吴国英因病急需做换肾手术，王振美到对方家中，送去了1万元救急款。

2014年，六市乡政府牵头成立“奖扶助学教育基金会”，他带头捐资1万元。同年，六市乡政府开展结对帮扶贫困户活动，王振美主动与太沙村贫困户郭梅昌结成对子，不仅自己出资3500元购买了一头牛，更将3000元送至对方家中……

2017年，王振美作了一个更惊人的决定：捐出50万元积蓄，设立“振美教育基金会”，给全乡贫困家庭的孩子上学用。

起初，家人们对他的决定有些不解：家中整体经济情况很一般，5个子女都是普通的工人农民，50万元对大家来说也是不小的数目。王振美将孩子们叫到一起，谈起过往自己受到的帮助，动情处大家都落泪了，“过去大家都困难，你们兄弟姐妹没读过什么书，耽误了。现在很多孩子还是读不上书，咱们应该帮助他们”。至此，家人们开始理解王振美的决定。

鲐背之年，仍怀报国爱党之心

“振美教育基金会”设立之初，账上只有王振美捐出的这50万元本金。怎样才能可持续地捐助更多人？乡里也犯愁。没想到，王振美的故事在十里八乡传开后，越来越多的人开始向基金会捐赠，1.2万，1.5万、2万……在王振美的带领下，越来越多的人开始给基金会捐款。成立两年多后，基金会搞了不少活动，但账目上的钱非但没少，反而多了十几万元。

截至2019年9月，该基金会已奖励优秀教师47人次，奖励资助优秀学生166人次，累计发放奖励资助金76640元。

充满善与爱意的举动终将换来回声：如今，不仅有越来越多的人参与到基金会的捐助活动中来，那些受过捐助的孩子心中，也已深埋报效祖国、回馈社会的种子。

其实，王振美还有一个梦想：在有生之年，成为一名共产党员。2014年时，他向党组织递交了入党申请书："虽然年纪大了，但我还想为国家、为社会多做点事。"2016年4月19日，91岁的王振美被批准为中国共产党预备党员。这天，他乘车100多公里，前往井冈山革命烈士陵园，在井冈山革命烈士纪念碑前，他颤颤巍巍地举起右手，向迎风招展的党旗郑重宣誓……

（案例来源：华龙网）

★脱贫启示

《孟子·滕文公上》有言："乡田同井，出入相友，守望相助，疾病相扶持，则百姓亲睦。"历经五千年文化传承与磨难洗礼，守望相助、风雨同舟早已是我们国家与民族的闪光名片，而如今，它更被千千万万共产党人内化于心，外化于行。在国家的大力倡导、民众的广泛参与下，公众助力民族伟大复兴、携手共奔小康路的责任感与使命感越来越强。赠人玫瑰，手有余香。奉献爱心，收获希望。

第二节 构建“三位一体”大扶贫格局

消除贫困、改善民生、实现共同富裕，是社会主义的本质要求，是中国共产党的重要使命。推进精准扶贫，必须切实强化社会合力。习近平总书记指出，扶贫开发是全党全社会的共同责任，要动员和凝聚全社会力量广泛参与。要坚持专项扶贫、行业扶贫、社会扶贫等多方力量、多种举措有机结合和互为支撑的“三位一体”大扶贫格局，健全东西部协作、党政机关定点扶贫机制，广泛调动社会各界参与扶贫开发积极性。

★脱贫故事

重庆：构建“三位一体”大扶贫格局

党的十九大报告对脱贫攻坚提出了新要求：既强调大扶贫格局，又坚持精准扶贫、精准脱贫。重庆市在扶贫实践中，坚持政府主导、部门支持、全社会共同参与，努力打造出了专项扶贫、行业扶贫、社会扶贫“三位一体”的大扶贫格局。

专项扶贫：财政扶贫投入屡创新高

在巫溪县塘坊镇双柏村，贫困户杨世斌每天都会上到屋顶，给自家的太阳能发电板清理灰尘。这些板子每年发电3000多度，可以让老杨挣3000多元，这是他脱贫增收的一项重要收入。

“阳光变现钱”，这是当地贫困户过去做梦都想不到的事。作为一项新兴的扶贫产业，光伏发电虽然投入不菲，但因其“细水长流”的特点，成为帮助贫困户创收增收的热点项目。2015年以来，巫溪县为域内400多户贫困户建造了光伏电站，每户政府补贴1.6万元，农民自筹0.8万元，便可保证连续25年、每年3000元左右的稳定收益。

以政府为主导的专项扶贫，在重庆市的大扶贫格局中起着中流砥柱的作用。2017年以来，围绕脱贫攻坚目标，重庆市研究出台了《关于深化脱贫攻坚的意见》等三个具体工作方案，全市上下牢固树立起了“一盘棋”思想，聚焦聚力，全面推进脱贫攻坚。

重庆市坚持将财政资金的供给与政策的保障始终与“两不愁三保障”紧紧“咬合”，政策上优先考虑，资金上优先安排。在这里，有三个数据彰显出了“优先”的内涵：一是2019年，重庆市级财政专项扶贫资金投入比上年增长10%，连续三年保持50亿元以上；二是截至2019年底，贫困区县近三年整合财政涉农资金350亿元；三是2018年起连续三年，市级财政每年新增安排18个深度贫困乡镇3.6亿元。

2019年，重庆市财政拨付专项扶贫资金52.1亿元，整合财政涉农资金102.8亿元，政府债券筹集35.5亿元支持易地扶贫搬迁，切实发挥了政府投入的主体和主导作用。

行业扶贫：各级各部门解囊相助

行业扶贫关系着老百姓的住房、交通、医疗、教育等，需要各级各部门齐心协力、共同担当、资源共享、信息互通。

行业扶贫立足于行业自身特点，从产业角度找到帮助贫困户持续增收与企业持续发展的结合点，帮助贫困地区发展特色产业，为贫困人口创造更好的脱贫致富门路。

重庆市扶贫办在新一轮脱贫攻坚战中的角色悄然发生了改变：

过往，他们是扶贫行动的直接实施者；如今，他们更多的是组织者和协调者，为其他行业部门提供精准的贫困信息，使其扶贫行动更有针对性。

同样转变角色的还有重庆市农业产业化协会，从2016年开始，该协会便组织发动龙头企业与会员单位，深入贫困区县与乡镇，开展产业扶贫工作。在该协会的牵线搭桥下，石柱县远近闻名的三红辣椒专业合作社与上进村近400户椒农签订了合作协议，价格和销路都不愁。在2017年上半年，协会还组织企业奔赴渝东北和渝东南，与贫困县（区）的贫困户签订了多达124个合同，总投资额达46.8亿元。

社会扶贫：营造人人向善的良好氛围

巫溪县上磺镇石峰村，贫困户罗元美家有9头粮草猪即将出栏。“粮草猪”是渝中区对口帮扶巫溪的一个项目。2017年，针对贫困产业空虚与劳动力不足的特点，渝中区特地安排了1000万元资金，帮助巫溪县建卡贫困户发展粮草猪和土鸡，作为他们脱贫增收的主要产业。“万头粮草猪养殖计划”共在巫溪县12个乡镇24个村实施，罗元美家便是其中之一：她这次准备卖的9头猪至少可以拿到2万元。

为了消除贫困户养殖的后顾之忧，渝中区还建立起了“收购—包装—配送—售后”一条龙的后续统一扶持体系。与此同时，为进一步推动巫溪旅游产品、生态蔬菜、畜禽肉品进城，渝中区更帮扶建成了巫溪县电子商务产业园和242个乡镇电商服务站，实现产品快速销售变现。

仅2017年，渝中区对口帮扶巫溪一县的物资便达到了3600万元。自结对帮扶活动以来，渝中区援助巫溪的资金已高达数亿元。

与重庆市庞大的社会扶贫网络相比，渝中区的扶贫付出只是沧海一粟。

在重庆，上至中央国家机关、下至普通民众共同参与织密了一张横向到边、纵向到底的社会扶贫网络。

东西协作：2016年至2019年，山东省累计支持重庆市贫困区县财政资金13.17亿元，实施各类援建项目959个。

中央国家机关定点帮扶：水利部、中央外办等9个单位对口帮扶重庆市14个国家级贫困区县。2015年至2019年，9个单位直接投入资金约29亿元，帮助引进资金约23.3亿元。

区县结对帮扶：2007年以来，重庆市帮扶区县累计援助受助区县资金近50亿元。

万企帮万村：截至2019年底，共有1779家民营企业结对帮扶了1614个村，投入资金21.48亿元。

（案例来源：《重庆日报》）

★脱贫启示

人心齐，泰山移。扶贫是一个系统工程，涉及金融支持、社会救助、产业发展等多个领域，涉及党组织、政府、社会、市场等多个行为体。必须坚持动员全社会参与，发挥中国制度优势。必须构建各方力量各司其职、各展其长的体制机制，变政府“独角戏”为政府、行业、社会“大合唱”，形成政府、社会、市场协同推进的大扶贫格局，方能聚集起脱贫攻坚的磅礴之力。

第三节　凝心聚力，将定点扶贫工作进行到底

中国特色的扶贫开发道路，一个鲜明特征就是政府主导和引领。实际上，除了政府发挥主体和主导作用之外，自20世纪80年代中期开始有组织有计划实施大规模扶贫开发以来，就一直有社会力量积极参与其中。中央和国家机关以及国有企事业单位，在履行好自身工作职责的情况下，带头履行社会责任，承担定点扶贫开发任务。参与定点帮扶的单位和企业充分发挥自身优势，以帮扶对象稳定脱贫为目标，实化帮扶措施，多方筹集资源，提升帮扶成效。

★脱贫故事

中核集团：为脱贫攻坚注入“核”动力

自2014年对口帮扶革命老区宁夏同心县以来，中国核工业集团有限公司（以下简称“中核集团”）在坚持育产业、帮就业等多种扶持方式的同时，更注重激发贫困地区群众的内生动力，助力同心县实现了精准脱贫，为当地经济社会发展贡献了中核力量。

以奖代补，激发贫困群众内生动力

拥有多年、多次对口帮扶经验的中核集团非常清楚，想要帮助脱贫地区群众彻底摆脱贫困，激发群众内生动力是关键。

2017年以来，中核集团累计投入帮扶资金500万元，定点帮扶河西镇旱天岭、王团镇罗台、马高庄乡白阳洼等6个村，助力建档立

卡贫困户发展畜牧养殖产业。

仅拿旱天岭村来说，该村是同心县“十一五”生态移民村，属深度贫困村、挂牌督战村。为了帮扶该村发展经济，2017年，中核集团投资30万元，建成拥有10座标准化养殖圈棚的旱天岭村肉牛养殖一期基地，并免费提供给建档立卡贫困户使用，初步实现了肉牛养殖规模化。

在帮扶之初，村民们“等靠要”观念比较严重。为了激发村民们的内生动力，让他们建立起“靠勤劳致富、用双手脱贫”的观念，中核集团以旱天岭村为试点，提出了“以奖代补”，以“养一头牛奖励2000元”的方式鼓励村民们养牛，养得好奖励多。

一头肉牛18个月可出栏，出栏后可赚上万元，再加上奖励的钱，村民们的养殖积极性被彻底调动起来。旱天岭村的肉牛养殖出栏数从最初的200头，增加到2020年初的3300多头，群众思想成功由“让我脱贫”变化为“我要脱贫”。

创新分红，带动村集体经济发展

2019年，中核集团再次在同心县投入资金400万元，加上村集体资金、县财政资金，打造旱天岭村肉牛养殖基地二期项目。形成了“中核集团+党支部与致富带头人+村集体经济+建档立卡贫困户”扶贫模式，探索创新出了“‘361’分红模式”：产业增值利润，30%用于滚动发展，60%用于全体村民分红，10%用于失能建档立卡贫困户或公益事业，实现资源变资产、资金变股金、农民变股东的“三变”，确保旱天岭村可以长期稳定脱贫。

中核集团通过产业扶贫“持续造血”，真扶贫、扶真贫，切实兑现了中核集团扶贫初心，履行了央企的扶贫责任，彰显了央企的责任担当。

跳出农业，建设产业园拓宽就业门路

“跳出农业抓扶贫”，这是同心县脱贫工作的一大思路。按照这一思路，中核集团先后投入资金4000万元，建立起了总面积为5.6万平方米、拥有12栋标准化厂房的中核扶贫产业园，实现“一人就业，全家脱贫”和家门口就业。

中核集团充分发挥自身影响力，帮助同心县招商引资，确保入园企业满足劳动密集型企业、保证员工最低工资标准、优先解决建档立卡贫困户就业这三项要求，以期让扶贫产业园充分发挥扶贫作用。截至2020年7月，已有蓝欧纺织、闽兴香业、瑞泽防护等8家企业入驻，带动就业近800人，形成稳定产业与稳定脱贫机制。

立足专业，建立专门公司促进稳定就业

为了提升扶贫效果、促进同心县建档立卡贫困户就业，中核集团还专门在当地投资设立了中核同心防护公司。为了支持该公司的发展，2018年11月，经中核集团党组研究后决定，集团给予同心防护公司3年定向采购政策支持。2019年4月，中核集团在北京召开了“同心”服装签约仪式，中核集团各成员单位签订意向订单1.91亿余元。

目前，同心防护公司稳定提供就业岗位346个，每名员工每个月可得3000—5000元的工资。中核集团此举，让贫困群众不出远门、在县域内便可实现就业，不仅解决了群众的后顾之忧，更形成了稳定就业促脱贫的机制。

除上述扶贫举措以外，中核集团还在同心县教育、党建、医疗等扶贫上发力，形成了全方位、多领域的大扶贫格局。自2014年至2020

年3月，长达6年多的定点帮扶中，中核集团累计在同心县投入高达6500万元帮扶资金，产业投资10亿元，消费帮扶农产品近2000万元，共带动2769户11245人建档立卡，2.8万群众因此而受益。在中核集团的帮扶下，2020年3月，宁夏同心县正式退出贫困县序列。

（案例来源：求是网）

★脱贫启示

定点扶贫不仅是我国特色扶贫开发事业的重要组成部分，也是我国政治优势和制度优势的重要体现。新形势、新任务、新要求之下，定点扶贫该如何创新？中核集团提供了优秀示范：立足产业发展，将扶贫地区自身优势与定点扶贫单位优势结合在一起，激发群众内生动力，协同当地政府统筹规划与实施，形成可复制、易推广的科学扶贫典型经验与做法。

第四节　做好扶贫协作，优化对口支援

党的十八大以来，以习近平同志为核心的党中央实施精准扶贫、精准脱贫，加大扶贫投入，创新扶贫方式，扶贫开发工作呈现新局面，脱贫攻坚战取得决定性进展。与此同时，西部贫困地区已经成为全面建成小康社会的突出短板。在此背景下，东西部扶贫协作成为加速西部欠发达地区脱贫进程、缩小与东部发展差距的重要战略。进一步做好东西部扶贫协作和对口支援工作，必须采取系统的政策和措施，坚持“真扶贫”与“扶真贫”相结合，坚持“输血”与“造血”相结合，坚持“治标”与“治本”相结合，精准掌握致贫原因，实打实制定帮扶措施，增强贫困地区自我发展能力，与全国人民一道携手奔小康。

★脱贫故事

北京市：对口援助新疆，情暖和田大地

新疆生产建设兵团农十四师位于新疆南部的和田地区，那里是昆仑山北麓和塔克拉玛干大沙漠交界的地方，一年四季多沙，自然条件极其恶劣，生态环境十分脆弱，是全国少有的集中连片贫困地区。

北京市对口援助新疆以来，农十四师所在的昆玉市呈现出了很多喜人景象，不管是生活条件还是居住环境，都发生了翻天覆地的变化。

民生援疆为根本

对口援疆工作开展以来，北京市紧紧围绕新疆工作总目标，把关系兵团职工群众切身利益的、最迫切最需要的民生项目放在了首位，书写了一份沉甸甸的“民生答卷”。

仅在“十二五”期间，北京市累计完成援疆项目便包括66个(包含2010年试点项目)，累计投入援疆资金5.9亿元，超过八成的援疆资金直接投入民生领域。在农十四师皮山农场棚户区改造项目和富民安居工程项目中，真正实现了“居、住、水、电、气、污”与改厨、改院、改圈、改厕整体推进，切实改善了过往土坯房的贫困落后面貌。

两大项目完工后，当地3074户1.28万人的居住环境得到根本性改善，其中234户连队职工还住进了“小别墅”：从土砖房搬到新建楼房中后，当地各族群众把北京市援建的居民楼亲切地称为“北京楼”。

在建设连队安居房的同时，北京市还配套建设了庭院经济、地毯编织等多个富民项目，不断拓宽群众致富渠道。

人才援疆为引领

由于地理环境不佳，昆玉市的医疗条件也跟不上，当地连个正规的医院都没有。往日，当地居民生病以后，往往需要到和田地区的医院就诊，来来回回需要几个小时，特别不方便。为了解决当地居民“看病难”问题,2018年时，昆玉市人民医院挂牌运营，正式结束了十四师没有医院的历史。

在昆玉市人民医院挂牌后，为了提升医生的医疗技术，北京市大兴区医院与其建立了一对一帮扶关系。昆玉市人民医院选派了9

名医务骨干到大兴区医院进行顶岗培训，而大兴区医院则组建流动医院，组织本院优秀医生到昆玉市巡诊，免费赠送药品、免除辅助检查费用等。这些援疆医生以精湛医术服务患者，并主持开展了多项医疗新技术，填补了该师市医疗空白。

同时，北京市还投资2500万元，为昆玉市人民医院采购了CT、Dr、B超等各类现代化的医疗检验、检测设备，全面增强该院的诊疗能力。

在2019年高考中，二二四团完全中学本科上线人数99人，本科上线率69%，创建校以来的新高——获得如此好的成绩与北京市长期援助分不开。北京市投入3745万元，与兵团配套资金，建成二二四团完全中学，该校于2014年9月正式招生。北京援疆的教师们积极投身教育管理和教学一线活动，结合当地实际，探索教学、科研与管理改革，为该校发展提出合理化建议。

与此同时，北京市发挥自身优势，积极帮助昆玉市培训专业人才。2016年以来，十四师团、连两级干部赴北京市轮训、培训38人次；利用援疆资金培训干部人才1045人次。援疆干部本着实干赢认同、真情动人心、团结成合力的工作原则，充分发挥"传帮带"作用，真正为昆玉市留下了一支带不走、留得住的人才队伍。

产业援疆为主线

"筑巢"方可"引凤"。"十三五"期间北京市援疆和田指挥部投入2亿元建设皮墨北京工业园区。重点发展纺织服装、农产品深加工、生物制药、电子产品组装、新型建材、综合物流等产业，放大人口聚焦效应，让当地群众走出家门即能增收致富。

园区建成后，北京市先后组织20余批100余人次，赶赴北京、浙江、广东、福建等地，开展项目推介与“上门招商”活动，吸引了300余家疆外企业到十四师所地在昆玉市展开实地考察，洽谈合作事项。

截至2019年底，共有北京时尚控股、北京秋实农业等多达62家企业落户和田，项目总投资超过102亿元。这些企业到新疆落地，不仅带动了当地产业结构的优化升级，而且直接或间接带动了11.8万人就业。

北京市多举措推进十四师昆玉市的精准扶贫工作。北京市商务委、经信委、投促局等经济部门与农十四师建立起了全面联系，签订了战略合作框架协议；采取专柜促销、定点销售等多种途径，宣介新疆优势特色农产品，积极扶持十四师红枣、枸杞等特色产业发展；通过与电商领头企业京东、阿里巴巴等对接，搭建起了十四师农特产品电商平台。

（案例来源:《兵团日报》）

★脱贫启示

党中央统一指挥、统一协调、统一调度，开展东西部扶贫协作、对口支援，使中国区域发展差距扩大的趋势得到逐步扭转，西部贫困地区、革命老区扶贫开发取得重大进展。在西部地区城乡居民收入大幅提高、基础设施显著改善、综合实力明显增强的同时，国家区域发展总体战略得到有效实施，区域发展协调性增强，开创了优势互补、长期合作、聚焦扶贫、实现共赢的良好局面，充分彰显了中国的政治优势和制度优势。

第五节 由“输血”变“造血”，让有限变无限

中国西部地区产业支撑带动能力不强，自身造血功能比较弱，靠单一的、短期的、救济式的送钱送物难以从根本上解决贫困问题。西部地区资源富集、投资需求旺盛、消费增长潜力巨大、市场广阔，这对东部地区发展来说是重要机遇。习近平总书记强调指出，东西部扶贫协作和对口支援要注意由“输血式”向“造血式”转变，实现互利双赢、共同发展。帮助贫困地区实现精准脱贫、防止返贫，助力全面打赢脱贫攻坚战。

★脱贫故事

生态环境部：立足生态扶贫，变“输血”为“造血”

绿水青山就是金山银山。近年来，生态环境部牢固树立“保护生态环境就是推动扶贫减贫”的理念，在河北省承德市围场县和隆化县选取了7个贫困村，精心策划、大力实施了一批生态环保扶贫措施，因地制宜，打造了各具特色的生态扶贫样板，坚持主抓“污染防治”与“精准脱贫”两大攻坚目标，打出了一套漂亮的“组合拳”。

治理农村污染，守护乡村美丽容颜

往日，隆化县韩麻营镇海岱沟村的做饭时间一到，村里便处处“袅袅炊烟”。走进村民们的厨房便会发现，不仅烟囱的烟是黑的，里面的墙壁也是黑的。

作为生态环境部的定点帮扶村庄，海岱沟村在2018年开展了清洁取暖示范项目试点工作，不仅村内100户农户家中都免费装上了清洁锅炉，而且，作为燃料的清洁型煤也是免费送给村民们的，彻底解决了村民的后顾之忧。有了新燃炉，不仅燃烧效果更好，而且一到饭点便黑烟乱飘的情况再也看不到了。

2019年，海岱沟村入选“生态环保示范村”，同时，生态环境部持续在此地开展与探索清洁型煤的推广工作。

国家统计数据显示，超过70%的国定贫困县、超过70%的贫困人口都是“因地致贫”，这些贫困地区的生态环境极其脆弱，想帮助当地群众摆脱贫困束缚，就首先要改变造成这些地区的恶劣环境。

除了治空气污染，生态环境部还在围场县黄土坎乡海字村开展了“污水治理”试验：立足于当地秋冬季山沟干涸冰冻的气候特点，生态环境部帮助当地群众深挖深埋户用化粪池处理设施，并在冬日严寒天气让污水自然冰冻，待来年春天化冻后，将污水引入村口调蓄塘，经过处理后用于浇灌农田。春夏季农业灌溉水量需求大，而处理后的污水正好可以实现全量资源化。

一些贫困村因为散养畜禽养殖而导致环境污染也得到了治理：当地常见养殖户把牛羊粪倒入河沟或堆放在河道旁边，极易造成水体污染。畜禽粪便治理试点应运而生：海字村对所有养殖户栏舍进行了分批改造，实现动物粪便“入池存储与处理”，真正实现了河道与环境的清洁。

探索垃圾分类，破解垃圾围村难题

隆化县郭家屯镇的小庙子村，距隆化县城126公里，是离县城最远的贫困村。一般情况下，应该按“村收集、镇转运、县处理”的模式为运输半径超过常规50公里运距的村庄收集、处理垃圾，实际上却难以落地实施。

那时，村里的空地随处可见垃圾，但因为集中存放难、转运成本高、无害化处置难等问题，垃圾乱堆乱放始终无法破题。生态环境部选择小庙子村作为示范村后，推行了“垃圾分类源头减量+垃圾贮存中端处置+垃圾堆肥末端资源化利用”模式，改善了这一情况。

如今的小庙子村，家家户户都分配了四分式小垃圾桶，严格按照可回收、有害、厨余与其他四类垃圾，对家中垃圾进行分类。

为了方便村民们记忆，生态环境部还编了顺口溜：猪喜欢吃就是“厨余垃圾”，猪不爱吃就是“其他垃圾”，猪吃了会死是“有害垃圾”，能卖钱买猪的是“可回收垃圾”。分类垃圾各有去处，村民们由衷开心：自己终于过上了更体面、更文明的生活。

除了家庭垃圾鼓励分类以外，生态环境部还指导村民们对农村中常见的生产垃圾进行了处理。农业种植中，地膜因为能帮助增温而成为常用的生产资料，但使用完后，由于难以处理，田里的残膜便成了“白色污染”，直接影响农田生态环境。

针对这一问题，围场县在生态环境部的建议下，建立起了区域薄膜回收站，如今，海字村和盖子沟村正在通过采取设置存放点、聘用保洁员等措施，积极探索废旧农膜回收利用机制。

盘活生态资产，谋划绿色发展

生态环保扶贫过程中有两项重要任务：建设农村生态文明，立足乡村振兴实现绿水青山与金山银山的良性循环。生态环境部在定点扶贫的过程中，基于提升乡村内生发展能力，实现定点村庄的可持续脱贫。

围场县姜家店乡庙子沟村素有“小内蒙古草原”之称，因为处于林场与自然保护区中间，村内风光秀美，有原始森林与高原草原等丰富的旅游资源。但过去，这样好的风光却因为垃圾遍地而得不到有效开发利用。

生态环境部在考察过当地环境后认为，庙子沟村具有发展生态旅游的潜力，于是便一边整治农村人居环境，一边针对该村的旅游资源进行宣传推广。如今，庙子沟不管是乡土人情还是自然环境，在河北省都已小有名气。

海字村则决定发展样板民宿，群众将闲置不用的房子重新修葺，为满足民宿与旅客需求还新修了卫浴设施。随着发展民宿的软硬件环境不断提升，海字村村民们吃上了“旅游饭”，持续发展的前景也日渐明朗。

除了立足旅游资源发展旅游业以外，生态环境部还立足生物多样性保护与减贫模式，带领八顷村、团瓢村两村发展起了人工种植业。为了帮助村民们提升种植技术与种植质量，生态环境部不仅聘请了有机产品认证专家，同时更对村内基础配套设施进行了完善，并制定了严格的管理制度，帮助村民们采购无公害药品。如今，八顷村的金莲花、团瓢村的草莓与山楂都已经打出了名气。

绿水青山永远是优质生态产品的耕地与产床，在河北省承德市围场县和隆化县两地，贫困人口借力生态环境部，依靠自身努力发掘、生产更多能够持续增收的优质生态产品，在脱贫致富的同时，更好地回馈生态环境。

（案例来源：《中国环境报》）

★脱贫启示

在帮扶贫困地区脱贫的过程中，不仅要“输血”解一时的燃眉之急，更要“造血”激发贫困地区内生动力，致力于长远发展。要把贫困户“扶”起来，还要帮他们站“稳”步，走上可持续发展的致富路。实现从“有限输血”到“无限造血”的转变，根本路径是让产业扶贫、金融扶贫、智力扶贫、生态扶贫等融为一个有机整体，协力推进脱贫攻坚。

第六节　设立脱贫攻坚奖项，推广先进典型

习近平总书记指出，设立全国脱贫奖项，表彰对扶贫开发作出杰出贡献的组织和个人，树立脱贫攻坚先进典型，对动员全党全社会共同努力、打赢脱贫攻坚战具有重要意义。我们要讲好扶贫脱贫故事，展现脱贫攻坚伟大成就，引领社会风尚，弘扬社会主义核心价值观，鼓励全社会参与脱贫攻坚，激励贫困地区广大干部群众行动起来，万众一心，只争朝夕，不负韶华，咬定目标不动摇，一鼓作气、乘势而上，坚决打赢脱贫攻坚战。

★脱贫故事

2019年全国脱贫攻坚奖中的重庆剪影

2019年10月召开的全国脱贫攻坚奖表彰大会暨先进事迹报告会中，重庆市有3名先进个人与1个先进集体获得全国脱贫攻坚奖殊荣。

王贞六：致富带头人，脱贫不忘穷乡亲

王贞六，重庆市黔江区黑溪镇人，2019年全国脱贫攻坚奖“奋进奖”获得者。

凭借养蜂技术，王贞六顺利脱贫，年收入高达20余万。可就在5年前，他们一家还是贫困户。

王贞六的儿子因为曾患过脑膜炎，留下了严重的后遗症，完全

丧失劳动能力，他的妻子常年体弱多病。2014年4月时，在驻村扶贫工作队的帮助下，已经64岁的王贞六免费参加了黔江区扶贫办组织的中蜂养殖培训。

凭借着刻苦好学与踏实肯干，王贞六慢慢吃透了养蜂技术，成为当地养蜂能手，收入也节节攀高——古稀之年人生逆袭的他却并不满足于自己的小事业。

在他看来：“大家富才算富，自己富不算富。”自己靠养蜂致富后，王贞六成立了合作社，手把手培养起了4名养蜂技术人员，并将村中20名愿意养蜂的群众发展为社员。

在他的带领与技术指导下，加入合作社当年，便有12户贫困户平均增收4000元以上。如今，村里的养蜂户都已经像王贞六一样，摘掉了贫困帽子。

傅飞丁：扶贫老兵，一腔情怀助扶贫

傅飞丁，重庆市万州区扶贫开发办公室综合科科长，从事扶贫开发工作21年，获颁2019年全国脱贫攻坚奖“贡献奖”。

到现在，傅飞丁还记得自己1999年2月的样子：当时，仅有26岁的他接到了自己的第一个扶贫“大活”，对全区建卡贫困户逐户核算收入。

当时，万州区基本没有通村公路，只有通乡公路，不管去哪村哪户，都得全靠脚板子走。但年轻的傅飞丁没有一句抱怨，挨家挨户、仔细走访核查，全面摸清了区内的贫困户家底。

2001年进入扶贫开发的新阶段，重庆市政府规定，各区县都要因地制宜制定扶贫开发规划。由于当时资料不足，也没有计算机与互联网，傅飞丁便一个人深入每个村中，绘制地形地貌图、勾勒产业分布图，用纯手工的方式制作出了万州龙宝移民开发区的第一本扶贫开发规划。

脱贫攻坚战打响后，傅飞丁到弹子镇人和村担任第一书记。该村虽然已脱贫摘帽，但村内两委建设存在严重问题，团结性、引导能力皆不足，是当时全镇有名的“后进支部”。

傅飞丁到任后，一面与老党员们展开交流，一面带头认真抓党建，更兼顾经济建设和乡村治理。在傅飞丁的带领下，人和村党支部当年便摆脱了“后进”称号，被镇党委评为党建一等奖。

傅飞丁在担任第一书记期间发现，虽然人和村已经将玫瑰香橙作为主导产业发展，但由于建设标准不高、村民参与积极性不够，村集体经济其实并未得到充分发展。

为了提升香橙品质，傅飞丁主动请果树专家到村里指导，同时将自己争取到的45万元扶贫资金作为村集体资产，投资建设起了柑橘标准化果园。

如今，人和村已建成150亩党建示范园，投产后，每年都可为村集体创收5万余元。

面对过往的成绩，傅飞丁许下承诺：作为一名扶贫领域的老兵，他将继续投身脱贫攻坚战，助力群众奔小康。

卢尧：教育创新者，立志斩穷根

卢尧，巫山县委教育工委书记、县教委主任，2019年全国脱贫攻坚奖“创新奖”获得者。

作为教育扶贫的“创新执行者”，重庆市巫山县委教育工委书记、县教委主任卢尧认为，精准扶贫的关键是要真正做到“精准”二字。

在扶贫期间，他带领教育工委、教委领导班子上山下乡、进村入校，跑遍了全县26个乡镇（街道）339个村（居）286个校点，精确掌握了巫山县教育家底，以及群众的教育需求与呼声，为贯彻落实“精准方略”奠定好了地基。

作为多年教育从业者，卢尧非常清楚，只有加大教育力度，才能彻底斩断穷根。

于是，卢尧提出了立足精准扶贫的“闭环”式资助法，即在资助过程中做到“四精准”：精准宣传资助政策、精准识别资助对象、精准兑现资助资金、精准核查比对。通过“四精准”，巫山县实现了全县无一学生因贫失学。配合“一生一案、一人一策”的教育扶贫方式，巫山辖区内九年义务教育巩固率达到了99.49%以上。

卢尧注意到，在巫山县域内，有不少适龄特殊少儿因贫困或其他家庭原因，并未享受到义务教育；有些家庭则因为特殊儿童的教育问题，原本不贫困的家庭陷入贫困之中。

为了实现“不落下一人”的扶贫目标，在卢尧的倡导下，巫山县采取了随班就读、集中就读、送教上门相结合的方式，实现了这部分特殊儿童的教育全覆盖。

同时，还根据入学需求，对校点布局进行了科学调整，把那些人口稀少、交通不便的地方村校教学点优化为104个，实现了全县适龄儿童无一人因居住偏远而影响上学的目标。

如今，卢尧依然在继续探索“扶贫+扶智”的新路子：“教育有着基础性、先导性、持续性的作用，未来，我们将不忘初心、牢记使命，继续抓好教育扶贫！”

石柱土家族自治县：全员出动，创新扶贫攻坚系统

石柱土家族自治县，2019年全国脱贫攻坚奖“组织创新奖”获得者。

在机制体制上不断创新，是石柱土家族自治县脱贫攻坚的一大特点、亮点，更是石柱县脱贫攻坚取得阶段性成效的“法宝”。

县立足于中药材产业发展，确定了“土地入股保底分红+项目投产效益分红”模式，同时围绕“三变改革”，持续推进村集体股份合作、股份农民、代建代管、订单生产等产业带动模式，形成了集体与群众的长效利益联接机制。

贫困户陈朋便因此而受益：他家的5亩地租金三年便有1万元收入。由于入股村集体经济，村里种植的黄精上市后，他还可以分到20%的收益分成（约3万元）。

为了让机制创新落实到实处，石柱县派出35名市管领导干部、989名驻乡驻村工作队员和4880名结对帮扶干部，全面投身脱贫攻坚，实现了所有村庄与乡镇全面覆盖长期驻扎的工作队。

石柱县还依托“新时代文明实践中心”等平台载体，创新开展精神扶贫“六大行动”，推出了“扶贫车间”“扶贫农庄”“扶贫超市”“扶贫基地”等新型就业扶贫模式，更有乡风文明积分管理制度，发挥群众主体作用，激发贫困群众脱贫致富内生动力。

石柱县贫困发生率由2014年的12.7%降至2019年的0.87%，自2017年7月以来累计有85个贫困村、16426户60201人脱贫。2019年10月17日，石柱县获评2019年全国脱贫攻坚组织创新奖。

（案例来源：新华网）

★脱贫启示

脱贫攻坚战决胜阶段，要防止松懈与滑坡。我们需要凝聚广大干部群众，引导与鼓励社会力量以多种形式参与扶贫事业、激发贫困地区干部群众脱贫致富的信心与活力。设立全国脱贫攻坚奖以及其他各类与扶贫相关的奖项，广泛宣传为脱贫攻坚作出突出贡献的典型事例，立起了树立榜样、奖励先进、推进工作的鲜明导向，同时也让公众意识到，扶贫事业人人愿为、人人可为、人人能为，形成了积极参与的良好社会氛围。

第六章

依靠人民群众，激发可持续内生动力

从20世纪80年代大规模专项扶贫开始，中国政府坚持开发式扶贫战略，支持贫困地区和贫困农户通过自己的努力，发展产业，增加收入，实现脱贫；通过提供农业技术培训和职业教育，提升贫困农户的生产能力。党的十八大以后开始了精准扶贫，将“志”“智”双扶作为扶贫的重要内容。在农户层面，通过实地走访，具体分析农户的脱贫困难，采取有针对性的措施，提升农户脱贫的信心和积极性；通过培训，提供生产技能和生产条件的支持，增强农户的脱贫能力；通过完善教育政策，保障贫困家庭子女的受教育权利，防止出现贫困的代际传递。在村庄层面，通过基层党建、发展乡村文化，振奋贫困村的精神，提升贫困村的发展能力。

依靠人民群众，激发内生动力、提升发展能力，尊重贫困农户和贫困地区的创新精神，是实现脱贫攻坚目标的重要保障，也是中国扶贫经验的重要组成部分。

一、扶贫必扶志，治贫先治愚

贫困群众缺乏脱贫的主动性和缺少发展能力是扶贫中经常遇到的问题，比如发展脱贫产业时可能遇到贫困农户不相信、不参与；一些贫困群众在发展生产中瞻前顾后，坐等救济。要将救济式扶贫转变为开发式扶贫，必须提高贫困群众的发展积极性，提高他们的发展能力。

贫困群众之所以缺乏脱贫的积极性，首先是因为长期的贫困已经使他们失去了脱贫的信心，特别是深度贫困地区的群众经过多年努力仍未能脱贫，发展生产的积极性受到严重挫伤；其次，贫困农户因为缺乏经济资本和社会资本，承受风险能力低，在发展产业中往往对新生事物心存疑虑，不敢去尝试新事物，坐失发展机会；此外，不适当的帮扶政策也会导致贫困群众失去发展的积极性，比如过高的帮扶标准可能导致贫困户产生“等靠要”的思想，而超出贫困群众能力的产业发展也会使贫困群众无法参与。

贫困群体缺少信息和技术也是致贫的重要原因。贫困地区，特别是深度贫困地区，往往位于边远山区，贫困人群受教育水平低，缺乏发展产业和就业所需要的知识和技术，特别是相对封闭的环境使他们与市场隔绝，信息的匮乏制约了他们的发展。

脱贫必须同时扶“志”、扶“智”，要让贫困农户有信心、有能力依靠自身的努力实现脱贫的目标。为此，国务院扶贫办、中央组织部等部门于2018年联合出台《关于开展扶贫扶志行动的意见》，强调要采取措施，激发贫困群众的内生动力。通过树立榜样大力弘扬自力更生精神，通过深入分析致贫原因，为贫困农户制定切实可行的脱贫方案提升贫困群众信心；发挥贫困村基层组织和能人的带动效应，坚定贫困户脱贫的决心；通过乡村文化建设，引导贫困村形成良好的乡风；积极引导贫困农户发展产业，增加就业，扩大以工代赈，减少直接发钱发物。

二、授之以渔，让贫困人口自己养活自己

中国的农村扶贫一直坚持开发式扶贫，创造条件使贫困群众通过发展生产，增加收入，实现脱贫的目标，通过培训提升贫困人口的能力；通过组织建设，为贫困群众寻找脱贫之道；通过改善生产条件，促进贫困地区的生产发展。

为贫困农户提供农业技术和生产技能培训是促进农民增收的

重要手段。发展农业产业和促进非农就业是贫困农民增加收入的两个重要手段，但是对于大多数农村贫困人口来说，缺乏技术限制了他们发展新产业的能力，也阻碍了他们的就业。为了提高贫困农户脱贫致富能力，在扶贫项目中配备相应的培训资金，对贫困农户提供实用技术和生产技能培训。培训促进了贫困农户发展产业和实现就业。

为了保障培训效果，各地发展出许多创新的培训方式，如田间地头的培训，对于文化水平比较低的农民，田间地头手把手的实用技术培训可以使他们更快地掌握实用技术；订单培训，为了保障培训促进就业，地方政府与用工单位签订用工协议，按照用工单位的要求提供有针对性的培训；小额信贷的实用技术培训，在提供资金支持贫困农户发展生产的同时也提供实用技术培训，从而保障贫困农户产业发展成功。

培训构成中国减贫的重要经验，对于提升农户增加收入能力发挥了重要作用，而且随着农村产业发展，培训的内容不断更新，比如随着网络经济发展，电商培训促进了贫困地区产销有效联结。

三、不大包大揽，防止等靠要

在中国的减贫实践中，特别是在精准扶贫时期，大量扶贫资源被注入贫困地区和贫困农户，各级党委、政府向贫困村派驻了第一书记、驻村帮扶工作队，党员干部与贫困户建立了帮扶关系。贫困地区的各级党委、政府和帮扶干部承担了精准脱贫的首要责任，在这种背景下，少数贫困地区出现了“干部干，群众看”的现象。由于扶贫时间紧、任务重，少数扶贫干部缺少扶贫工作经验，容易在工作中大包大揽，而干部的大包大揽也容易造成群众缺少参与，形成等靠要的思想，解决这个问题需要干部转变工作作风，发动群众，依靠群众。

首先，实事求是地解决农村贫困问题，防止出现超标准的垒大户和盆景式扶贫。精准扶贫的标准是解决“两不愁三保障”问题，如果拔高这一标准，超出了贫困农户的能力，就会诱发等靠要思想；同时过多资源集中在少数贫困村或贫困户，造出脱离群众的盆景，也会削弱贫困群众发展生产的积极性。

其次，扶贫干部深入实际，尊重群众的意见。在精准扶贫中，所有扶贫干部都要深入贫困村，访问贫困农户，特别是驻村帮扶需要住在村里，详细了解贫困户情况，制定具体的帮扶方案。深入群众，了解实际情况，根据贫困群体的需求和能力，采取有针对性扶贫措施，力戒官僚主义和形式主义。

最后，加强基层党组织建设，提升贫困村的发展能力。村级组织，特别是基层党组织，是带领群众发展生产脱贫致富的首要力量，通过基层党建，发挥基层党组织的领导作用，发展集体经济，提升村级组织的组织和服务能力，发挥党员干部的带头作用，贫困村村支“两委”带领群众发展经济的能力得到提升。

四、支持贫困群众探索创新扶贫方法

贫困农户之所以贫困并非因为他们素质低，而是因为他们面临着无法克服的困难，一旦他们获得必要的支持，就会焕发出他们的聪明才智，产生许多创新之举。尊重贫困农户发展的主体性就要尊重农户的创新精神，支持贫困地区的群众探索创新的扶贫方法。

在扶贫实践中，贫困地区的群众创造了许多新的扶贫方法和机制，这些方法和机制已经成为中国减贫的重要经验。

资产扶贫是贫困地区农民创造的一种重要扶贫模式。缺乏资产是贫困农户致贫的重要原因，但是要使贫困农户通过自我积累形成资产却非常困难，在中国的扶贫实践中，创造性地促进了贫困农户资产形成。贫困农户资产来源主要有两部分，一部分是盘活农户原有的资产，如通过土地入股现代农业产业，使贫困农户享有稳定的土地收益；另外一部分则来自于政府和社会各界的扶贫投入，稳定的资产收益有助于贫困农户稳定脱贫。

爱心超市也是贫困群众的一项创新探索。爱心超市打破了扶贫中的大锅饭现象，激发了贫困农户发展生产、热爱学习和互相帮助的积极性。

在贫困农户的识别、新的扶贫方式和扶贫的效果评价等多个方面，贫困群众都创造了新的经验，借鉴和支持贫困农户探索新的经验，促使贫困农户成为扶贫的主体。

五、丰富文化活动，提升综合素质

贫困地区的文化建设对于提高农民内生动力具有不可替代的作用。扶贫不仅仅要增加贫困农户的收入，更重要的是形成良好的社会风气，激发积极向上的精神，在精准扶贫、精准脱贫中，开展丰富多彩的文化活动。

文化活动改善了贫困农村的精神生活。贫困村不仅表现在经济收入低，而且精神生活也严重匮乏，要改变贫困村的面貌，丰富其精神生活便显得十分重要。在扶贫过程中，一些贫困村通过开办夜校、演出文艺节目、开展体育活动、改善图书室建设等多项举措，为乡村提供更好的文化活动，激发乡村的活力，改变贫困村沉闷的生活状态。

丰富的文化活动也改变了贫困村的风气，树立了新的风尚。贫困村通过建立乡规民约，举办尊老敬老活动，弘扬中国传统文化中的积极因素，养成良好的社会风气。一些地方通过开展“文明村镇”“文明家庭”“星级文明户”等创建活动，推选“好婆婆”“好媳妇”“好夫妻”“好儿女”，推广设立扶贫孝善基金等活动，促进了乡村文明建设。

通过开展文化活动，发挥了农民自我组织、自我管理的职能。许多贫困乡村建立村民议事会、道德评议会、红白理事会、禁毒禁赌会等自治组织，通过村民的集体行动，解决贫困村发展问题，倡导科学文明生活方式。

六、推进教育精准扶贫，阻断贫困代际传递

教育对于贫困农户彻底摆脱贫困具有重要意义。进入新世纪以来，贫困地区的农村教育得到了长足发展，但是与非贫困地区的教育水平仍然有着巨大差距。农村学校的撤并增加了贫困农户负担，学前教育、职业教育仍然发展滞后；尽管普及九年义务教育取得了成效，但是贫困家庭的子女受到家庭影响，进入高中和大学的数量明显减少。相对于发达地区，贫困地区仍显落后的基础设施，以及贫困农户较低的受教育水平和教育费用对贫困农户的经济压力，都表明贫困地区的教育仍然是短板，要阻断贫困的代际传递，就必须大力发展农村教育。

针对贫困地区的教育问题，教育扶贫被置于重要位置，教育部等6部委联合制定了《教育脱贫攻坚“十三五”规划》等一系列文件，全方位地发挥教育扶贫的作用。

在贫困地区，要提升其教育水平，改善贫困地区的办学条件，发展学前教育和职业教育，同时采取措施，提高贫困地区教师的队伍建设水平，缩小贫困地区与非贫困地区教育水平的差距。

在农户层面，通过控辍保学，为农村贫困群体，特别是建档立卡贫困户提供支持，保证贫困家庭子女受教育的权利。在贫困地区普及高中教育，为建档立卡贫困户提供更多接受高等教育的机会。保证各个教育阶段的全程全部资助，不让贫困家庭的孩子因为贫困失去受教育的机会。

在精准扶贫过程中，一些具有特色的教育扶贫措施的实施也产生了积极效果，比如通过发展远程教育提升贫困地区农村教育水平，采取特殊措施帮助农村留守儿童。

教育扶贫防止了农户因为教育而陷入贫困，同时促进了教育公平，阻断了贫困的代际传递。

采取多种举措激发贫困群众内生动力，通过“志”“智”双扶，充分发挥了贫困群众自我教育、自我组织和自我发展的能力，在增加收入的同时，也实现了贫困群众能力的提升，促进了贫困村的乡村文明建设。

（王晓毅　中国社会科学院社会学研究所研究员）

第一节　扶贫必扶志，治贫先治愚

人穷志不可短，扶贫先要扶志，激发贫困群众战胜贫困的内在动力。凡事内因为主，外因为辅，“扶”字，从字面理解，体现出的是帮助之意，要站直了不倒下，扶与被扶者都要努力。要实现全面建成小康社会过程中不落下一户、不落下一人的目标，仅靠外力帮助是不够的，关键还是要靠贫困群众自己努力，只有思想上先脱了贫，物质上才能彻底脱贫。

★脱贫故事

山西晋中：贫困户冯刚换一种方式“出名”

山西省晋中市祁县峪口乡牛居村的贫困户冯刚在当地算个“名人”：人人都知道他会电焊、会养蜂，还会装修，但就是不好好干，常年顶着个“贫困户”的帽子混日子。

重拾信心，迈出脱贫坚实的第一步

明明能勤劳致富，“能人”冯刚为什么不这么做？原来，冯刚的妻儿智力都不正常，这一无可改变的事实让他丧失了对生活的信心，每天都抱着“过一天算一天”的想法，地也不好好种，蜂也懒得养。

在他看来，人穷志便短，钱挣得够吃够喝就行，多了也没用。家里也一样，收拾好也没用，反正村里谁也不来自己家串门。因为抱着这种思想，他家里乱到不可开交，以至于帮扶干部到他家去走访时，找个下脚的地方都难。

为了让冯刚重燃对生活的希望，负责结对帮扶的祁县军休所工作队多次到他家中动员，一方面宣讲党和政府对贫困户的各项优惠政策，另一方面向他讲述各地脱贫致富的先进事迹与感人故事。

在帮扶干部的无私帮助与亲切关怀下，冯刚的思想开始松动。一天，他主动对工作队说："国家对我们这种贫困户投入这么大的力度，你们这些天的付出我也看见了，再这样破罐子破摔下去，自己都没脸了。我有技术，虽然老婆孩子脑子笨，但他们身体健康，能帮我干活。我知道，只要肯干，总有一天能脱贫。现在，我向你们承诺，一定靠自己脱贫致富，给村里的贫困户带个好头！"

再去冯刚家里，他已经把家里尘封多年的干活工具收拾得干干净净了，扶贫工作队立即着手，帮助他介绍了电焊与装修类工作，而冯刚也因为自己的手艺好、完成得又快又好，赢得了用人单位的肯定。愿意请他干活的人越来越多，他的收入也不断增加。

与此同时，为了让妻儿也能帮助家里脱贫，他让亲戚带着妻儿加入了绿化队，做打扫类工作，每人每月都能收入2000多元。

多渠道增收，夯实脱贫基础

祁县军休所所长、帮扶工作队队长蒋杰为了提升冯刚的脱贫动力，还专门发挥自己的特长，为他设计了蜂蜜包装与鸡蛋包装箱并承诺免费为他提供，同时，蒋队长还对冯刚说："你放心发展养殖，别担心销路，我帮你宣传！只要质量好，卖不出去的，我帮你找销路！"

一席话让冯刚心动了起来，他将家中的蜂箱重新找出来，开始了蜜蜂养殖。在精心管理下，当年便产出了300多斤蜂蜜，收入

5000元。2020年初，他又增加了8箱蜜蜂，预计到年底可产出600余斤蜂蜜，仅蜂蜜一项就可增收10000多元。

不到两年的时间，冯刚家的收入就达到了七八万元。手头有了钱，他把房子装修一新，彻底改头换面：如今，他是村子里第一个装了地暖、太阳能的贫困户。而且，为了方便生活，他还装了互联网。

扶贫工作队发现了冯刚好学、愿意动手试的特点，向他介绍了一种很多城市人愿意在家中种的矮培果树。听到这种树上结的果子因为味道甜美而颇受人喜爱，冯刚便萌生了“试种看看”的想法。他从网上购买矮培果树的相关书籍，并通过书中的技术成功试种。后来，他还在院子里建了大棚，并准备再利用矮培果树为自己实现额外增收。

友情助邻，带动乡亲一起脱贫致富

发生在冯刚家的巨大变化，让本村与其他村的贫困户也萌发起了动手脱贫的想法。有些贫困户到冯刚家参观，有些则向他请教脱贫致富的方法。

对乡亲们的这些请求，冯刚有求必应，他一方面当起了义务的政策宣讲员，一方面担任免费教学的技术员，用自己家的变化现身说法，帮助大家树立脱贫致富的信心，同时更毫无保留地向那些好学者教授蜜蜂、笨鸡养殖的方法与电焊技术。

仅2019年一年，冯刚便配合军休所帮扶工作队，成功带动了全村10户贫困户养殖笨鸡，每户仅该项养殖活动便可实现每年3000余元的增收。

脱贫摘帽成功的冯刚还有新打算：“我得赶紧学个驾照，过一年再买辆车，车能拉人去做绿化，也能来往运送蜜蜂箱。”已经尝到甜头的他干劲越来越大。

如今，冯刚依然是当地名人，不过，这一次出名的方法可跟之前不一样了：中央电视台报道了他脱贫致富的事迹——冯刚立志脱贫、勤劳致富的事迹，在当地早已传为佳话。

（案例来源：中共祁县县委宣传部网站）

★脱贫启示

“问渠那得清如许？为有源头活水来。”思想脱贫的重要性远大于物质脱贫。对于那些有劳动能力但无脱贫志气的贫困户，唯有帮助他们建立起创造美好生活的信心，做好从“要我脱贫”向“我要脱贫”的思想引导，帮助他们克服思想惰性，才能真正提升他们的脱贫内心动力。而这也是脱贫攻坚战过程中的薄弱环节，必须精准施策、久久为功，才能如祁县军休所帮扶冯刚一样，取得实效。

第二节　授之以渔，让贫困人口自己养活自己

授之以鱼不如授之以渔，扶贫必先扶智。“输血式”扶贫只能解决贫困人口的基本生活问题，谈不上发展产业。授人以鱼，只可满足三餐之需，解一时之饥；授人以渔，方可终身受用，解长久之饥。近年来，国家的扶贫行动策略已转向“造血式”扶贫，通过产业扶贫、技能培训等多种方式与渠道，帮助那些有劳动能力的贫困人口提升技能，进而掌握“渔”的使用技术与实用技术，从根本上解决贫困人口的脱贫问题。

★脱贫故事

有“渔”，方可长效精准扶贫

“授人以渔”早已成为长效、精准扶贫题目应有之义，特别是在脱贫攻坚决胜之际，产业扶贫更是成为帮助贫困人口自力更生的利器。一大批优秀的爱心企业脱颖而出，利用自身优势变“输血”为“造血”，以产业帮扶为支点，帮助贫困地区实现了长效可持续的脱贫，大大提升了困难群众的致富信心。

从“帮扶一个村”到“富裕一个地区”

在企业扶贫过程中，如何通过示范引领，实现以点带面，通过“帮扶一个村，推动一个乡，富裕一个地区”，将自身有限力量化为致富的星星之火，相信是很多爱心企业都想达成的愿景——吉利与

梅赛德斯–奔驰便作出了很好的示范。

高山云雾出好茶。贵州省黔东南州雷山县的雷公山是国家级自然保护区，因其高海拔常年云雾缭绕。这里空气清新、毫无污染，再加上雨量充沛，决定了这里能产出好茶叶，“雷山茶”便是典型代表。

可惜的是，这样好的茶却因为山高路远、没有配套生产设施，一直鲜为人知。2018年4月，吉利汽车选择了雷山县茶产业项目作为企业帮扶项目。

为了帮助当地更好发展茶业，吉利深入当地实际调研后决定，将项目落户在雷山县望丰乡三角田村。利用企业原有优势，派驻优秀管理人员帮助当地培养人才，辅助雷山县新建茶叶精深加工厂房、购买配套设备，打造“雷山茶”商标。为了让当地茶农消除后顾之忧，吉利汽车还帮助打通销售渠道，使当地茶业生产与销售形成了畅通的产业链。

最终，该项目成功惠及当地17个村1700多户贫困户，充分展现了“产业帮扶”的力量。

梅赛德斯–奔驰在深入帮扶的过程中，同样找到了引领示范的好方法。在2008年汶川地震、2013年雅安地震后，梅赛德斯–奔驰便与联合国教科文组织携手，在该片区两个生态试点村庄开展了可持续的灾后重建探索。

在2015年，联合项目组选定雅安市宝兴县硗碛乡作为试点乡，实施了以蜜蜂养殖为主要内容的“可持续生计”方案。硗碛乡地处高海拔地区，当地世世代代以单一的放牧业为生。发展蜜蜂养殖，不仅成功提升了当地居民的收入水平，同时亦减轻了放牧对环境的过度依赖与破坏。如今，该模式已在宝兴县推广开来，成功实现了从“帮扶一个村”到“富裕一个地区”的过渡。

坚持“扶产业”就是“扶根本”

扶贫是一项涉及面广、内容繁琐的系统性工程，只有坚持因地制宜，消除贫困根源，才有可能实现精准扶贫与当地经济的可持续发展。

2019年，交通银行北京分行与国家级贫困县甘肃省天祝县结对后，并未延续往日简单“输血式”扶贫，而是派出了挂职干部，到天祝县开展实地帮扶。

帮扶干部到天祝县调研后，发现当地已形成完整的蔬菜种植、金鸡养殖产业，于是便发挥自身消费、销售与资源引导优势，牵手北京新发地农副产品批发市场、北京碧水源科技股份有限公司两家行业龙头企业，在联合建设农副产品种植基地基础上，对天祝县的水利设施进行了改造，并采取多种举措，全面带动当地的农副产品销售。

在这一过程中，由交通银行北京分行牵头，天祝县政府与北京新发地农副产品批发市场以“订单农业”模式，签订了农产品购销合同：天祝县负责建设2300亩蔬菜种植基地，新发地市场则负责制定种植规划，帮扶农户种植、引入加工与储运企业，并协调销售活动。

三方联手之下，天祝县农业逐步向着品牌化、规模化发展，同时更助力北京菜篮子工程，使北京市居民吃上了天然绿色的天祝蔬菜。

在扶贫行动中，著名的恒大集团同样深谙扶持当地发展产业的重要性。早在2015年，该集团便与贵州省毕节市大方县形成了精准帮扶关系。截至2018年底，短短的三年时间里，恒大集团不仅帮助大方县建设了6万栋蔬菜大棚、36.9万亩中药材和经果林基地，同时更引入了79家上下游龙头企业，帮助贫困户解决了种什么、怎么种、种多少、卖给谁的根本性问题。通过市场化手段，恒大集团成功实现了帮助大方县贫困户持续增收、就地脱贫的扶贫目标。

（案例来源：人民网）

★脱贫启示

家有良田万顷，不如薄技在身。如果只是将扶贫经费简单直接地发放给贫困人口，只能解决其短期内的温饱问题，更有可能形成靠政策资金帮扶生存的惰性思维。一些贫困人口没想法、缺激情，坐等政府送小康。在脱贫攻坚过程中，要把思想扶贫、智力扶贫放到重要位置，让“没想法”的贫困群众脑子转起来，心里热起来，身子动起来。在政府及各方力量合力帮扶的基础上，用自己的双手创造美好生活。

第三节　不大包大揽，防止等靠要

2017年6月23日，习近平总书记在山西太原深度贫困地区脱贫攻坚座谈会上指出，“一个健康向上的民族，就应该鼓励劳动、鼓励就业、鼓励靠自己的努力养活家庭，服务社会，贡献国家。要改进工作方式方法，改变简单给钱、给物、给牛羊的做法，多采用生产奖补、劳务补助、以工代赈等机制，不大包大揽，不包办代替，教育和引导广大群众用自己的辛勤劳动实现脱贫致富”。要提高贫困群众投身脱贫攻坚的积极性、主动性和创造性，增强贫困群众自主脱贫、自我发展的能力，实现因地制宜、因户施策，推动脱贫攻坚深入开展。

★脱贫故事

过度扶贫，导致过度依赖

2014年左右，在陕北革命老区出现了一些扶贫“怪象”：随着国家扶贫力度的不断加大，各项优惠政策不断落地，老区的脱贫、发展基础逐渐好转。可是，一些基层干部与群众表示，政策好了，政府包揽也多了，但部分农民群众脱贫致富的主动性却降低了。

过度扶持，反而滋养了依赖心理

陕西省延安市为了大力发展当地经济，在域内推广棚栽苹果。延安市的苹果产量跻身陕西省前茅。

棚栽苹果的成功，与政府的大力支持分不开：政府会以低价甚至是免费的方式，将修好的大棚租给农民用。在经营初期，政府还会对购买如草帘类的辅导性生产资料进行补贴。很多地方的果树栽种，也由政府前期投入。

扶贫力度大了，“等靠要”的苗头也出现了。

胡某是延安市志丹县金丁镇胡新庄社区的一位农民，目前他经营着十多个大棚，一年有十几万元收入。

在最初投入生产时，政府为他提供了免费的大棚、肥料与菜苗，更提供了技术服务。但后来已经脱贫的胡某反而产生了依赖心理：“我棚里这些草帘该换了，希望明年政府给免费换换。”

为什么自家的棚子换帘要国家掏钱？胡某说，这都是因为政府投钱建棚还给补贴，农民就更想“只开车、不加油”了。

像胡某一样存在严重依赖心理的农民并不少，除了产业发展以外，一些人连生活都依然由政府“包圆”，总指望着政府补贴与救济过日子。

有些地方发展了种植业，但农民甚至连种的动力都没有。因为苹果树难以短时间看到效益，一些农民宁愿外出打零工挣钱。迫于上头考核的压力，扶贫干部只能亲自上阵帮忙管护、打药。久而久之，一些农户就认为，即使他们不下地，也有干部代劳。

政府恰当介入，农民干劲儿才足

魏安定是延安市子长县杨家园则镇党委副书记，这位拥有9年基层工作经验的老党员认为，政府大包大揽反而有可能降低群众的积极性。

在他看来，地方种植、养殖有两种模式，一种是小农小户，基本靠政策扶持，一旦没了扶持便发展不下去；一种是种植大户，政府投入占比不大，反而主动性更强，大棚反而运转良好。

延安市政府经调研发现，政府管得太宽，没有管到“点子”上，反而会降低农民种植、养殖积极性。为了解决这一问题，政府更新了帮扶举措，大力引导农民主动参与，不断激发农民主动性与创新性。

比如，为了彻底帮助农民改正“等靠要”思想，延安市的吴起县便坚持“一村一策、一户一法”，扎实推进产业扶贫，同时开展了移风易俗、家风家训、村规民约教育活动，不断激发贫困群众脱贫致富内生动力，确保稳步脱贫。

在吴起县吴仓堡镇周官村，村党支部为了调动起贫困户的积极性，开展了“脱贫之星”评比活动：那些能够在脱贫行动中发挥主动性、积极性，脱贫成效显著的贫困户，不仅可以获得村里的物质奖励，更会被公开在村民大会上授予“脱贫之星”的荣誉证书。通过这样的评比，大大调动了贫困户的脱贫信心与动力。

为带动域内贫困户的干劲，转变政府在扶贫工作中大包大揽的局面，延长县委、县政府积极出招，实施了“以奖代补”的鼓励性政策，引导以合作社为主的社会力量加入精准扶贫工作，注入新的活力。

值得一提的是，在养殖与种植领域内，“合作社+农户”的模式是双赢的合作方式，比如，土鸡养殖方面，农户只需要生产，不需要担心销售问题，规避了风险，合作社与广大农户通过合作，则降低了投入成本，只需要专心于技术指导与销售业务即可。

如今，延长县合作社的土鸡养殖，不仅每年都可领到政府给予的奖励金，同时因为质量好，土鸡蛋在市场上的销路也越来越好，贫困户们早就尝到了养鸡的甜头，干劲十足，而且对发展养殖业也越来越有信心。

评比“脱贫之星”、采取“合作社+农户”的发展模式，提升了农户参与扶贫活动的积极性：通过精神鼓励与物质激励，贫困户得以提升勤劳致富的内生动力，彻底告别“等靠要”。

（案例来源：《半月谈》）

★脱贫启示

“盼扶持”“让国家修”，背后都是“等靠要”思想在作怪。脱贫致富不仅是要“富口袋”，更要“富脑袋”。在脱贫攻坚的过程中，我们都要重视从思想上拔出穷根，引导群众树立艰苦朴素、勤劳致富的思想观念，彻底消除“等靠要”的思想。同时，要进一步改进、创新帮扶方式方法，不大包大揽，不包办代替，充分发挥群众的主观能动性。唯有如此，方能让扶贫扶到点子上。

第四节 支持贫困群众探索创新扶贫方式方法

贫困群众是脱贫攻坚的对象，更是脱贫致富的主体。发动群众积极参与，才是打赢脱贫攻坚战的关键。正如习近平总书记在2015年11月27日至28日召开的中央扶贫开发工作会议上的讲话中所说：“要尊重扶贫对象主体地位，各类扶贫项目和扶贫活动都要紧紧围绕贫困群众需求来进行，支持贫困群众探索创新扶贫方式方法。上级部门要深入贫困群众，问需于民、问计于民，不要坐在办公室里拍脑袋、瞎指挥。”“要重视发挥广大基层干部群众的首创精神，支持他们积极探索，为他们创造八仙过海、各显神通的环境和条件。”

★脱贫故事

宁夏人社厅：创新养殖模式，助力脱贫致富

为帮助西吉县田坪乡燕李村脱贫致富，宁夏人力资源和社会保障厅对该村开展了定点帮扶。在资金有限的情况下，人社厅深入调研，精准识别了致贫成因，与当地群众一起，创新性设计并组织实施了“全赠半返+返租代养”养殖模式，收到了良好的扶贫效果。

深入分析村情民情，精准识别致贫因素

在创新扶贫模式的过程中，宁夏人社厅发现，燕李村经济发展基础薄弱。

自然条件艰苦，基本靠天吃饭。燕李村是西吉县最偏远落后的

村庄，村内多为小土路，交通不便，且山大沟深，导致耕地零碎，坡地多平地少，再加上干旱少雨，水土流失严重，整体生态环境脆弱，抗灾能力较弱，村民在往日多靠天吃饭。

可开发资源不足，难以形成支柱产业。由于资源不足，村内以种植马铃薯、玉米、小麦和杂粮为主，偶有零星养殖牛、羊、猪等行为，外出打工是大多数家庭增收渠道。也正是因为青壮年多外出打工，村内劳动力严重不足，再加上受教育程度不高，接受新知识与新技能慢，村民发展意识薄弱，普遍缺乏发展的思路与内生动力。

合作社名存实无，集体经济属空白。虽然村内有部分村民注册了合作社，但因为缺乏项目与资金支持，再加上不知如何经营运作，合作社有名无实。村“两委”对发展集体经济也没有可行想法与清晰思路。

在对村内资源进行盘点后，人社厅认为，该村唯一的优势就在于耕地面积大，有充裕的土地种饲草料，作物秸秆充足。

创新设计养殖模式，培育发展增收产业

2014年初，宁夏人社厅筹集23万元发展资金，针对燕李村90户建档立卡贫困户，专门设计了“全赠半返”养殖模式。该养殖模式的目的是在资金有限的基础上，通过模式创新，让更多贫困户参与到养殖项目中来，逐步形成以养羊为主的脱贫致富产业。

该计划将燕李村90户贫困户分为三期，整个计划分三年开展，以“每年一期、一期带一期”的滚动模式，循环发展以养羊为主的集体经济。

第一步：免费送给第一期养殖户每户8只基础母羊加1只种公羊，一年后，将8只母羊分出一半，返给第二期养殖户；

第二步：第二期养殖户收到返给的4只母羊后，政府再补充4只基础母羊加1只种公羊，一年后，第二期养殖户将4只母羊返给第三期养殖户；

第三步：第三期养殖户收到4只母羊后，政府再给每户补充4只基础母羊加1只种公羊，一年后第三期养殖户返给村集体经济4只母羊，用于扶持和壮大集体经济。

之所以认为“全赠半返”养殖模式可行，是基于羊有“两年三产、一年三羔”的繁殖基数之上的。按宁夏人社厅的计算，每个养殖户在自己加入的第三年年初时，都应拥有77只羊；从第三年开始，每户每年都可有“40只基础母羊+120只羔羊”，而这些羊总计可带来约6万元的收入。

“全赠半返”模式的发展也并非一直一帆风顺：在经集体经济组织饲养一段时间后，由于人员不专业等问题，返给集体经济的羊只出现了频繁生病的现象。经研究决定，将集体羊只中40只状况良好的母羊返租给6位村民代养，只需要每年每只羊给村集体上交租金150元即可，代养期间，母羊所产羊羔归代养者所有。

村民们对这一“返租代养”模式的积极性很高。2018年9月，宁夏人社厅又再次筹集社会资金，购买了160只母羊返租给村民，用于壮大集体经济，至此，集体经济虽然不直接养殖，但也拥有基础母羊200只。

截至2018年10月，该项目总计投入65万元，覆盖与发展87户建档立卡贫困户加入养羊队伍；投放的548只基础母羊和87只公羊，已产羔3990只，羊只总数达4625只——按每只800元计算，全村新增370万元资产，户均增资4.3万元；已出栏2854只，按每只600元计算，总收入171.2万余元。

由上述数据我们可以看出，“全赠半返+返租代养”的养殖模式既可确保集体资产增值，又可帮助缺乏资金的小规模养殖户扩大养殖规模，获得规模效益。由于该模式所产生的良好经济效益，如今，许多地方都在学习与推广。

（案例来源：中国扶贫网）

★脱贫启示

宁夏人社厅定点帮扶燕李村的案例表明，只有立足于贫困地区的实际情况，因地制宜开发扶贫策略，激发贫困群众积极性和主动性，提升贫困户的自我发展能力，扶贫行动才会有成效。而在扶贫过程中，尤其要尊重扶贫对象的主体地位，紧紧围绕贫困群众需求与能力来实施各类扶贫项目、开展各类扶贫活动。支持与带动贫困群众一起，探索创新管用有效可复制推广的扶贫方式方法，才能大幅度提升扶贫效率、高质量推进脱贫攻坚。

第五节　丰富文化活动，提升综合素质

习近平总书记在中央扶贫开发工作会议上的讲话中指出："扶贫既要富口袋，也要富脑袋。要坚持以促进人的全面发展的理念指导扶贫开发，丰富贫困地区文化活动，加强贫困地区社会建设，提升贫困群众教育、文化、健康水平和综合素质，振奋贫困地区和贫困群众精神风貌。"推动扶贫开发，需要在对群众思想的引导和教育上下功夫，从根本上拔掉"穷根子"。对群众进行引导教育的最好方式莫过于群众喜闻乐见的文化活动。

脱贫故事

内蒙古乌兰牧骑：马背上飞驰的非遗轻骑兵

在内蒙古自治区，有一支被牧民们亲切称为"草原非遗轻骑兵"的红色文化工作队。这支名为"乌兰牧骑"的工作队由兴安盟、赤峰市、呼伦贝尔市、乌兰察布市和锡林郭勒盟5个盟市下辖11个旗县联合组成，50名成员全部为非遗传承人和文艺演员。平日里，他们活跃在内蒙古的大地上，为全区人民带来文化大餐。

在2020年的1月14日至17日间，乌兰牧骑奔赴乌兰察布市兴和县、察哈尔右翼前旗、化德县等贫困旗县进行展演。本次演出与平日一样，一共编排了20个节目，主要由两方面内容组成：一是现场剪纸、泥塑技艺等传统技艺展示类项目；二是蒙古族民歌、鄂伦春族民歌、科尔沁民歌、二人转等传统音乐戏剧节目。这些节目在当

地拥有深厚的群众基础，又从不同角度反映出了新时代的新风貌，因此，每一次演出时都受到贫困地区群众的广泛欢迎。

在本次展演中，东路二人台《阳光照山村》是一个亮眼的节目：它的创作取材于当下正如火如荼开展的脱贫攻坚工作，讲述的是发生在一个大家庭内的“扶贫事迹”：主人公二栓子为人自私贪婪，在得知自己担任村支书的小舅子正在帮助村内的扶贫户申请扶贫名额时，便私下送礼，希望小舅子对自己“多加照顾”，没想到，却被无情拒绝。这一剧目采用了当地观众喜闻乐见的形式，反映了扶贫干部工作扎实认真，基层干部廉洁自律，深受群众喜欢。

为了扩大演出效果，内蒙古还出台了网上乌兰牧骑工作方案，红色文化工作队将开展10项线上主题活动。进一步加强平台建设，依托各类短视频，培养直播达人、建设乌兰牧骑数字资源库等，配合决战决胜脱贫攻坚主题，推出线上作品展。这也是乌兰牧骑的成团使命：把党的声音、党的政策，传递到广大基层群众中间去，为全面建成小康社会提供更多的支持。

（案例来源：人民网）

★脱贫启示

贫困地区之所以久困于贫，除了自然环境的束缚，贫困地区根深蒂固的落后观念也是重要原因。通过开展各式各样的文化活动，可以极大地丰富贫困地区群众的精神生活，提升其综合素养，进而帮助他们形成正确的价值观念。作为为数不多的既能“富口袋”又能“富脑袋”的扶贫方式之一，文化扶贫要坚持把扶志、扶智作为工作重点。也只有将扶贫与扶志、扶智相结合，脱贫攻坚战才能真正取得最终胜利。

第六节　推进教育精准扶贫，阻断贫困代际传递

推进教育精准扶贫，通过改善贫困地区教育发展状况，对贫困人口进行素质改造，帮助贫困人口掌握脱贫致富知识技能，提高贫困人口科学文化素养，让贫困地区和贫困人口获得自我发展、自主脱贫的能力，促进贫困地区经济社会发展。教育精准扶贫作为精准扶贫“五个一批”战略的重要一环，是扶贫工作变“输血”为“造血”、阻断贫困代际传递的核心举措，是实现稳步脱贫、拔除“穷根”的关键手段，也是打赢脱贫攻坚战的重要保障。

★脱贫故事

知识作灯，用教育“斩断”贫困代际传递

教育是阻断贫困代际传递的根本之策，唯有补齐贫困地区教育的发展短板，让贫困家庭的子女接受公平而有质量的教育，才能夯实脱贫攻坚的根基。近年来，随着脱贫攻坚战的不断推进，越来越多的贫困学子顺利完成了学业，利用知识的力量为自己赢得了美好人生。

补短板：提升贫困地区教育设施质量

2019年9月，新疆于田县达里雅布依乡小学正式落成，这是一所在易地扶贫搬迁安置点上新建的学校。崭新明亮的教学楼，完善的教学设备、干净整洁的校园环境，与周围一片黄沙的茫茫沙漠形

成了鲜明对比。

达里雅布依乡地处塔克拉玛干沙漠腹地，长期以来，受限于自然环境、地理位置等不利因素，当地教育条件极差，不仅优质师资欠缺，且校园设施落后，学校教育质量远低于全县平均水平。

如今，新校舍建成，幼儿园与小学一到三年级的孩子们可以就近入学，而四到六年级的孩子则可以去于田县城的第一中学就读。

新校舍落成后，孩子们有了更安全、更健康、条件更齐备的学习场所，学习劲头更足了。未来，在完成义务教育阶段学习后，他们也将有机会接受更高等的教育——教育扶贫正在帮助越来越多的孩子走出沙漠。

近年来，国家一直在大力发展乡村教育，以期让每一个乡村孩子都可接受高质量的教育。截至2019年底，全国832个国家级贫困县在义务教育阶段辍学的学生人数，已由台账建立之初的29万减少至2.3万，其中建档立卡家庭贫困学生人数由15万减少至0.6万。全国已有99.8%的义务教育学校（含教学点）办学条件达到“20条底线”要求，贫困地区义务教育学校办学条件显著改善，许多农村学校成为当地最美丽的一道风景线。

强能力：让职业教育成为脱贫致富“发动机”

“培养一名好女孩，造就一位好母亲，带出一个好家庭。”这是海南省经济技术学校与海南省妇联、省扶贫办联合办起“扶贫巾帼励志中专班”时提出的愿景。也恰恰是这个“扶贫巾帼励志中专班”，为海南省贫困家庭的女孩就读中职打开了一扇爱的大门。

提起“扶贫巾帼励志中专班”，李雪练满怀感激：当年，由于家庭贫困、家里无力供她上学，她原本打算放弃学业外出打工——可能如同以往其他贫困家庭的女孩一样，早早嫁人生子，一辈子就这样过去了。

通过政府的宣传得知面向海南全省贫困家庭女孩开办的“扶贫巾帼励志中专班”后，李雪练有意去了解了一下，发现这个新开的中专班不仅免费读书，还可以领取一定的生活补贴。于是，她马上报了名，人生轨迹也因此不同。如今的李雪练不仅留校当了老师，有了稳定的收入，而且这几年还帮助家里盖了新房，全家的生活变得越来越好。

李雪练就读的“扶贫巾帼励志中专班”不仅教授专业技能，还开设了财务课、家政课、励志课等，力求引领贫困家庭的女孩实现全方位的成长。创办以来，先后有上万名女孩从这里走出去，成为企业生产经营的能手、家庭脱贫致富的顶梁柱。

其实，不仅仅是海南，为了充分利用好职业教育这台致富“发动机”，山东省、广东省、辽宁省等相继出台政策，助力完善职业教育体系。有关“职业教育助力脱贫攻坚”，教育部也有指导意见出台：到2020年，确保深度贫困地区建档立卡贫困户中有职业教育需求的学生可接受中、高等职业教育，更多建档立卡户中的劳动力可接受职业技能培训，以期实现稳定就业带动家庭脱贫。职业教育服务脱贫攻坚、区域经济社会发展的能力显著增强。

兜底线：“三个全覆盖”落地教育公平

如今已是广西师范大学学生的罗雨婷一辈子也忘不了，收到录取通知书时，父母脸上有多骄傲，当然，更让她忘不了的，是夜晚父母坐在桌前，盘算着学费还差多少时的愁眉苦脸。

不过，幸好父母“甜蜜的烦恼”并没有持续多久：由于家里是建档立卡贫困户，罗雨婷在政府人员、学校老师的帮助下，顺利办理了生源地助学贷款，并于2019年顺利入学，成为一名大学生。

在大学里，罗雨婷适应得很快。通过努力学习，一学年结束后，罗雨婷还拿到了奖学金，可以帮助家里减轻不少经济负担。没有了学费的后顾之忧，她对未来的学习与生活充满了希望。

教育公平具有起点公平的意义，同时也是社会公平的基础。近年来，为保障贫困家庭、经济困难家庭学生顺利入学，一套立体化的学生资助政策体系已建立，这套体系以政府为主导、以学校与社会为积极参与力量，覆盖教育阶段由学前教育至研究生教育，实现了所有学段、所有学校、所有家庭经济困难学生“三覆盖”，在制度上基本保障了“不让一个学生因家庭经济困难而失学”。2019年，全国累计资助各类学生10590.79万人次，比2018年增加789.31万人次；累计资助金额2126亿元，学生资助金额连续13年保持快速增长。“教育公平”这一崇高理念正在中国大地落地生根。

（案例来源：新华社、南海网、《新疆日报》）

★脱贫启示

扶贫必先扶智，让贫困地区的孩子们接受良好教育，是扶贫开发的重要任务，也是阻断贫困代际传递的重要途径。教育精准扶贫正在通过弥补贫困地区的教育短板，来提升贫困人口基本文化素质；通过发展职业教育，来提升贫困家庭的脱贫致富内生能力；通过统筹各类社会力量建立立体化资助体系，来实现教育资助公平落地。教育已然成为贫困地区稳定而长久脱贫的根源性力量。

第七章

从严从实，让脱贫结果经得起实践和历史检验

中国创造了人类减贫史上的奇迹，按照世界银行标准，70年来中国累计减贫超过9亿人，占全球减贫总规模的70%以上，特别是精准扶贫方略实施以来，每年减贫人口超过1000万。取得如此显著减贫成就的重要原因是我们稳步扎实推进扶贫开发工作、从严从实落实减贫任务的工作作风。正是严明的扶贫工作纪律、严格的脱贫目标责任、严实的精准脱贫要求、严密的贫困治理体系，为2020年实现现行标准下农村贫困人口全部脱贫，贫困县全部摘帽，解决区域性贫困问题提供了基本保障。

习近平总书记在2020年3月6日召开的决战决胜脱贫攻坚座谈会上的讲话中指出，到2020年现行标准下的农村贫困人口全部脱贫，是党中央向全国人民作出的郑重承诺，必须如期实现，没有任何退路和弹性。要严把退出关，坚决杜绝数字脱贫、虚假脱贫。坚决完成这项对中华民族、对人类都具有重大意义的伟业，确保经得起历史和人民检验。这深刻表明了我们践行“扶真贫、真扶贫、脱贫真”的扶贫工作思路：将“从严从实”的工作作风贯彻于整个脱贫攻坚全过程，使扶贫工作、减贫过程和脱贫质量得到有效保证，让脱贫结果经得起实践和历史检验。

一、脱贫攻坚报告和督查制度

脱贫攻坚报告制度是监督扶贫成效的有效手段。中共中央办公厅、国务院办公厅在2016年10月出台实施《脱贫攻坚责任制实施办法》，设立脱贫攻坚报告制度，以保证党政部门落实扶贫责任体系，实现脱贫工作有效推进。从20世纪80年代国务院扶贫开发领导小组设立以来，中国各级政府均成立了本级扶贫开发领导小组，对区域扶贫开发工作进行统筹协调。在精准扶贫时期，各级扶贫开发领导小组及其成员单位按照职责，定期报告脱贫攻坚政策落地、责任落实、工作推进情况，并负责收集、审核下一级扶贫开发领导小组和本级扶贫开发领导小组成员单位报告的工作，报告内容主要聚焦于建档立卡动态管理、贫困人口脱贫、贫困村出列、贫困县摘帽目标任务等。同时，各级扶贫开发领导小组向上一级扶贫开发领导小组报告的内容包括落实脱贫攻坚责任和政策情况，脱贫攻坚年度工作计划和贫困退出进展情况，扶贫对象建档立卡、动态管理情况等。此外，各级扶贫开发领导小组及其成员单位以正式文件形式书面报告脱贫攻坚任务执行情况，作为主要领导年度述职述责的重要内容。

另一方面，国务院扶贫开发领导小组定期开展脱贫攻坚督查巡查，针对扶贫领域工作职责履行不力、工作作风不扎实等问题，从严督促整改，确保脱贫攻坚取得实效。督查重点内容包括：围绕扶贫工作履职情况，主要督查党委政府主要领导、扶贫部门、帮扶责任人是否正常履行扶贫脱贫职责，是否真正履行扶贫干部的责任和践行扶贫干部的使命等；围绕脱贫攻坚工作作风，主要督查各级政府落实脱贫攻坚部署要求是否到位，是否存在不落实、假落实、慢落实等情况，是否存在推动脱贫攻坚重点任务时不担当不作为和弄虚作假、做表面文章等。通过自上而下实施的常态化督查检查机制，能够对掌握的脱贫攻坚进展情况、发现的扶贫工作薄弱环节和突出问题，进行及时有效的督促整改，有效杜绝了扶贫领域形式主义、官僚主义、弄虚作假的现象，使各项扶贫工作和脱贫规划得以高标准高质量完成。

2020年是中国决战脱贫攻坚、决胜全面小康的最后一年，为保证如期、全面实现中华民族千百年的小康夙愿，国务院扶贫开发领导小组提出挂牌督战制度和脱贫攻坚普查制度，这是新中国成立以来首次为解决贫困问题而开展的挂牌督战和专项普查。

挂牌督战制度是为尚未实现脱贫目标的贫困县、贫困村量身定做的措施体系。2020年1月，国务院扶贫开发领导小组专门印发了《关于开展挂牌督战工作的指导意见》，对于2020年还未脱贫的52个贫困县和1113个贫困村制定了挂牌督战作战方案，围绕“两不愁三保障”“责任落实、政策落实、工作落实”和“精准识别、精准帮扶、精准退出”等要求，重点督战义务教育、基本医疗、住房安全和饮水安全保障情况；贫困家庭劳动力新增转移就业情况，公益岗位新增就业情况，无劳动能力家庭兜底保障情况等；易地扶贫搬迁入住和后续帮扶措施落实情况；不稳定脱贫户和边缘户的动态监测和帮扶情况；中央专项巡视“回头看”、2019年扶贫成效考核以及各地“大排查”等发现问题整改情况。

2020年4月，国务院办公厅出台《关于开展国家脱贫攻坚普查的通知》，从2020年下半年开始，国家组织开展脱贫攻坚普查，对各地脱贫攻坚成效进行全面检验。为国家适时宣布打赢脱贫攻坚战、全面建成小康社会提供数据支撑，确保经得起历史和人民检验。开展脱贫攻坚普查，是确保全面实现小康社会目标的最后一道检验环节。

二、对照责任书，考核工作成效

2015年，中央扶贫开发工作会议明确要求，脱贫攻坚任务重的地区党委和政府要把脱贫攻坚作为“十三五”期间头等大事和第一民生工程来抓，要层层签订脱贫攻坚责任书、立下军令状，咬定目标、苦干实干，坚决打赢脱贫攻坚战，确保到2020年所有贫困地区和贫困人口一道迈入全面小康社会。为此，中西部22个省区市党政主要负责同志向中央签署脱贫攻坚责任书，这是新时期唯一一项由党政一把手向中央立军令状的工作。

2015年11月，中共中央、国务院出台《关于打赢脱贫攻坚战的决定》，对2020年打赢脱贫攻坚战进行全面部署，强化扶贫工作责任落实和考核评估。一方面，按照“中央统筹、省负总责、市县抓落实”的扶贫工作责任机制，省市县乡各级政府依次签订脱贫攻坚责任书，形成倒逼机制和党政领导负责制，层层压实脱贫责任，构建了责任清晰、各负其责、合力攻坚的责任体系，从精准识别、精准帮扶、精准脱贫等环节全面落实脱贫攻坚责任制。另一方面，实施省级党委和政府扶贫工作成效考核机制，2016年2月，中共中央办公厅、国务院办公厅印发了《省级党委和政府扶贫开发工作成效考核办法》，从2016年到2020年，由国务院扶贫开发领导小组组织，每年对中西部22个省级党委和政府扶贫开发工作成效进行考核，对照责任书、对标减贫计划，对完成年度计划减贫成效显著的省份，给予一定奖励，反之，进行约谈整改。通过对省级党委和政府年度减贫责任和计划进行考核，力求全方位展示扶贫脱贫成效、压实工作责任。

三、确保脱贫质量，防止“被脱贫”“假脱贫”

精准扶贫方略实施以来，中国每年实现减贫人口超过1000万，这些数据是否客观可信、减贫成效是否扎实可靠、脱贫是否存在弄虚作假？这些问题一直是民众和国际社会关注的热点话题。为保障脱贫攻坚的成效和质量，2016年4月，中共中央、国务院出台《关于建立贫困退出机制的意见》，对扶贫工作的针对性、脱贫质量的有效性进行指导，有效杜绝了“被脱贫”“假脱贫”现象。

国务院扶贫开发领导小组通过构建科学合理的考核评估机制，在适应精准脱贫形势变化的基础上，对脱贫考核评估机制进行两方面补充完善。一是实施多元化立体化的考核评估方式，通过设计不同区域扶贫部门人员的交叉考核、学术科研机构客观公正的第三方评估、社会舆论的媒体暗访等方式，对扶贫工作的有效性、脱贫质量的真实性进行多样化全方位测度，杜绝“虚假脱贫”。二是以多维贫困视角构建科学合理的考核评估指标体系，有效弥补了单一收入维度的脱贫测度标准，在考量贫困群体收入水平基础上，统筹测度贫困人口的义务教育、基本医疗、住房条件、产业发展、就业扶持等多维度条件改善，并将群众认可度作为减贫成效考核评估重要内容，将客观数据与主观感受统一纳入考核评估内容，形成科学合理的减贫考核评估指标体系，避免“数字脱贫”。

2019年，国务院扶贫开发领导小组组织各地对已脱贫的9300多万人口开展了全面排查，查找漏洞缺项，对存在返贫风险的近200万人和存在致贫风险的近300万人实施针对性预防措施，及时将返贫和致贫人口纳入帮扶范围。为了提升脱贫质量，国务院扶贫开发领导小组于2020年3月颁布《关于建立防止返贫监测和帮扶机制的指导意见》，把防止返贫摆到了更加重要的位置。

四、严防运动式脱贫，不搞“一阵风”

减少和消除贫困是一场常抓不懈的持久战，而不是运动战。扶贫工作是一项长期工程。如何在脱贫攻坚过程中避免运动式脱贫、突击式脱贫是精准脱贫阶段各级政府部门落实扶贫责任的重要内容。2016年4月，中共中央组织部、国务院扶贫办联合下发《关于脱贫攻坚期内保持贫困县党政正职稳定的通知》，一方面，通过建立贫困县扶贫工作稳定机制形成示范效应，即保持贫困县党政正职稳定，做到不脱贫不调整、不摘帽不调离。在精准扶贫精准脱贫道路上，部分贫困县领导干部可能为提高扶贫工作成效、追求个人政治前途，不排除使用运动式脱贫手段，搞突击脱贫。为此，党中央在实施精准扶贫方略之后，专门强调要保持贫困县党委政府一把手的稳定，让贫困县党政领导干部沉下心，真正把脱贫攻坚作为统揽贫困县经济社会发展全局工作来抓。另一方面，通过建立扶贫开发的奖惩机制形成脱贫攻坚激励效应，通过对地方政府扶贫工作的综合衡量和考核，对扶贫开发责任落实和效果较好的省份领导进行资金奖励，对扶贫开发责任落实不力和效果较差的省份领导进行约谈督促，形成你追我赶的工作奋进格局。

五、一手防急躁，一手防拖延

打赢脱贫攻坚战，要克服急功近利和麻痹松懈心态。精准脱贫工作有其客观规律性，有些贫困县党政领导干部为追求政绩而急躁冒进，也有些贫困县党政领导干部贪恋附着在贫困县上的各种政策红利而对扶贫工作进行拖延，这些行为都不利于扶贫工作的开展。2016年11月，国务院印发《“十三五”脱贫攻坚规划》，对“十三五”期间脱贫攻坚工作进行系统谋划和设计，这凸显出中国政府稳步推进精准脱贫工作的决心。

根据《“十三五”脱贫攻坚规划》，中国的精准脱贫工作有既定的时间节点，既防“急躁症”又防“拖延症”，引导地方有节奏、有步骤、高质量推进扶贫工作。一方面，针对一些地方部署扶贫工作仅注重短期效应，对扶贫工作、脱贫成效的可持续性研究重视不够等问题，党中央及时出台贫困动态调整、脱贫后续帮扶等工作机制，要求各级政府主动施行贫困户动态管理，如果出现返贫现象，马上重新纳入帮扶范围之内。另一方面，科学制定脱贫线路图，明确贫困地区脱贫摘帽后要留出缓冲期，维持扶贫政策措施的延续性，做到“摘帽不摘责任、摘帽不摘政策、摘帽不摘帮扶、摘帽不摘监管”。

六、科学制定脱贫摘帽时间表，防止层层加码

在脱贫攻坚过程中，一些渴望政绩的官员希望人们能尽快脱贫，而一些村民却希望能继续被认定为贫困人口，这样他们就能继续从政府拿到补贴。如何平衡两者之间的博弈关系，这就需要制定科学的脱贫摘帽时间表。2018年6月，中共中央、国务院出台《关于打赢脱贫攻坚战三年行动的指导意见》，完善顶层设计、强化政策措施、加强统筹协调，集中力量支持深度贫困地区脱贫攻坚，强化到村到户到人精准帮扶举措，加快补齐贫困地区基础设施短板，加强精准脱贫攻坚行动支撑保障，动员全社会力量参与脱贫攻坚。这为中国的脱贫攻坚战指明了计划进程，为贫困群体和贫困地区实现分批有序高质量脱贫提供了政策依据，有效防止了各级政府对扶贫脱贫工作层层加码现象。

各级政府严格分解脱贫攻坚任务，一方面，增加脱贫摘帽计划

的可预见性，各级党委政府按照实事求是的工作原则，遵循有序脱贫的工作思路，根据扶贫工作进度、减贫任务完成情况等，制订了符合地区扶贫工作实际的脱贫摘帽计划。另一方面，科学设定脱贫标准和质量，把脱贫质量摆在扶贫工作最突出的位置，按照贫困户脱贫、贫困村出列、贫困县摘帽的标准和程序进行严格把控，确保实现高质量脱贫。既有效解决了政府与民众之间的利益博弈，又推动了脱贫攻坚工作按照客观发展规律有序进行。

七、向扶贫中的腐败行为宣战

脱贫攻坚作为新中国70年历史上的一场硬仗，没有严明的纪律和过硬的作风，就难以达到预期目标。作风问题，关乎脱贫攻坚成败，影响着全面小康的成色，整治扶贫领域腐败和作风问题也成为实现全面小康征程中的重要内容。只有把全面从严从实要求贯穿于脱贫攻坚工作全过程和各环节，对作风不实问题、腐败问题实行“零容忍”，才能确保扶贫工作扎实、脱贫结果真实。

为此，国务院扶贫开发领导小组把2018年作为脱贫攻坚作风建设年，在全国范围开展了扶贫领域作风问题专项治理。建立举报追查制度，组织开展明察暗访，对扶贫领域不正之风，一经举报，追查到底；建立查实曝光制度，对查实的扶贫领域案件，坚决予以曝光；建立主体责任和监督责任追究制度，对涉贫作风问题频发的地区、部门和单位，严肃追究有关单位和个人的责任。将作风建设贯穿于脱贫攻坚全过程，取得良好成效。例如扶贫领域违规使用挪用资金比例从2013年的15.7%下降到2019年的1%以下。

开展脱贫攻坚专项巡视是贯彻党中央打赢脱贫攻坚战决策部

署的重大举措。专项巡视是对被巡视党组织落实脱贫攻坚政治责任的再监督，突出“专”的特点，聚焦脱贫攻坚政治责任不发散，紧紧围绕落实脱贫攻坚方针政策、落实党委（党组）脱贫攻坚主体责任、落实纪委监委（纪检监察组）监督责任和有关职能部门监管责任、落实脱贫攻坚过程中各类监督检查发现问题整改任务等四个方面开展。深入查找脱贫攻坚责任落实中存在的政治偏差，精准开展“专项检查”，找出病根、分析病因、开出药方，发挥巡视政治监督和政治导向作用。

到2020年，千百年来困扰中华民族的绝对贫困问题即将历史性地画上句号，这将是人类发展史上的伟大创举！在完成脱贫攻坚、全面建成小康社会实现第一个百年奋斗目标的进程中，我们严格压实责任，不断提高脱贫攻坚的质量和成效，确保扶贫工作务实，脱贫过程扎实，脱贫结果真实，保障脱贫成效真正获得群众认可、经得起实践和历史检验。

（张琦　北京师范大学中国扶贫研究院院长）

第一节　抓严脱贫攻坚报告和督查制度

脱贫攻坚战全面打响以来，全国上下、各地各部门认真贯彻党中央、国务院决策部署，加大精准扶贫、精准脱贫力度，脱贫攻坚取得显著成效。但一些地方与部门也存在着政策不落地、帮扶走过场等形式主义问题，给打赢脱贫攻坚战带来不利影响。2015年，习近平总书记在中央扶贫开发工作会议上指出，要建立年度脱贫攻坚报告和督查制度，加强督查问责，把导向立起来，让规矩严起来。对落实不力的部门和地区，由国务院扶贫开发领导小组向党中央、国务院报告并提出责任追究建议。对未完成年度减贫任务的省区市，要对党政主要负责同志进行约谈。省对市地、市地对县、县对乡镇、乡镇对村都要实行这样的督查问责办法，形成五级书记抓扶贫、全党动员促攻坚的局面。

★脱贫故事

四川监督执纪为脱贫攻坚保驾护航

为打赢脱贫攻坚战，四川省近年来不断强化扶贫领域的监督执纪，持续提升对干部作风、纪律的要求，为脱贫攻坚事业保驾护航。

推行“一卡统”，惠民补贴发放不再“跑冒滴漏”

以往四川省的低保、退耕还林等多类补贴，由不同银行发放，这就导致一个尴尬的局面：资金发放银行多，群众手持的银行卡也多，一户群众少则四五张卡，多则十几张卡，时间一长，群众们自己都不清楚哪张卡发了什么补贴。

“卡多”导致了补贴资金的申报、审核、发放等环节管理混乱，个别基层干部私自扣留群众的银行卡，甚至出现了截留、冒领补贴的情况。

不过，这种情况从2019年7月开始得到了改善：为从根本上解决惠民补贴资金拨付中的“跑冒滴漏”，四川省自贡市率先开始尝试创新。该市立足于“宜统尽统、一户一卡、集中直发”原则，将90多项惠民补贴，全部通过社保卡“一卡统”发放，并建成集补贴资金审核、发放、监管功能于一体的监管系统。

如今，各类补助资金不仅能直接发到社保卡，同时，各类资金的经办银行机构也实现了“点对点、一项项”发送提醒短信，彻底解决一户多卡、多头发放等问题。而群众们不仅可以通过当地网上办事大厅和微信公众号等多渠道查询补贴政策，同时还可查看到发放进度、具体发放的时间与额度。

四川全省527个惠民补贴项目已全部通过社保卡实施阳光发放，累计发放补贴资金185.54亿元，近1450万人受益。

清理“绊脚石”，破除脱贫攻坚中的形式主义

大量的“材料式”留痕，为基层一线扶贫干部增加了无谓的负担。从2019年开始，四川省集中6个月时间，专项整治扶贫领域中存在的形式主义等问题，真正实现了为基层干部减负松绑：省级层面上，“一票否决”类事项由30项精简为2项，41项目标责任书全面取消；全省扶贫领域中的督查检查考核事项减少了74%，填表事项减少了56%，撰写材料并反复修改等留痕事项减少48%。

比如，在北川县，当地纪委监委党风政风监督室便提出，要保证在扶贫工作有序展开的前提下实现为基层减负，并进行一项项清理。从2019年开始，该县纪检监察系统把原来每年18次的监督检查频次精简为6次，并主动撤销5类留痕事项。

旺苍县纪委则从制度方面提出了更高要求：该县要求相关部门必须按需、有序展开相关工作，不给基层“添乱”，对于那些多头、频繁要求基层反复报送内容相同材料的单位，一律给予相应处分。

破除形式主义，清除的是脱贫攻坚战中的“绊脚石”，赢得的是群众实实在在的口碑。扶贫干部可以将原本用于梳理、汇总各类数据、资料的时间，用于实实在在地帮助群众多干一些实事。比如在2020年春节期间，由于新冠肺炎疫情，很多居民在家隔离，不能出门购买种子、肥料等，而摆脱了文件海洋的一线干部一方面可以有更多精力去做好疫情防控工作，另一方面也可以帮助当地群众外出购买生产材料、进行耕地重整等。

筑牢“防火墙”，监督力量下沉基层一线

近年来，大量扶贫资金涌入四川藏区。仅成都一地，便对口支援了包括色达、石渠在内的19个贫困县，投入资金近16亿元。

这样庞大的资金是否能精准流向贫困家庭？想实现精准脱贫“零掉队”，就必须精准监督“零疏漏”。党的十九大以来，虽然反腐败高压态势已形成强大震慑，但四川基层纪检监察工作的重点已经从案件查处转移到发现问题线索。

为了做好末梢监督，四川省一直在坚持把纪检监察力量向基层下沉，并把2017年以来立项建设的各类扶贫助农工程、项目作为监督重点，一方面严防豆腐渣工程的出现，另一方面严格监管各类资金的走向。

务工收入是四川很多贫困群众的重要增收来源，中建三局成都公司纪委为确保农民工按时足额拿到工资，成立监督小组入驻各类项目工地，对各类恶意欠薪、恶意挪用薪水等违规情况进行主动摸排、调处，以确保农民工权益，保障贫困群众可以依靠自己的双手脱贫。

为了监督各类扶贫资金的发放，达州市在域内村庄推行脱贫攻坚监督“廉心卡”全覆盖，卡上不仅有各类资金发放及扶贫项目情况，更有县乡纪检组织的联系方式与在线举报二维码。广元市则组建起了“纪检监察干部+记者+群众代表”三方联合的监督员队伍，真正实现了对脱贫任务有需求的农村网格化监督全覆盖。

仅在2019年一年时间，四川省便清理了超过22万个扶贫工程项目，涉及资金4756亿元，发现与整治4566个问题。通过多方监管，四川省各级纪检监察力量努力筑牢守护群众利益的“防火墙”。

各级力量全力投入，配合严抓严管的督查机制，四川脱贫攻坚捷报频传：2019年，全省有31个贫困县摘帽，贫困发生率由11.5%下降至0.3%，贫困人口由2012年底的750万减少至2019年底的20.3万，全省藏区全域脱贫。

（案例来源：《人民日报》）

★脱贫启示

脱贫不是数字游戏，必须认认真真、脚踏实地，杜绝摆花架子、做表面文章。脱贫攻坚战，关键在准、实两个字。只有打得准，发出的力才能到位；只有干得实，打得准才能有力有效。督查验收要做到制度实、规则实、监督实，加强检查，严格验收，既不拖延，也不虚报。四川省夯实扶贫领域的监督问责制度，将政策与资金落实至细微末梢，真正从群众需求出发，沉下心来帮扶，从而切实提升了扶贫成效。

第二节 压实责任，考核工作成效

扶贫效果到底怎么样？进行到了哪个地步？还有哪些地方需要完善？打赢脱贫攻坚战，必须压实责任，做到分工实、责任实、追责实，分工明确，责任明确，履责激励，失责追究。必须完善扶贫考核标准，在增强群众获得感与满意度的基础上，聚焦重点指标，分类核查内容，准确把握问题，有的放矢地抓好工作落地。坚持考评结果的显性运用，以实绩定奖惩，把考评结果与干部任用等组织措施直接挂钩，为干部群众竖起一面“公示”镜，充分发挥考评结果的导向、激励和鞭策作用。

★脱贫故事

贵州省：突出扶贫导向，考核领导干部

为切实改变部分贫困县发展动力不足的问题，贵州省立足于建立完善更加突出扶贫导向的考核评价机制，全面激发起贫困县党政领导班子与领导干部的干事激情。

建立完善工作机制，确保考核工作有章可循

贵州省坚持把全面小康作为全局工作的重中之重、把脱贫攻坚作为全面小康的重中之重、把精准扶贫作为脱贫攻坚的重中之重，着力健全扶贫开发领导机制、工作机构和责任体系。

为了进一步完善扶贫责任体系，贵州省出台了《贵州省市县

两级党委和政府扶贫开发工作成效考核办法》和《关于建立工作目标、岗位责任、正向激励保障、负向惩戒约束“四位一体”从严管理干部机制的意见》，引导贫困县党委、政府牢固树立加快发展、科学发展思想，切实把工作重心放在脱贫攻坚上，全面提升贫困群众福祉。

为了检查扶贫成效，贵州省还印发了《贵州省脱贫攻坚工作督查实施办法》和《贵州省脱贫攻坚问责办法》，将督查检查作为促进精准扶贫工作的有效手段，通过督查发现问题，倒逼工作。

调整考核指标体系，科学评价干部政绩

从2014年开始，贵州省便调整了贫困县考核办法，把提升贫困人口生活水平、减少贫困人口数量作为主要指标，弱化了贫困地区的生产总值、工业增加值、固定资产投资等具体指标的考核。在原本的评价体系中纳入扶贫开发工作成效，并将其作为贫困县干部任用、年度考核等次确定和奖惩的重要依据。

新的评价体系立足地区差异展开，对于地处重点生态功能区、本身不具备新型工业化发展条件的紫云、关岭、赫章等10个贫困县，直接取消其GDP考核指标，并同时弱化了40个贫困县的GDP考核。如今，全省新的贫困县考核指标体系中，扶贫指标占据了考核指标体系的80%以上。

同时，在干部政绩评价的过程中，增加了特色优势产业考核指标与权重，围绕培育与壮大优势特色产业，设置了两类6项考核指标。这两类6项指标主要体现在特色优势产业带动贫困人口增收方面，进一步加大了产业扶贫考核的力度。

坚持科学考核导向，引导干部树立正确政绩观

在新的考核办法中，除扶贫成效以外，贵州省还着重考核贫困县特色优势产业的发展、村级集体经济增长比例、农村基础设施建设等内容，并将实施扶贫重大项目的具体成效，作为检验贫困地区发展绩效的重要标准，激励干部群众多举措创新、解决制约发展突出问题。

考核体系进一步加大了对贫困地区生态文明建设的考核力度，同时，对禁止开发区域实行单位第一责任人生态环境保护“一票否决”，对生态文明建设目标责任单位及第一责任人的绩效考核，实行生态环境保护约束性指标完成情况“一票否决”，并对第一责任人开展自然资源资产离任审计。

贵州省一方面因地制宜紧抓生态经济建设，另一方面抓紧精神文明建设与基层党建工作。这些工作细化在评价体系中，表现为首次增加党的建设指标，把党的建设情况，特别是把建设基层发展型、服务型党组织当成重要任务来抓。在贫困县的基层党组织建设过程中，乡镇党委书记、农村支部书记和致富带头人这“三支队伍”做好表率，基于“三支队伍”建设情况，实绩考核县级党政主要负责人。

强化考核结果运用，激励先进鞭策后进

为了真正将全新的评价体系落到实处，贵州省将考核结果与干部的选任直接挂钩，对扶贫成效明显的干部进行优先提拔任用。

同时，贵州省还将考核结果与干部管理问责直接挂钩，对于那些扶贫开发成效不明显、连续两年群众满意度不高的贫困县，由市（州）党委、政府领导约谈其党委、政府主要领导，督促整改落实，

对落实不力的进行调整；对不胜任现职的干部，通过约谈提醒、业务培训、道德教育、艰苦岗位锻炼等方式进行“回炉淬火”。

贵州省还将考核结果与项目资金奖励直接挂钩：对于那些扶贫开发结果考核优良的贫困县，按不同等次给予项目资金奖励。从2014年开始，对于那些成功“脱贫摘帽”的贫困县，从“摘帽”之年至2018年，每年奖励资金1000万元——如此一来，努力脱贫既可获得荣誉，又不需要再担心脱贫以后失去了发展经济的资金，再也没有贫困县死按着“贫困”不摘帽了。

（案例来源:《中国组织人事报》）

★脱贫启示

压实责任，不断完善考核工作，是脱贫攻坚的重要一环。要创新、改革考核方式方法，提升考核质量，产生正向激励，加强对脱贫攻坚工作成效的社会监督。坚持问题导向，敢于碰硬较真，使考核工作更加科学有效、符合实际，做到目标明确，结果真实。广大领导干部应树立正确的政绩观，落实以人民为中心的发展思想，把让贫困地区群众获得实实在在的好处作为脱贫攻坚工作的着眼点和落脚点，带领贫困地区群众精准脱贫。

第三节　确保脱贫质量，防止“被脱贫”“假脱贫”

打赢脱贫攻坚战，必须坚持把提升脱贫质量放在首位，既立足于当下，妥善解决紧迫性、普遍性的眼前问题，也要着眼于未来，防患于未然，清醒认识与提前考虑到那些特殊、复杂的问题，牢牢把握决胜主动权。要坚决防止搞形式主义，杜绝“假脱贫”“被脱贫”“数字脱贫”。脱贫过程必须扎实，脱贫结果必须真实，不搞花拳绣腿，不摆花架子，让脱贫成效真正获得群众认可、经得起实践和历史检验。

★脱贫故事

云南晒出扶贫领域监督执纪问责“两个清单”

在云南脱贫攻坚全过程中，云南省纪委监委立足“问题清单”与“成绩清单”，对扶贫领域监督执纪问责进行创新。

聚焦突出问题，科学比对分析

在2019年上半年与下半年，云南省纪委监委各召开了一次全省贫困县纪委书记工作例会，对全省88个贫困县（市、区）纪委监委工作进行了全面整理。针对中央脱贫攻坚专项巡视“回头看”反馈意见和省委脱贫攻坚专项巡视中发现的突出问题，省纪委监委重点选取直查直办件数、处置问题线索成案率等关键指标进行量化排名。统计表上既有综合排名情况，也有单项指标完成情况，前30名与后30名会重点标出。

两个清单按单项排名公布，单项排名前10位进入“成绩清单”，后10位则进入“问题清单”。“成绩清单”激发干劲，“问题清单”督促整改，督促各级纪检监察机关聚焦主责主业，充分发挥纪委监委监督保障执行、促进完善发展作用。

云南省纪监委将“两个清单”的发布频率定为每半年发布一次。这样，既避免了信息采集不完整、比对不及时以及层层填表、重复录入等问题，又可督促各地纪委监委聚焦清单上的问题展开整改。通过对“问题清单”上的贫困县纪委书记进行集体约谈，压实责任，鞭策后进。

不断完善机制，提升工作质量

云南省纪委监委在日常督导中发现，部分地区纪委监委存在查办小微腐败案件多，查办大项目案件少；问责过程与结果过于泛化，监督执纪不精准等情况。

为避免片面追求工作数量而忽略工作质量，云南省纪委监委对“两个清单”的相关指标、落实机制进行完善，并及时对通报内容进行调整。将工作指标分为效率、效益、经济性，展开重构并突出可比性，在过往10项量化指标基础上，削弱了8项体现工作数量指标的权重，新增5项体现工作质量的指标，并赋予新增质量指标更高权重。

从2020年开始，云南省纪委监委还将12个对口帮扶部门的监督执纪问责工作情况也列入“两个清单”，全面推动省内扶贫领域监督执纪问责工作。

逐级传导压力，督促整改到位

“两个清单”指明了扶贫领域监督执纪问责工作存在的短板与问题，促使贫困县（市、区）纪委监委展开“比学赶超”，对域内存在的问题积极整改。

在2019年2月首次通报时，德宏州陇川县的各项工作指标均在“两个清单”中排名后10位，其中，对“两个责任”落实不力问责处理人数为零。随后进行的十届省委七轮巡视却发现该县问题不少。由于所属贫困县纪委监委存在此类突出问题，德宏州等5州市被省纪委监委通报批评，州市纪委书记被省纪委监委约谈。

在压力传导机制之下，各级对“两个清单”重视程度明显加大。2019年上半年云南全省范围内的纪委监委皆实现了直查直办件数、党纪政务处分人数等4项关键指标“破零”。而且不少原本在“问题清单”上的县纪委监委奋起直追，由落后者变成“成绩清单”中的先进者。

最典型的当属兰坪县纪委监委：原属后进的兰坪县纪委监委不仅依据“两个清单”重点指标开展工作，同时更努力探索扶贫领域问题线索提级办理工作机制，并抽调出精干力量，成立2个专项监督检查组，采取“蹲点式”“推磨式”等方式，深入基层监督检查脱贫攻坚工作推进情况。在2020年4月通报的“成绩清单”上，该县从后进变先进，进入直查直办率前10名。

在2020年第一季度，云南省全域内共查处扶贫领域腐败和作风问题1479起，落实到责任与个体后，给予党纪政务处分495人，组织处理1911人，问责333人。评比和通报不是目的，而是要在比较中找到差距，解决问题。

严格的监管制度、层层传达的问责制度，换来的是出色的脱贫成绩：据统计，2019年云南实现了136.8万贫困人口净脱贫。截至2020年5月9日，云南省已累计有79个贫困县（市、区）摘帽。

（案例来源：中央纪委国家监委网站）

★脱贫启示

打赢脱贫攻坚战绝非朝夕之功，脱贫计划不能脱离实际随意提前，扶贫标准不能随意降低，决不能搞数字脱贫、虚假脱贫。必须加强督查问责，对不严不实、弄虚作假的严肃问责。必须精准监督、创新监督，依据形势任务及时调整监督策略，健全涉贫腐败问题线索处置机制，确保问题线索件件有着落，真正形成上下联动一体监督的新格局，为打赢脱贫攻坚战提供坚强保障。

第四节　严防运动式脱贫，不搞“一阵风”

精准扶贫是一项长期工作，虽然国家已对贫困地区展开了诸多帮扶，但贫困地区经济发展不可能一蹴而就，贫困地区不可能一下子就改变自身落后面貌，贫困户也不可能一夜就致富奔小康。打赢脱贫攻坚战重点在平日功夫，点滴积累，稳步前行。脱贫攻坚要见真实效，出真成绩，归根到底要靠尊重科学、真抓实干来实现，绝不能搞“一阵风”“大呼隆”。

★脱贫故事

整治形式主义　杜绝重复发文

在农村危房改造的工作部署中，甘肃省住建厅朝令夕改，一项工作四次发文、次次不同，不仅工作流程繁琐，基层人员无法一看即懂，而且任务落实流于形式，给全省脱贫攻坚工作造成了极大的负面影响。

加重负担，一户危改户的档案需要50多页

2018年6月，甘肃省住建厅印发了《农村危房改造档案管理实施细则》（以下简称《实施细则》）。但这份3200多字的文件，并未结合省内危房改建的实际情况，不仅内容未细化、不全面，且针对性、可操作性都不强。

在这份文件中，有些内容的表述过于专业化，群众不易理解；

有些表格需要“村—乡—县—市”四级签字、盖章背书，表面上是层级负责，但实际上每一级主管部门都对实际情况不了解、未掌握，签字盖章流于形式，这大大增加了基层的工作负担，引发了群众的不满。

一名参与危房改造工作的乡镇干部直言，一份表格，自己曾经报送了10遍才过。“国家对危房改造有统一的管理系统，基层干部也在这些系统里录入完成了，为什么还要建纸质档案？一户危改户档案建成要50多页，相当于做一本书了，做好了，还要到市里再盖公章、再走流程。”很显然，这样的手动录入、流程送递、层层签字浪费了原本就极其宝贵的人力、财力与物力。

朝令夕改，短期内密集出台四份文件

2018年4月27日，甘肃省住建厅联合相关部门下发通知，要求各地对遗漏与新增危房、已改造房屋质量安全隐患进行排查，并于5月前建成台账。

5月17日，省住建厅印发相关工作方案，要求各地进一步复核存量危房底数，于5月底前报送台账。

6月5日，再次发通知，要求各地将台账以建设、扶贫、民政、残联四部门文件形式，经市（州）党委书记、市（州）长签字后于6月20日前报送；台账内容方面，按新要求重新设计、汇总表格，4月27日台账取消。

6月15日，第四次下发通知，要求各地再次全面开展危房排查鉴定，按照6月5日通知标准，于7月5日前报送台账。

危房改造因为需要录入大量真实数据，台账涉及面广，基层工作量极大，但甘肃省住建厅在进行工作部署时，明显未顾及基层工作实际，不仅频繁发文，且时限要求过紧，短时期内连续调整内容格式，对基层工作考虑不周，统筹不够，政策缺乏系统性、计划性与前瞻性，导致干部群众意见较大。

很多基层干部心里都充满了疑问：为何党中央三令五申要简化审批程序、为基层减负，但危房改造项目还要人为制造这么多障碍？原来，在住建部2017年的全国考核中，甘肃省由于考核档案存在严重漏项缺项，其中有九项是零分，排名倒数。为了补充完善资料，再加上想尽快推动工作，又担心基层一拖再拖，所以在短时间内密集出台了四份文件。

此事发生后，甘肃省纪委监委要求党员干部深刻汲取教训、引以为戒，坚决杜绝农村危房改造工作中的形式主义、官僚主义，全力推动各类问题的整改清零见底。经过整改，不必要的文件与会议少了、含金量高了，基层干部能将更多时间与精力用在研究工作、解决问题、推动落实上。

（案例来源：中央纪委国家监委网站）

★脱贫启示

贫困之冰，非一日之寒；破冰之功，非一春之暖。打赢脱贫攻坚战不是搞运动、一阵风，要真扶贫、扶真贫、真脱贫。扶贫工作“运动化”，其本质是一种形式主义。做好扶贫工作，必须跳出形式主义的牢笼，多些真诚、少些套路，多做实事、少务虚功，让基层干部解开束缚、放开手脚，在脱贫攻坚战场上轻装上阵。

第五节　一手防急躁，一手防拖延

中央明确脱贫攻坚目标后，地方在实施过程中出现了两种错误倾向：一是急躁，表现为急功近利，对脱贫目标层层加码；不考虑稳定脱贫，单纯计算当年收入，把贫困人口“算”出去；不研究帮助贫困人口增加收入的措施，“低保兜底、一兜了之”。二是拖延，表现为思想上不够重视，工作上消极被动，导致贫困群众满意度低。脱贫攻坚有既定的时间节点，既要防止“急躁症”，也要防止“拖延症”，引导地方有节奏、有步骤、高质量推进。

★脱贫故事

履职不力、虚报数据，终受严肃处理

脱贫攻坚战能否顺利收官，关键看精神与物质能否实现双脱贫，只在物质基础上摆脱贫困，或者只在精神上摆脱贫困，都不是完整的脱贫，都属于“形式脱贫”。想要避免形式脱贫，需要广大党员干部主动担当作为，让脱贫成效实实在在、经得起各方审核。

履职不力，导致易地扶贫搬迁项目建设进度不达标

2019年7月，贵州省黔东南州纪委监委收到线索，反映岑巩县副县长、生态移民局局长陈某在工作中存在弄虚作假情况。为了核实线索，州纪委监委立即展开初步调查，经查，陈某在主管推进脱贫攻坚易地搬迁工作时，履职不力、弄虚作假。

按照贵州省委、省政府有关要求，2018年岑巩县易地扶贫搬迁任务数为1324户5293人，规划用于安置易地扶贫搬迁住房共1324套。然而，截至2019年7月，岑巩县仅有584套安置房达到入住条件，与任务数相差740套，工程建设进度缓慢，与“6月底前全面搬迁入住”的要求相距甚远。

在接受调查期间，陈某就该项目推进不力的主要原因进行了检讨：思想认识不够，对易地搬迁工作的紧迫性、艰巨性认识不足，未能履行督导责任，发现工程建设滞后也未及时寻找办法解决问题。

项目进度、搬迁入住数据，多次弄虚作假

除易地搬迁项目推进不力以外，陈某还存在数据上报不实的问题。

州纪委监委调查组在调查中发现，2019年1月20日岑巩县填报的“完成住房套数”数据为90.61%，然而，1月24日黔东南州易地扶贫搬迁指挥部办公室在现场督查中，发现岑巩县住房主体建设完成率仅为81.9%。

2019年5月10日，岑巩县上报1324套住房主体完全完工，但5月15日指挥部发现，岑巩县还有4栋共计216套住房刚进入一层主体施工，配套的水电等基础设施尚未进场——督查结果与报送的100%完成量差距极大。

发现上述情况后，州易地扶贫搬迁指挥部办公室先后三次下达督办通知，要求该县在当年6月底全面完成搬迁入住目标。但这些并未引起陈某的重视，相反，在同年6月27日，陈某在明知数据差异的情况下，依然坚持向县委、县政府虚报数据已全部完成——实际上，截至2019年7月26日，岑巩县仅有584套住房达到入住条件，实际搬迁户仅达成24.24%、搬迁人数仅达成26.17%。

陈某在易地扶贫搬迁项目与工作不实，虚报数据，其本人应承担主要领导责任与直接责任，因此被给予党内严重警告处分，并被免去副县长、生态移民局局长职务。

党的十九大以来，贵州省黔东南州各级纪检监察机关共查处脱贫攻坚中政治站位不高、弄虚作假、敷衍塞责、不担当、不作为等问题476件，涉及492人。其中，对32起脱贫攻坚中的形式主义、官僚主义典型问题，在全州警示教育大会上进行了公开通报，其中就包括陈某履职不力、弄虚作假问题。

（案例来源：中央纪委国家监委网站）

★脱贫启示

在脱贫攻坚过程中，形式主义、官僚主义、弄虚作假、急躁和厌战情绪不时发生，有的还很严重，影响脱贫攻坚有效推进。有些干部患上了“急躁症”，脱贫攻坚的热情斗志，异化为急于求成的功利思想。有些干部则思想认识上出现了问题，患上了“拖延症”，工作起来慢半拍，说到底是不想为、不敢为、不愿为的懒政怠政思想在作祟。脱贫攻坚，从严从实是要领，必须把准“严”“实”二字关，坚持从严要求，促进真抓实干。

第六节　科学制定脱贫摘帽时间表，防止层层加码

农村贫困人口如期脱贫、贫困县全部摘帽、解决区域性整体贫困，是全面建成小康社会的底线任务，是党中央对全国人民作出的庄严承诺。打赢脱贫攻坚战，需要经历一个比较长的过程。但是，有些地方和部门政绩观出现偏差，把层层夯实脱贫攻坚责任搞成层层加码，不切实际地将脱贫任务增多、项目拓宽、标准拔高，把压力和矛盾交给基层干部，大幅加重了基层负担。各地应科学制订脱贫计划、脱贫摘帽时间表，做实基础工作，掌握贫困实情，把握脱贫节奏，因地因时制宜、因村因户因人施策，量力而行，确保脱贫质量。

★脱贫故事

安徽：排好脱贫时间表，开启幸福倒计时

扶贫攻坚过程中，有些地方在政绩考核的压力下，求胜心切，忽视了时序节奏，争相宣传一些“提前摘帽”或者“率先脱贫”的口号，这种不顾质量，抢速度、争时间的做法，只会催生弄虚作假和“数字脱贫”等问题。只有脚踏实地、立足本地实际，安排好科学脱贫的时间表、路线图，才能稳步脱贫、高质量脱贫。

2017年，夯实基础，用医疗保障完善兜底措施

患病是农村家庭致贫返贫的重要原因，想拔穷根，就必须先解决“病根”。2016年4月，习近平总书记视察安徽时曾强调，扶贫机制

要进一步完善兜底措施，在医保、新农合方面给予更多扶持，避免因病因残致贫。

2016年7月，安徽省出台《关于实施健康脱贫工程的实施意见》，提出了个人自付费用的“351线”，即贫困人口通过基本医保、大病保险、医疗救助等综合补偿后，在县域内就诊个人年度自付费用不超过0.3万元，在市级医疗机构就诊个人年度自付费用不超过0.5万元，在省级医疗机构就诊个人年度自付费用不超过1万元，确保贫困人口享有基本医疗服务。

为有效保障贫困群众“看得起病”，安徽省还对标“贫困人口全部纳入基本医疗保险、大病保险、医疗救助制度覆盖范围”的底线任务，在医保优惠政策的基础上，建立起贫困群众“三保障一兜底一补充”的健康脱贫综合医保政策：“一兜底”，即贫困人口在县域内、市级、省级医疗机构就诊的，按照基本医保、大病保险、医疗救助政策补偿后，个人自付费用不超过3000元、5000元、10000元，其余部分由政府财政兜底；“一补充”，即贫困慢性病患者一个年度内门诊医药费用，经“三保障一兜底”补偿后，剩余合规医药费用由补充医保再报销80%。

截至2019年底，通过医疗救助基金，安徽省共资助354.85万贫困人口参加基本医疗保险，资助参保金额达7.81亿元，实现贫困人口基本医保“应保尽保”。

2018年，循序渐进，让绿色成为农业主色调

在2016年视察安徽时，习近平总书记曾指出，要把好山好水保护好，实现绿水青山和金山银山有机统一。为打赢脱贫攻坚战，安徽省农委、省林业厅决定，从2018年开始，在全省范围内率先探索“绿色农业”产业化发展。

为促进农业产业化，安徽省创新方法，推出了以园区带动、企业带动、合作社带动、能人大户（家庭农场）带动和支持贫困群众自种自养为主要内容的“四带一自”深化行动，同时，在全省实施产业扶贫项目提升行动、贫困村“一村一品”推进行动，三大行动联合助力安徽省农业的绿色化、产业化发展。

于2020年正式脱贫摘帽的阜阳市颍东区便是“绿色农业”的典型代表。颍东区之前是国家级贫困县，在确定好“绿色农业”的发展路线后，颍东区以现代农业示范区建设为契机，大力推进土地流转，推动传统种植向果木、景观苗木、花卉产业转型。

比如，颍东区正午镇便因地制宜，利用丰富的土地资源引入了30多家绿色生态企业，更用设施农业、智慧农业、物联网等模式取代了原先的发展模式。如今，正午镇的“绿色脱贫”已开花结果：全镇3.4万亩流转土地每年“绿色”产值达3.6亿元，2000多户贫困家庭从中受益，每户家庭年均可增加收入3200元。

发生在颍东区的一切，只是安徽全省脱贫攻坚创新的一个缩影。针对大别山区深度贫困县基础设施薄弱、自然条件恶劣、贫困人口基数大等诸多难题，安徽在大别山区实施了贫困村“一村一品”推进行动：以村为单位，按市场需求，充分发挥本地优势，每村养殖、种植一种市场潜力大的主导产品。省内绿色农业规模得以成型，农产品得以产销对接，深度贫困地区的农村电商、乡村旅游等项目不断增多，资产收益扶贫效果明显，产业扶贫效应不断扩大。

2019年，专项整治，预防扶贫工作层层加码

为避免省内出现不顾脱贫质量，只知抢速度、争时间的“层层加码”现象，安徽于2019年2月开展了“严规矩、强监督、转作风”

集中整治形式主义、官僚主义专项行动。

行动以“坚持质量首位，提升脱贫实效”为原则，要求全省上下牢固树立正确政绩观，不急功近利，不好高骛远，把注重帮扶长期效果、全面提高脱贫质量放在首位。

安徽省委、省政府下发通知，要合理确定脱贫时序，不可赶时间进度、搞冲刺，不搞拖延耽误，在避免层层加码的基础上，确保脱贫攻坚成果经得起历史和实践检验。

比如，在事关民生的健康扶贫工程方面，安徽省明确要求，各级单位必须全面摸清各地出台健康扶贫政策“加码”情况，并实行分类整改。未出台地方性“加码”政策的，一律不得新出台任何“加码”政策；已出台“加码”政策的，要本着积极稳妥的原则，研究提出逐步解决的具体办法。同时，在贫困人口大病专项救治病种扩大到27个的前提下，各地不得在“三保障一兜底一补充”外，再出台任何贫困人口综合医保政策——省内以该标准为唯一统一执行标准。

针对基层反映最强烈的会议多、文件多，检查多、考核多，“留痕”多、材料多和宣传标语多、展示牌多等问题，安徽省开展了集中整治。从省委、省政府开始，坚持开短会、少发文，相关网络会议不可超过90分钟；2019年全省只安排1次省级脱贫攻坚督查，下属部门不再开展脱贫攻坚专项考核；推行扶贫事项“一表汇报制”，减少频繁填报扶贫报表……

一系列“减法”行动，不仅使基层负担大大减轻，同时也使基层得以将更多时间与精力放在提升扶贫质量上。

2020年，把好标准，疫情期间更应走稳脱贫路

2020年初一场突如其来的新冠肺炎疫情，让安徽的脱贫攻坚成果备受考验，再加上安徽特殊的地理环境，2020年各类洪涝地质灾害频发——如何避免因疫返贫、因灾返贫？

为应对疫情影响，2020年3月，安徽省发布文件，在确保疫情防控安全的前提下，支持就业扶贫车间尽快复工复产。在帮助贫困人群有序返岗的同时，对于疫情防控期间吸纳贫困劳动者就业的小微企业按人数予以相应补贴。对于受影响无法上岗的贫困劳动者，则延长扶持政策。

疫情持续期间，安徽省部分贫困地区出现了农产品滞销，通过“点对点”对接，各地奇招频出，或“互联网+销售”，或政企联手开展“消费助贫”，帮助贫困地区群众协调解决农产品滞销难题。

进入夏季后，安徽自然灾害频发，当地政府全面摸排受灾地区救助需求，各地应急管理、民政、扶贫部门加强部门间政策有效衔接，对受灾群众受灾害期间基本生活及后期保障进行妥善安置。

为了进一步加大对贫困地区与人口的政策倾斜力度，2020年8月，安徽省民政厅、扶贫办联合印发了《困难群众兜底生活保障政策指引》，要求各部门自觉履行兜底保障责任，适当放宽低保认定条件，落实低保与扶贫衔接政策，延长特困人员救助供养覆盖的未成年人年龄，及时将因灾害、疫情影响陷入困境的人员纳入救助范围，切实保障困难群众基本生活。

2020年4月29日，安徽省31个贫困县全部脱贫摘帽，3000个贫困村全部出列——这是安徽发展史上具有里程碑意义的重大事件，标志着安徽区域性整体贫困问题基本解决。2016年定下的脱贫承诺，安徽已用行动兑现，对于安徽而言，虽然已实现全面脱贫，但保卫脱贫攻坚胜利成果依然任重道远。

（案例来源：央广网、人民网、安徽新闻网）

★脱贫启示

脱贫攻坚多干快干，主观愿望是好的，但不能空喊口号，开空头支票，不顾客观条件的层层加码，看似积极向上，实则违背规律、急躁冒进，欲速则不达。要把握好脱贫攻坚正确方向，合理确定脱贫摘帽时间，量力而行、真实可靠、保证质量，不能勉为其难、层层加码。那些忽视时序节奏和质量要求的冒进做法，与中央要求以及人民群众尤其是困难群众的实际诉求背道而驰，必须坚决予以纠正。

第七节　向扶贫中的腐败行为宣战

“行百里者半九十”，脱贫攻坚越是到最后的冲刺时期，越是要以前所未有的紧迫感和责任感全身心投入。面对扶贫领域存在的不正之风，纪检监察机关必须高举监督利剑，切实担负起监督责任，把监督工作做细做实，督促政策措施、问题整改、责任落实到位，坚决纠治扶贫领域形式主义、官僚主义等方面问题，为决战决胜脱贫攻坚提供坚强纪律保障。

★脱贫故事

两次消失的“扶贫鸡”

近年来，党和政府一直在强调精准扶贫，这一“精准”不单指精准定位贫困地区与贫困群众，更重要的是，要实现让每一分扶贫资金都使用透明、去向可查。

2018年11月，中央第六巡视组向新疆维吾尔自治区乌鲁木齐市纪委监委转来一条线索，该线索反映，乌鲁木齐县畜牧兽医站向贫困养殖户免费发放的3300只土鸡，仅有1300只登记在册，另外2000只不知去向。

这一涉及扶贫领域侵害群众利益的问题线索，引起了乌鲁木齐市纪委监委的重视，他们立即决定针对该线索成立专案组，进行全面核查。

经过走访得知，在2016年，乌鲁木齐县畜牧兽医站以推广土鸡养殖增加贫困农牧民收入为由，向政府申请了10万元扶贫专项资金，该站站长桑某用其中的6.6万元，采购了韩某名下养殖公司的3300只土鸡，另外3.4万元则以补贴养殖公司购买鸡饲料、养殖培训费、运输费的名义支出。

对于去向不明的2000只土鸡，桑某辩解称，土鸡培育成本高，导致养殖公司亏损，那2000只土鸡已交给养殖公司销售获利。

专案组认为，账目上购买的是成年可繁殖的“成鸡”，根本不存在所谓培育成本，并由此认定，乌鲁木齐县畜牧兽医站存在财务账目不清、资金流向不明的问题，有套取扶贫资金之嫌。

专案组在迅速封存账目、详细调查后发现，6.6万元扶贫资金已经被桑某与韩某私分，就连登记在册的1300只土鸡都是虚假、不存在的——3300只“扶贫鸡”从未存在过，整个项目就是为了骗取扶贫资金而设计的。

再次深入调查后，专案组发现，桑某并不是首次犯案：2015年时，桑某也曾以养殖芦花鸡的名义申请到10万元扶贫资金，其中有5.25万元购买扶贫鸡的款项，被存入单位私设小金库，且大量资金被桑某用于个人消费。

作为地方畜牧兽医站站长，桑某明知扶贫资金对贫困群众的意义，却三番两次打起歪主意，虚报购买项目，套取资金。对于这种无视党纪国法之人，必须严格问责。桑某已被给予开除党籍、开除公职处分，涉嫌犯罪问题被移送司法机关依法处理。

（案例来源：《中国纪检监察报》）

★脱贫启示

逆水行舟用力撑，一篙松劲退千寻。在脱贫攻坚工作上把关不严、不准不实、欺上瞒下、弄虚作假，直接损害的是贫困群众的切身利益，严重损害的是党和政府的形象。必须保持党纪国法的威慑力，对那些想要动扶贫奶酪的腐败现象，坚持零容忍态度。各级党组织和纪检监察机关必须拿出刮骨疗毒、壮士断腕的决心，手握执纪审查利剑，向问题开刀问斩，严格监督执纪，坚决查处扶贫领域腐败和作风问题，以铁的纪律为打赢脱贫攻坚战保驾护航。

第八章

标本兼治，推动减贫战略和工作体系平稳转型

尽管受到新冠肺炎疫情的严重冲击，在中国共产党的坚强领导下，中国仍将在2020年打赢脱贫攻坚战，全面建成小康社会。2021年中国将进入后脱贫攻坚时代，探索建立解决相对贫困的长效机制。总的来讲，中国的扶贫事业会有三个转变：一是由2020年之前解决绝对贫困向2020年以后缓解相对贫困转变；二是由农村脱贫攻坚向乡村振兴战略下的城乡减贫融合推进转变；三是由实现“两不愁三保障”目标，向应对和缓解发展不平衡、不充分及多维相对贫困转变。在这三个转变过程中，需要推动减贫战略和工作体系平稳转型。

一、消除绝对贫困，向相对贫困发起挑战

改革开放以来，中国在消除绝对贫困方面一直是国际社会的领跑者。联合国可持续发展目标确定于2030年在世界上任何地方消除各种形式贫穷，中国“两不愁三保障”脱贫攻坚目标的实现，无疑是世界上第一个提前10年实现可持续发展目标减贫目标的国家。无论是联合国开发计划署、世界银行等全球贫困治理的多边国际组织，还是广大发展中国家，都对中国取得的减贫成就给予高度肯定。特别是受贫困问题困扰的发展中国家，更是迫切希望学习中国贫困治理的经验。中国在消除绝对贫困的过程中，形成贫困治理的“三支柱”制度框架，即益贫性经济增长、包容性社会发展和多维度精准扶贫。

第一支柱是益贫性经济增长。首先，1978年改革开放后，通过实施土地家庭联产承包责任制、建立农产品价格市场，激活了农村劳动力与土地紧密、有效结合，提高了农业全要素生产率，实现

了第一轮大规模减贫。其次,1990年以来，通过融入全球化、工业化进程，利用国外直接投资（FDI）和本国劳动力红利优势，把农业富余劳动力与劳动密集型企业有效结合，提高了工业部门的全要素生产率和农业劳动力的非农就业，实现了第二轮大规模减贫。再次,2008年全球金融危机以来，利用4万亿元积极财政政策，农村富余劳动力与基础设施建设和城市化建设相结合，工资性收入占农民家庭总收入的比例上升，实现了第三轮大规模减贫。2013年以来，面对土地、劳动力红利不足的要素约束，工业化转型升级不利于贫困人口非农就业等问题，党中央及时提出精准扶贫、精准脱贫方略，通过打赢脱贫攻坚战，在短期内实现了第四次大规模减贫目标。

第二支柱是包容性社会发展。中国包容性社会发展政策主要包括两个方面：一方面通过普及义务教育、开展教育扶贫，普及公共卫生服务、开展健康扶贫等措施，增强人力资本投资，推动更加公平的发展，阻断贫困的代际传递；另一方面建设覆盖城乡的最低生活保障制度，对贫困人口的基本生存给予现金救助。此外，还推动了针对老年、残障、孤儿等社会群体的保障制度的建设。

第三支柱是多维度精准扶贫。中国实施的开发式扶贫政策和精准扶贫、精准脱贫政策，主要包括针对贫困地区基础设施、生产条件的区域扶贫开发，提升贫困地区的经济增长能力，带动贫困人口增收脱贫；针对贫困人口劳动、就业能力的开发，通过教育、技能培训、劳动力转移就业、健康扶贫等措施，提升贫困人口的增收、就业能力和人力资本；针对贫困人口的生产生活环境，开展路、水、电、光纤等多方面的通村入户基础设施和公共服务建设。

二、保持持续脱贫，防止再度返贫

总的来看，新冠肺炎疫情暴发、全球经济衰退给脱贫攻坚带来新的挑战，贫困地区在产业结构、就业结构、消费结构以及公共服务方面都需进行相应调整，采取持续措施，巩固脱贫攻坚成果，防止返贫。

第一，有效组织农特产品生产、加工、分拣、包装、物流和电商平台建设。贫困地区产业扶贫的产能与消费扶贫的客户需求相匹配，才能实现价值增值。这既可为应对全球性危机可能带来的食物短缺做好准备，也为夯实贫困人口增收和就业并满足东部地区消费者需求奠定基础。因此，贫困地区需给产业扶贫、就业扶贫赋予新的内涵。围绕贫困地区和贫困人口的农产品销得出去、卖得好价钱，质量有保障、安全可追溯等方面新开工或改造升级一些项目，整合脱贫攻坚以来形成的部分产业扶贫、就业扶贫、电商扶贫项目和资源，强化市场机制使其上升一个台阶，短期内增加就业和收入，长期内提升能力和水平。

第二，积极盘活贫困地区滞留在农村的劳动力要素，培育一批“平台链接型能人”，巩固脱贫成果。农产品上线、进卖场，需要大量细致的线下标准化工作、设计和创意，以满足东部地区城市消费者对农产品质量、产品细分、包装设计、文化内涵等方面的高品质和多样化需求。这就更需要“平台链接型能人”推动农产品上线。一些无法外出务工的能人，不仅不是脱贫攻坚的负担，反而是巩固脱贫成果的宝贵人力资源。贫困地区要通过“双创政策”和公益岗位等措施，鼓励和引导返乡人员“归农归村”，推动扶贫车间由劳动力密集型加工品为主向与农特产品初加工线上结合转型。要逐步把疫情时“县长带货”的“网红”现象转化为市场主体的平台链接型能人市场行为。

第三，加快培育贫困地区科技和数据要素市场，为贫困地区经济增长赋予新动能。在“地、人、钱”传统生产要素之外，把科技和数据作为巩固脱贫成果的重要生产要素。针对扶贫产业同质化，深度贫困地区耕地资源稀缺，生态环境对传统产业的承载能力薄弱等问题，需要充分挖掘丰富的民族、民俗、生态、文化资源，充分依托科技特派员队伍，促进技术要素与扶贫资源融合发展。在电商扶贫、消费扶贫和旅游扶贫等举措中强化与“互联网+农业”、“文化创意+农业”的深度融合，给同质化的扶贫产业和产品赋予不同的地理、人文情感内涵，把数据变成生产力，让产品中有“数据”，“数据”中有故事、有情感，把同质化转化为差异化，增加价值创造。

三、大数据赋能，扩大教育扶贫和健康扶贫效应

基本公共服务均等化既是保障贫困人口义务教育和基本医疗的重要手段，也是2021年后建立防止返贫和解决相对贫困长效机制的重要举措。在疫情防控中，数字化技术和平台模式在教育和医疗领域体现出巨大的潜能，同时也暴露出贫困地区数字基础设施和公共服务的短板。

第一，通过“新基建”补齐贫困地区数字基础设施和公共服务短板。紧盯“两不愁三保障”脱贫目标，以及贫困地区公共服务主要领域指标接近全国平均水平这一目标任务，充分利用“新基建”、脱贫攻坚和乡村振兴政策，迅速加强贫困地区数字基础设施和公共服务建设，提升贫困人口在教育、健康、社会保障等基本公共服务方面的获得能力。

第二，通过“数字化平台”补齐深度贫困地区教育和卫生服务短板。深度贫困地区长期面临教师和医疗卫生人才短缺的困扰，通过实施东西扶贫协作和对口支援的组团式教育、卫生扶贫以及特岗教师等政策，虽然缓解了一部分困难，但仍存在较大差距。深度贫困地区需优先加强数字化公共服务体系建设，把发达地区的优质课程和医疗卫生服务资源，通过远程教育、远程医疗和人工智能等技术传递到贫困地区，助力“三保障”目标的实现和巩固。新冠肺炎疫情发生前，受到一些体制机制的阻碍，数字化教育、“互联网+医疗健康”在贫困地区的推广应用比较缓慢。疫情发生后，在线教育以及互联网问诊、诊疗和防控让干部群众看到了新技术的力量，增强了信心和动力。

第三，建立一个全国志愿者公益服务平台，引导大学生和相关专业人才在平台上聚集。培育一支继“第一书记”、“驻村干部”和“大学生村官”之后的“大学生乡村创新人才”“乡村振兴人才”队伍，发挥大学生、青年创新创业精神，盘活科技和数据要素，赋予贫困地区经济增长和社会发展新的动能。鼓励灵活多样的线上线下融合型志愿服务，为贫困地区提供产业、教育、健康等方面的智力服务。志愿者一部分时间可以深入贫困地区开展实地工作，另一部分时间也可在平台的支持和监督下，进行线上服务，发挥数字经济时代弹性工作和“斜杠”经济的作用。

四、继续推进益贫性增长和包容性发展，平稳向缓解相对贫困转型

第一，构建缓解区域相对贫困和促进乡村振兴的益贫性经济增

长新机制。推进基础设施建设互联互通，筑牢相对贫困地区防返贫和乡村振兴基础。在交通、能源、水利、通信和物流等基础设施方面加大投入，着力解决相对贫困地区城乡基础设施短板和瓶颈问题。在土地、资源、环境等方面，构筑有利于相对贫困地区的开发利用、保护和补偿制度。在产业、就业方面，发展益贫性的农业产业、劳动力密集型非农产业和实施转移就业。2021—2025年，重点解决脱贫攻坚期间产业扶贫形成的集体资产的保值增值，推动产业扶贫项目的产权制度改革，建立激励约束机制，从制度安排上解决内生动力不足的问题。重点解决“扶贫车间”转型为乡村振兴的“产业车间”，加大乡村振兴创业就业培训力度。中长期重点解决脱贫攻坚期间以及乡村振兴阶段产业发展项目的造血能力不足的问题，加强产业、产品和服务的数字化、平台化、品牌化建设，利用数字技术和平台经济，以及文化创意推动产业融合发展，提升价值链。特别需要加强相对贫困地区数字基础设施和能力建设，用数字技术为缓解区域相对贫困和实现相对振兴赋能。

第二，构建缓解相对贫困和促进乡村振兴的包容性社会发展新机制。教育、健康和社会保障扶贫，是中国长期坚持的一条包容性社会发展的减贫经验，在2020年后仍应坚持。坚持基本公共服务“普惠”与“特惠”相结合原则，促进教育、健康、社会保障等基本公共服务的公平获得，缓解发展的不平衡性矛盾。以普惠性公共服务制度建设保障每一个人公平发展的权利，促进社会团结；以特惠性公共服务制度瞄准最困难群体，快速补齐短板。为了实现“普惠”目标，可以选择性地采用一些“特惠”政策工具，如针对低收入地区的公共服务政策措施；针对老年、残障、孤儿以及事实上无人照料儿童、受艾滋病影响儿童等特殊困难人群采取“特惠”救助政策。

确保城乡低收入人群基本公共服务的普遍公平有效获得，特别是要明确保障流动人口的教育、医疗、卫生、社会保障等基本公共服务的普遍公平有效获得。

五、推动绿色减贫和社会创新，为相对贫困治理注入新动力

第一，构建缓解相对贫困和乡村振兴的绿色发展新机制。“绿水青山就是金山银山”，在生态保护中脱贫是中国脱贫攻坚期间的一项伟大实践。建立乡村振兴的绿色发展制度和政策框架，既是践行新发展理念，也是乡村“生态宜居”的战略要求。生态宜居，不能仅仅局限于畜禽粪污综合利用率、村庄绿化覆盖率、生活垃圾处理率、农村卫生厕所普及率等战略规划指标，应总结脱贫攻坚期间“生态脱贫一批”所取得的宝贵经验，把“产业兴旺”与“生态宜居”融合起来，把休闲农业、文旅、健康养老、研学等融合起来，发展生态关联产业，提升乡村生态、生产、文化、乡风等的综合价值。不断完善绿色扶贫的财政金融支持体系和社会创新支持体系，通过国家财政转移支付，金融市场与社会资本形成合力，加强对绿色扶贫产业的支持力度，在生态文明建设中开辟农村绿色产业融合发展新模式，解决生态型相对贫困问题。鼓励建立“碳汇”市场，发展“绿色众筹”。

第二，构建针对脆弱人群精准施策的社会政策体系。2020年后，容易陷入相对贫困的群体主要包括老年人、儿童、残障人士，需将针对脆弱人群的扶贫政策逐步转化为普惠性社会政策。2020年后，全国60岁以上老年人口将增加到2.55亿人左右，占总人口

比重提升到17.8%左右，独居和空巢老年人将增加到1.18亿人左右。随着人口进一步老龄化、高龄化，老年贫困群体也将成为相对贫困阶段的特殊困难群体，特别是农村地区缺乏基本生活照料，空巢、留守的贫困老年人口是致贫和返贫的重点群体。从当前贫困地区看，儿童教育、营养和健康问题在2020年后仍面临挑战。贫困地区0—3岁儿童营养、健康和教育不足，造成认知、语言和运动能力发育滞后现象还较普遍。贫困地区5岁以下儿童贫血发生率还较高。4—6岁学前教育儿童，贫困地区入园比例低，硬件设施和师资力量都相对较差。深度贫困地区义务教育短板明显，既存在知识类课程教育质量问题，也存在社会情感类教育缺失问题，难以传授给孩子们更广泛的知识和适应现代化社会的生产生活能力。此外，残障人士教育程度普遍低于一般人群。流动人口公共服务获得问题仍是2020年后相当一段时间内，缓解相对贫困和乡村振兴需要解决的重点问题。

总之，中国消除绝对贫困的宝贵经验，为治理相对贫困问题奠定了理论和实践基础。在中国共产党的领导下，持续不断进行完善和创新，中国必将在缓解相对贫困问题中为全球贫困治理提供新的方案。

（王小林　复旦大学六次产业研究院副院长、教授）

第一节　消除绝对贫困，向相对贫困发起挑战

从党的十八大提出到2020年消除绝对贫困的奋斗目标到现在，脱贫攻坚工作已取得决定性进展。消除绝对贫困这一目标实现以后，并不意味着中国就没有贫困了，而是说，到2020年中国消除了绝对贫困，相对贫困还会长期存在。未来，我们的扶贫工作也将围绕着从主要消除绝对贫困向缓解相对贫困转变，从主要解决收入贫困向解决多维贫困转变，从重点解决农村贫困问题向统筹城乡扶贫转变。我们通过打赢脱贫攻坚战，为未来减少相对贫困探索积极经验，建立起一套比较好的机制体制。

★脱贫故事

科技扶贫，造血先行：中科院打造扶贫攻坚样板

在脱贫攻坚的道路上，中国科学院是一支独特的力量。中科院秉持“科技扶贫提升贫困地区自我造血功能”理念，着重以科技优势带动产业提升，通过选派挂职干部、投入和引进帮扶资金、培训基层干部及技术人员、购买和帮助销售贫困地区农产品、引进和扶持当地企业等，培养当地经济内生动力。

重视前期准备，“组团”扶贫狠抓落实

中科院承担了内蒙古库伦旗、广西环江县、贵州水城县和六枝特区4个国家级贫困县的定点扶贫任务。与此同时，各个相关分院

与研究所还承担或参与了地方6个县、9个乡、42个村共57个点的扶贫任务。

为切实做好扶贫工作，中科院成立了科技扶贫领导小组，组织领导全院各项科技扶贫工作。领导小组办公室全面负责统筹全院（包括分院与研究所）的定点扶贫工作，不仅为每一个贫困县确定了一个研究所为具体责任单位、一个分院为区域协调单位，同时，还从全院一百多个科研院所中遴选、引进了适合各贫困县资源、产业现状的成果和项目，并针对贫困地区的具体情况，为当地开展了基层干部、技术人员针对性培训。

立足科技优势，量身打造产业升级方案

作为中国顶尖的科研机构，中科院非常清楚，要想达到最佳扶贫效果，就必须先开对“药方子”，有了“药方子”，才能拔掉“穷根子”，科学规划会换来效益最大化。因此，在前期实施产业科技扶贫的基础上，中科院科技促进发展局组织全院科技力量，根据地方产业发展和脱贫攻坚实际需求，对3个定点县45个乡镇展开了为期3个多月的深入调研，派出包括院士、专家在内的103名科研骨干，共计2700余人次。

调研结束后，他们给出了乡镇及全县发展建议报告，并提出了脱贫实施方案建议报告，帮助每一个乡镇都找准了一个符合实际的科技扶贫产业化项目，并立足于各个研究所优势，初步制定了以猕猴桃、杂交构树、畜牧业、马铃薯等为切入点的脱贫实施路径，真正做到了因地制宜、因人制宜。

比如，在贵州省水城县，中科院武汉植物园依托专利品种，辅以技术指导与培训，全面提升了当地猕猴桃的产业化水平。水城县仅猕猴桃一项，便累计创造14.47亿元产值，利润超过3亿元，惠及当地5.27万贫困人口。该项目的成功，也直接支撑起了水城县国家农业现代园区的获批与建设。

在广西环江县，中科院植物所与当地企业联手，研发出了以构树为原料的饲料、饮品、医药保健品，一方面努力提升构树产品的科技含量，另一方面通过将构树“榨干吃尽”、综合利用，努力提升构树产业的生态效益和经济效益，进而构建起围绕构树展开的产业链。在环江县的构树产业扩大试点后，已有20多个省市区的201个县种植杂交构树共计67万亩，带动近20万名建档立卡贫困户脱贫。

针对贫困心理，激发脱贫内生动力

贫困并非仅包括经济问题，其中更涉及心理、教育、健康等多个领域。为了激发贫困户的脱贫动力，中科院着眼于未来，一直探索可持续减贫的系统方案。

为了提升贫困人口的脱贫欲望，中科院组织心理所等力量在贫困地区开展了大量的心理扶贫工作，精准把握贫困人口的心理、认知和行为特点，有针对性地开展心理帮扶。

除了与定点扶贫单位共建幼儿园、小学，投入资金改善教育环境以外，中科院还为贫困地区的学校展开了相应的师资培训，并在幼儿园开展儿童成长测评，在中学开展职业生涯规划指导，针对贫穷家庭、贫困母亲开展系列心理讲座。

（案例来源：人民网）

★脱贫启示

2020年脱贫攻坚任务完成，标志着中国反贫困重点将转向解决相对贫困，消除绝对贫困的宝贵经验为解决相对贫困问题提供了有益的方法论启示。要在现有贫困治理体系的基础上，积极探索2020年后多元主体协同减贫、多维相对贫困治理、贫困主体自我发展、益贫式经济增长、扶贫开发与社会保障融合、反贫困资源合理配置的新路径，不断丰富减贫政策手段与工具，逐步建立健全解决相对贫困的长效机制。

第二节 保持持续脱贫，防止再度返贫

贫困群众家庭经济基础普遍薄弱，往往经受不起天灾人祸、事故变故的“风浪”。如果脱贫攻坚缺乏科学精准的配套帮扶措施，脱贫质量不高、不稳定，贫困的阴影就会再次侵袭。这提出了一个深层次的问题：在脱贫攻坚进入决胜阶段的关键时期，如何巩固成果、防止返贫、形成可持续的脱贫效应？这就需要处理好防止返贫和继续攻坚的关系，有针对性地解决突出问题、消除返贫因素。脱贫不返贫才是真脱贫。为此，要建立相应的保障机制、风险规避机制，建立健全稳定脱贫长效机制，让已经脱贫的农民群众不再返贫，让脱贫攻坚释放出施之长远的民生红利。

★脱贫故事

湖北：织密四张网，严防因涝返贫致贫

经历了年初的一场大疫的考验后，湖北又遭遇了历史罕见的洪涝灾害：2020年的梅雨期降雨量、年初到出梅累计降雨量均创历史之最。在这场涉及37个贫困县、2616个贫困村、83.7万人口的大型涝灾面前，湖北省一方面积极抗灾救灾，一方面全面管控流程，织牢织密灾情预警网、受灾监控网、帮扶救助网、安全保障网，切实将洪涝灾害的损失降至最低。

闻汛而动，织密灾情“预警网”

为防止洪涝灾害造成致贫返贫现象，湖北省各级部门迅速行动，科学应对。

为帮助贫困户做好防灾减灾工作，驻村工作队全部下沉一线，提前将那些居住地存在地质灾害风险的群众进行转移安置。在防汛救援一线，成千上万基层干部日夜值守，与洪水和时间赛跑，在险情发生前紧急转移、安置受灾群众。

在防汛战时状态中，全省上下各级党员干部以战斗员的姿态投身到防汛工作中，以督战员的状态将防汛责任压到实处，真正做到“三个最大”：最大力度落实各项抗洪救灾措施，最大限度减少贫困群众财产损失，最大程度上保障贫困群众生命安全。

检测跟踪，织密受灾“监测网”

灾情发生后，为有效帮扶受灾群众，湖北省扶贫办联合农业等部门，织密受灾“监测网”。

一是全面排查。通过省市县乡村五级联动，湖北省扶贫办在第一时间组织96个有扶贫开发任务的县（市、区），依村照户，逐一排查核查，对贫困村、贫困户受灾情况进行统一汇总后上报。同时，针对因为洪涝地质灾害可能引发的返贫致贫、外出务工受阻与回流、贫困户产品滞销等情况，湖北省分类施策，将受灾群众纳入监控帮扶范围，开展生产自救。

二是全面监测。依托原有“领导包片，干部包村，第一书记、驻村工作队和结对帮扶干部包户”制度，强化各级干部责任，通过实地入户走访、现场核实，配合电话询问等方式，对受灾贫困户生产生活情况进行持续跟踪，发现有返贫致贫风险者，及时上报。

三是全面筛查。为了保证监测数据正确，湖北省扶贫办利用先进技术，将一线基层干部实地走访得到的数据与民政、残联、卫生健康等多个部门所有的大数据展开对比，针对疫情、涝灾发生后的新增低保、大额医疗支出、临时求助等内容进行综合分析、研究与判断，发现数据异常者，立即将数据返回一线基层干部，并由基层干部展开入户核查。在核查过程中，对那些符合条件的困难群众，按程序纳入帮扶范围。

因户施策，织密帮扶“救助网”

汛情发生后，湖北省立即对灾情展开了分析研究。疫情之后的汛灾给湖北打赢脱贫攻坚战增加了难度，但因预警、检测工作及时到位，汛情对省内脱贫攻坚带来的影响是短期可控的。

面对汛情挑战，湖北省政府立足“四个不摘”要求，对因疫、因灾、因病、因学、因意外等存在返贫致贫风险的困难群众进行再次跟踪调查，对省内6万户、共计18.3万人的脱贫监测户、边缘户，以及因灾新增的脱贫监测户449人、边缘户134人，“一户一档”建立台账。

为达到逐户逐项精准消除致贫返贫风险的目的，湖北省政府聚焦产业、就业与创业，突出“两不愁三保障”标准，制定了“稳就业25条”“春耕生产20条”“决战决胜脱贫攻坚15条”等系列政策，在发挥“扶贫保”“防贫保”等金融产品作用基础上，立足每户贫困群众的不同情况，有针对性地展开了精准帮扶。

立足于一户一档“缺什么补什么”的原则，湖北省对贫困群众展开了全面的因户施策帮扶：有劳动能力者，通过组织外出务工、发展产业的方式实现增收；为劳动能力较弱者安排扶贫车间、公益岗位、疫情防控临时岗位等，帮助其实现就近务工；对无劳动能力者则综合利用低保、临时救助，配合医疗救助等兜底措施，保障受灾群众基本生活。

积极重建，织密安全“保障网”

在抓好防汛救灾各项工作的同时，湖北省各级政府立足于“两安全、一重建”，精心谋划，全面保障生产生活有序恢复。

为保障受灾群众的住房安全，湖北省坚守“危房不住人，住人不危房”底线，聚焦贫困边缘户等特殊困难群众，建立洪涝灾害动态新增贫困户危房监测机制。在每周调度基础上，实施“一户一策”：将有改造意愿的贫困户动态新增危房及时纳入危房改造计划，分解下达2020年中央财政农村危房改造补助资金，第一时间落实危房改造措施；因汛情导致住所被淹、出现危险的受灾群众，利用幸福大院、集体公租房、闲置农房进行安置。

为保障汛期的饮水安全，湖北省水利部门落实分片联系指导制度，强化饮水应急管理和饮水安全动态管理：为提升饮水工程稳定性，通过改造、配套、升级、联网、适当新建等措施，强化饮水安全工程建后运营维护管理；采取启用应急水源、送水等方式，解决因灾缺水、断水问题。加强水质监测，发现一户、解决一户，全面确保受灾群众饮水安全。

在保障住房与饮水安全的基础上，湖北省迅速推动灾后重建工作。按照“先抢通、后修复”的要求，对水利、电力、通讯、公路展开抢修，确保这些事关生产生活的基础设施第一时间恢复正常运行。同时，各地引导受灾群众开展农作物补种，降低灾害损失。

截至2020年8月27日，湖北省已开工扶贫项目36198个，年度总扶贫项目开工率占比94.17%；已安排扶贫项目资金316.44亿元，已支出资金240.21亿元，年度总扶贫项目支出率占比75.91%——因举措得力、应对得当，湖北全省域内均未出现因灾返贫致贫现象。

（案例来源：国务院扶贫开发领导小组办公室微信公众号）

★脱贫启示

防止返贫和继续攻坚同样重要。保持脱贫成果持续稳定，是脱贫攻坚工作完成后的一项重要任务。要保持扶贫政策的稳定性、连续性，以问题为导向，坚持综合施策、持续发力，做好产业发展、稳定就业、易地扶贫搬迁后续扶持三篇文章。要建立防止返贫监测和帮扶机制，及时识别返贫风险，事前对脱贫边缘户进行帮扶，不断提升脱贫质量和成效，确保脱贫户稳定脱贫，与全国人民一道同步迈入全面小康社会。

第三节　全面排查缺项漏项，逐项逐步整改到位

2020年是脱贫攻坚战收官之年，脱贫攻坚越是到了决战决胜的关键阶段，越要尽锐出战、迎难而上，真抓实干、精准施策，工作还要再做实做细，加强脱贫精细化管理，切实巩固脱贫成效。脱贫攻坚越到最后时刻越要响鼓重锤，坚持咬定目标不放松，整治问题不手软，落实责任不松劲，转变作风不懈怠，决不能搞急功近利、虚假政绩的东西，要全面排查梳理脱贫攻坚存在的短板弱项、漏项缺项，逐项逐步整改到位。

★脱贫故事

宁夏："四查四补"，打好脱贫攻坚战

2020年3月以来，宁夏紧盯夺取疫情防控与脱贫攻坚"双胜利"目标，在突出精准的前提下，坚持问题导向，开展了"四查四补"活动，通过自查自纠与挂牌督战相结合、全面排查与重点排查相结合、实地排查与数据比对相结合，巩固脱贫成果、提升脱贫质量。

查损补失，降低疫情导致的损失

在宁夏此次"四查四补"行动中，隆德县抽调340名干部，通过实地看、查资料、面对面询问、细致分析，建立问题查摆、报送、整改、督查和保障服务机制，确保所有问题都有人查、有人管、有人改。

了解到隆德县杨河乡、张程乡肉牛养殖户存在“饲料进不来、牛肉销售不出去”的情况之后，农业农村局主动牵线搭桥，对接市场，联系销路。通过一系列举措，肉牛补栏有序展开，滞销肉牛销售也大为改观。

截至2020年5月23日，宁夏自治区共排查出了疫情影响造成的增产增收问题7294个。从摸排统计情况来看，疫情耽误了贫困群众40—60天的务工期、生产期，后续生产生活受到连锁影响。这些问题主要包括因疫情而导致的农产品销售难、就业务工难，以及平日便存在但因疫情加重的产业扶贫与龙头企业减贫带贫覆盖面不广且效果不理想等方面。

为了解决这些问题，宁夏各县区在宁夏扶贫办的组织下，逐步展开精准组织劳务输出活动，通过发展产业弥补务工损失。宁夏自治区人民政府出台政策，支持龙头企业与扶贫车间在严防严控疫情的前提下复工复产、转产达产，并开发了大量公益性岗位，加大对农村种植、养殖产业的扶持力度，努力把疫情造成的损失降至最低。

查漏补缺，排查填堵脱贫漏洞

宁夏吴忠市红寺堡区新庄集乡干部进村入户展开“四查四补”排查时，得知红川村村民张引兄在2019年8月份罹患肺动脉高压病，而治病所需的最重要的两种药都不在医保范围内，一个月仅吃药就得花去近3000元。张引兄的丈夫是泥瓦匠，妻子得的这场大病直接把他大部分的务工收入都贴在了药费上。

了解到这一情况后，区政府立即协调民政部门，每年补贴张引兄1万元救助资金。村中还为她提供了一个公益性岗位，让她担任村里街道的保洁员，每月可得900元工资。

在对照脱贫标准查漏补缺过程中，新庄集乡充分发挥脱贫攻坚领导包村优势，安排乡村干部带领网格员展开逐户排查。一个小组每天走访二三十户，哪怕不在村里住，也要确保见到人，确保一人不落。

在此次“查漏补缺”中，宁夏共排查出7705个问题，主要集中在义务教育阶段控辍保学对象反复辍学、基本医疗保障政策不到位、基本养老保险未实现应缴尽缴、重点扶贫对象住房安全保障有漏项等。

针对扶贫政策落实“打折扣”问题，宁夏开展了全面的扶贫资金结余结转自查自纠，并对历年扶贫资金计划完成情况与项目实施、验收情况进行“回头看”。针对兜底户、脱贫不稳定户、边缘易致贫户和非贫困村的贫困户这四类重点扶贫对象，建立起防贫返贫监测预警和动态帮扶机制。

查短补齐，提升脱贫攻坚质量

近年来，为了提升扶贫质量，宁夏在交通、水利等方面实施了一大批重点工程，在满足群众基本公共服务方面成绩显著。随着扶贫工作的不断推进，一些个别化短板、个性化难题逐步凸显，但恰恰是这些“个别化”细节决定了脱贫攻坚的质量。

在“四查四补”中，西吉县偏城乡马湾村向西吉县交通运输局反映，村内一段土路平日里极其难走，希望将这段200米长的土路硬化。交通局经过研究后同意对该路段进行硬化，打通全村路网。

宁夏在查短补齐环节，主要查找、补充与群众生活质量密切相关的工程短板，在公共服务、基础设施、基础治理、乡村建设等方面查找出共计1232个问题。

除上述在贫困村庄存在的个性化短板问题外，一些非贫困村庄内，还存在着农村道路与自来水入户普及率较低、村集体经济“空壳”现象等问题。宁夏回族自治区政府由此得出结论：不仅贫困村的情况要关注，非贫困县、非贫困村的贫困户和边缘易致贫户同样是易漏人群。

为了避免脱贫攻坚工作中常见的漏统、漏项、漏扶、漏管“四漏”问题，按照“缺什么补什么”原则，宁夏回族自治区对自主迁徙农村居民，城乡接合部、非贫困村、移民安置区等地常住农村居民，常年外出务工的农村居民等进行了大规模摸底排查，解决了单项或者多项指标未达标且未纳入扶贫对象或防贫监测对象的漏人漏户问题。针对自主迁徙的农村居民，及时迁转建档立卡信息，以求彻底杜绝漏管现象。

查弱补强，夯实脱贫攻坚基础

2020年是脱贫攻坚收官之年，如何巩固提升脱贫质量，确保脱贫成果经得起历史检验，经得起舆论监督，宁夏重点对照贫困村户脱贫标准，查找与发现弱项，对不达标的保证达标，对已达标的进一步巩固提升。

比如，排查过程中，固原市原州区官厅镇的驻村工作队发现，庙台村一些养牛户面临一个尴尬问题：所在村庄时不时有电压带不动铡草机器的情况，导致养殖户只能用柴油带机器，大大增加了养殖成本。排查出这一情况后，工作队第一时间联系了供电部门，在最短时间内解决了电压不稳问题。

在查弱补强环节，宁夏共查出1066个问题，主要表现为小部分建档立卡户和边缘易致贫户收入不够稳定，贫困地区龙头企业、扶贫车间生产经营能力有限、带贫效果不明显等。

吴忠市同心县紧盯短板弱项，为了突出抓好产业与就业扶贫，不仅投入6亿元，支持各类建档立卡户到户增收产业项目，同时为6000人提供免费培训机会，学习各类技能，针对特困户，同心县还安排近千个公益性岗位，千方百计增加贫困群众收入。

通过开展全方位、立体式、交互式的“四查四补”，影响宁夏高质量脱贫的各个痛点与难题正在被逐一破解。

（案例来源：光明网）

★脱贫启示

天下难事，必作于易；天下大事，必作于细。少数地方与单位因顺利通过摘帽验收或者取得脱贫阶段性胜利而滋生懈怠、观望情绪。攻下最后的贫困堡垒，需要各级政府与干部压实责任，拼尽全力，从实从细考量。只有如同宁夏回族自治区一样，针对已脱贫人口开展全面排查、认真查找漏洞缺项，挨家挨户逐一落实，一项一项整改清零，才能守好脱贫攻坚成果、提升全面小康成色，才能让扶贫实绩经得起历史与群众的检验。

第四节　保持脱贫攻坚政策稳定，扶上马送一程

2020年3月6日，习近平总书记在决战决胜脱贫攻坚座谈会上强调，对退出的贫困县、贫困村、贫困人口，要保持现有帮扶政策总体稳定，扶上马送一程。要在摘帽不摘责任上送一程，脱贫攻坚战从取得决定性成就到全面胜利，困难和挑战依然存在；在摘帽不摘政策上送一程，主要扶贫政策措施不能“急刹车”，驻村工作队也不能“一走了之”；在摘帽不摘帮扶上送一程，脱贫摘帽并不是一件一劳永逸的事情，要在落实帮扶责任、帮扶政策、帮扶举措上持续发力。要保持帮扶工作的持续性和连贯性，用共产党人强烈的使命担当扛起扶上马送一程的责任，稳稳守住脱贫成果。

★脱贫故事

内蒙古阿鲁科尔沁旗：锻造永不撤退的工作队

2020年3月4日，内蒙古自治区政府正式宣布，赤峰市阿鲁科尔沁旗退出国家级贫困旗县序列。脱贫摘帽后，如何巩固脱贫成果，成为当地面临的重要考验。

谢立军担任乌和日朝鲁嘎查驻村第一书记前，全嘎查牧民132户298人，贫困户有37户97人。截至2020年6月，谢立军在该村工作两年之际，全嘎查实现整体脱贫。

在谢立军看来，只有不断壮大集体经济，才能让牧民们享受产业发展带来的红利。为此，在2019年，他与嘎查“两委”成员精心制

定了重点人员帮扶计划，通过“党支部+合作社+贫困户”工作模式，开展绒山羊产业化养殖。

2020年初，嘎查村内共有存栏绒山羊200多只。嘎查“两委”决定，将村合作社收益的40%以上用于建立防贫减贫机制支出与发展村内公益事业。这样一来，即使将来第一书记离开了这个岗位，也可以确保脱贫户不会返贫。

呼呢斯图便是依靠绒山羊产业化养殖成功脱贫的。不过，在2018年脱贫以后，嘎查“两委”并未立即将他从扶贫名单上删除，而是为了厚重其家底，让其继续享受扶贫政策。2019年，呼呢斯图还通过扶贫项目又购买了5头牛，而盖牛棚预算7000元，通过谢立军协调后，省了近一半的钱。

为了让扶贫干部在嘎查脱贫后依旧继续坚守岗位，阿鲁科尔沁旗每年给予每个工作队专项经费1万元，旗直干部每人每天补贴100元，在学习生活上给予驻村干部关注关爱，优化驻地环境，保障驻村干部安心安业，锻造永不撤走的工作队。同时，在选拔干部时，脱贫成果优异的驻村干部往往会被优先考虑。仅2019年一年，全旗便从扶贫一线提拔重用了117名干部。

阿鲁科尔沁旗还立足实际，发挥党支部主体作用，积极谋划嘎查村集体项目，健全防止返贫机制，利用整合资金2.48亿元，建设壮大了70个集体经济项目。2019年底，每个嘎查村年集体经济收入皆稳定在5万元以上。同时，围绕草畜一体化等优势产业，农村牧区领域还建立了33个党建联合体，成功打造融合了3条红色党建风景线，党组织引领发展能力显著增强。

（案例来源：《人民日报》）

★脱贫启示

贫困县、贫困村、贫困人口“脱贫摘帽”以后，要保持脱贫攻坚政策稳定，决不能马上“撤摊子”“甩包袱”“歇歇脚”“松口气”，而是要始终绷紧帮扶这根弦，不能停顿、不能大意、不能放松，继续坚守在脱贫攻坚“主战场”和“第一线”。要坚决摒弃“到站停车”“刀枪入库”“马放南山”的懈怠思想，坚持重心不变、靶心不散、频道不换、力度不减，继续把脱贫攻坚责任扛在肩上，抓在手上，落实在具体行动上，扎扎实实提升脱贫成色、巩固好脱贫成效。

结语

共建一个
没有贫困、共同发展的
人类命运共同体

千百年来，世界各国都在采取措施治理贫困，但贫困一直都是人类社会难以摆脱的梦魇。直至今天，世界各国的发展水平仍存在巨大差距，极度贫困的国家和地区仍存在大面积饥饿问题。新中国成立70余年来，在中国共产党的领导下，中国进行了持久而深入的反贫困斗争，经历了“通过制度变革打下反贫困坚实基础”“通过经济发展和扶贫开发推动广泛脱贫”“通过精准扶贫全面消除贫困”三个重要阶段，实现了绝对贫困人口逐年显著下降、农村低收入居民生活水平持续改善，大规模的扶贫开发使得中国8亿人口摆脱了贫困，创造了世界性减贫奇迹。中国一向是世界减贫事业的倡议者、践行者、推动者，作为全人类减贫事业的重要组成部分，中国的脱贫实践堪称世界各国的标杆与典范，为深陷贫困泥潭的发展中国家消除贫困贡献了可资借鉴的“中国智慧”和“中国方案”。

一、坚持执政党集中统一领导，筑牢脱贫制度基础

纵观全球，那些战乱不断、政权频繁更迭的国家（地区）往往贫困问题也更加严重和凸显。国家主权统一、政权稳定、体制有效、社会安稳是发展经济的必要条件，也是推进反贫困事业的基础。“经国序民，正其制度”，正是在中国特色社会主义制度良好运行的基础上，中国才完成了从“站起来”到“富起来”再到“强起来”的历史性飞跃。

知名的意大利政党研究学者萨托利曾指出，执政党是政府与社会之间的核心中介组织。[1]执政党是处理公共事务与私人领域关系

1 Giovanni Sartori, Downloaded Parties and Party Systems: A Framework for Analysis, *European Consortium for Political Research Press*, 2005, p. xxi.

的重要主体，是协调国家内部各有机组成部分良好运转、汇通建立国际关系等重要任务的指挥者、承担者。对于一个国家而言，摆脱贫困的制度基础在于执政党的地位稳固、能力出色、指挥得当。在反贫困的长期实践中，中国取得显著成果的根本原因就在于始终坚持中国共产党的领导，从新中国成立初期到改革开放再到当下，这条原则始终没有动摇。在中国共产党的坚强领导下，中国在较短时间内完成了在很多国家看来几乎不可能完成的任务。中国国家治理体系坚强有力，人民生活水平不断提高，经济社会发展平稳有序，消除贫困工作成绩突出。中国共产党在国家权力结构中始终保持核心地位，发挥着总揽全局、协调各方的领导核心作用，有效地建立起从中央到地方再到基层的垂直管理架构，把社会各方各面的资源力量有效整合，确立了长治久安的国家治理体系。在全面深入了解世情、国情、社情、民情的基础上，中国共产党将马克思主义灵活运用于具体实践当中，建立了最符合中国现实情况的制度模式，展现出无可比拟的卓越性。[1]

执政党集中统一领导的意义在于对国家利益的保护、对社会公共事务的全面管理、对政策法令的有效实施。[2]从历史维度看，良好的制度体系和权力体系的运行对于一国发展至关重要。[3]中国共产党作为执政党，在长期减贫实践中展现出的制度优势，为全世界各国开展减贫事业提供了一条先进思路。在中国共产党领导下，国家政权稳健运行，我们始终坚持以人民为中心的立场，根据

1　吴家庆、瞿红：《论党的领导是中国特色社会主义制度的最大优势》，《当代世界与社会主义》，2019年第5期，第14页。

2　E. E. Schattschneider, *Party Government*, Transaction Publishers, 1960, p. 208.

3　周光辉、彭斌：《国家自主性：破解中国现代化道路“双重难题”的关键因素——以权力，制度与机制为分析框架》，《社会科学研究》，2019年第5期，第12—24页。

不同时期的发展形势对不利于甚至阻碍发展的制度作出相应的改革，立足实际作出长远战略规划与阶段性发展规划。以土地制度为例，新中国成立之初，民生凋敝、百废待兴，作为执政党的中国共产党认识到在旧制度没有革除的情况下，经济社会难以摆脱发展桎梏。1950年《中华人民共和国土地改革法》颁布，释放出大量生产力。为解决土地碎片化、生产资料稀缺、农业生产率低下等客观问题，在中国共产党的领导下，中国土地制度先后经历了一系列改革，使中国人民由此基本解决了温饱问题。改革开放后，中国广泛推行家庭联产承包责任制，土地制度再次完成历史性改革，脱贫减贫进入加速期。

二、坚持实施开放性经济政策，筑牢脱贫动力基础

开放性、包容性经济政策的制定与实施为一国摆脱贫困提供了重要的动力源泉。无论是理论研究还是历史经验都表明，封闭只会对国家经济增长造成严重阻滞，并限制一国生产力的提高和生产关系的改善。具体而言，开放性经济政策的效果发挥路径主要体现在两个方面：一是对宏观经济增长的推动，二是对贫困地区的开发与贫困人口的帮扶。1978年，中国实施改革开放重大战略，中国经济开始以较高水平持续增长，同时实施了大规模的农村扶贫开发，贫困现象得到有效遏制、贫困人口逐年降低。

据统计，中国的贫困人口80%以上集中在农村地区，农村农业领域的改革与发展改善了大多数贫困人口的贫困境遇。改革开放初期，中国政府实施的促进经济增长的主要政策有：建立以家庭联产承包责任制为基础的、统分结合的双层经营体制，发展农村商品经

济，建立新的市场经济、就业、土地制度。[1]20世纪80年代中期推行的农业产业化，将第一产业与第二、第三产业相融合，通过搭建起一系列农业产业化经营的平台以降低交易成本，提高农业生产的回报率。另一方面，农业产品价格明显提升，从事农业生产人口的收入水平大幅度提高，无法解决温饱问题的农村贫困人口数大幅度下降，实现了“滴漏经济学”所论述的通过经济高速增长减少贫困的目标。虽然中国的经济增长主要依赖于第二、第三产业的增长，但是第一产业的增长对于稳定社会、减少贫困具有关键意义。[2]

单纯依靠经济发展的带动作用减贫具有一定的局限性，解决不了贫困地区发展慢和深度贫困人口的贫困问题。从20世纪80年代开始，中国推行中央主导的、有计划的、具有针对性的扶贫开发政策。1980年，中央设立第一笔专项扶贫资金——“支援经济不发达地区发展资金”，对老少边穷地区进行瞄准帮扶。1984年，中央印发《关于帮助贫困地区尽快改变面貌的通知》《国民经济和社会发展第七个五年计划》两个文件，政府开始推进大规模扶贫，实施“以工代赈”扶贫项目，既改善了广大农村地区的道路、水利、饮水等基础设施状况，也为贫困群体提供了救济并创造了增加收入的机会。1986年，中央成立国务院贫困地区经济开发领导小组，以专门机构统领全国扶贫工作，中央拿出专项财政资金和信贷资金用于贫困地区的开发。20世纪90年代到新世纪，《国家八七扶贫攻坚计划》《中国农村扶贫开发纲要（2001—2010）》《中国农村扶贫开发纲要（2011—2020）》相继出台，扶贫工作进一步系统化和制度化，推动政府、市场、社会组织、个体充分参与到反贫困进程当中，通过改

1　胡兴东、杨林：《中国扶贫模式研究》，人民出版社2018年版，第52页。

2　汪三贵：《中国特色反贫困之路与政策取向》，《毛泽东邓小平理论研究》，2010年第4期，第17—21页。

善基础设施、提升公共服务、发展农业和非农产业、推广实用技术等推动减贫。[1]

党的十八大以后，习近平总书记提出了“精准扶贫、精准脱贫”方略，2014年，国务院扶贫办及相关部门相继印发《关于创新机制扎实推进农村扶贫开发工作的意见》《建立精准扶贫工作机制实施方案》《扶贫开发建档立卡工作方案》等文件，制定了到2020年全面消除国内绝对贫困的一系列措施。

短期来看，精准扶贫政策形成了完善的扶贫机制——“五个一批”的脱贫路径，“四个切实”的有效保障机制，“六个精准”的具体要求。[2]“五个一批”“四个切实”“六个精准”聚焦的是贫困人口的基本需求和贫困地区的发展，改善的是基础民生，建立的是脱贫攻坚体制机制，在推进过程中充分发挥市场的作用，在消除农村贫困人口进程中不仅给予外在推动力，同时培育贫困地区和人口的内在动力。事实上，放眼长期，略观近40年中国之发展路径，我们很容易发现“精准扶贫”与“改革开放”关系紧密、一脉相承，其中的逻辑脉络非常清晰，贯穿始终的关键正是“开放”、“包容”和“发展”。

三、坚持友好合作以促进融通，筑牢脱贫共赢基础

团结合作才是光明坦途，固步自封只会让自己陷入桎梏、难以自拔。共建一个没有贫困的人类命运共同体，顾名思义，需要每个

1 孙建北：《贫困与扶贫》，中共中央党校出版社2004年版。

2 “五个一批”，是精准扶贫的实施路径，即发展生产脱贫一批、易地搬迁脱贫一批、生态补偿脱贫一批、发展教育脱贫一批、社会保障兜底一批。“四个切实”，是精准扶贫的保障机制，即切实落实领导责任、切实做到精准扶贫、切实强化社会合力、切实加强基层组织。“六个精准”，是具体要求，即扶贫对象精准、项目安排精准、资金使用精准、措施到户精准、因村派人（第一书记）精准、脱贫成效精准。

国家、每个民族的付出与努力，同样每个国家、每个民族也将从中获益。

中国发出的“携手消除贫困，促进共同发展”倡议，是各个国家、各个民族的最优选择。“各国和各国人民应该共同享受发展成果。每个国家在谋求自身发展的同时，要积极促进其他各国共同发展。”正如习近平主席所说，“只有各国共同发展了，世界才能更好发展。那种以邻为壑、转嫁危机、损人利己的做法既不道德，也难以持久。”实际上，中国的反贫困事业一直是世界反贫困事业的重要组成部分，同时中国也在积极为世界各国提供反贫困的“公共品”。这个“公共品”既包括理论和经验层面的指导，也包括对各国开放的发展项目。

“一带一路”倡议是重要的开放式发展项目之一。2013年9月，习近平主席首提“一带一路”倡议。自此，中国与“一带一路”沿线国家开展密切交流，为参与国的基础设施建设、资源开发、产业合作以及金融合作等注入强劲动力。例如，2014年中国政府出资400亿美元建立“丝路基金”，为“一带一路”沿线国家的贫困地区开发、产业项目合作等提供资金支持（2017年增资1000亿元人民币）。与此同时，中国政府先后提出建设“中巴经济走廊”“中俄蒙经济走廊”“中国—中南半岛经济走廊”“孟中印缅经济走廊”“中国—中亚—西亚经济走廊”，参与国实现互利双赢。“一带一路”倡议将沿线各国的发展战略密切串联在一起，包括俄罗斯的“欧亚经济联盟”、哈萨克斯坦的“光明之路”计划、巴基斯坦的“愿景2025”、老挝的“走廊国家战略”、印度尼西亚的“世界海洋轴心”战略、非洲联盟的“2063议程”、塞尔维亚的“再工业化”战略，等等。“一带一路”倡议以多样性为特征，各国以共同参与者的身份在其中发挥作用，各国的利益和合法关切被充分尊重，中小国家无须在大国中间选择“站队”，虽然不同国家的政治、文化、宗教背景大不相同，但是在“一带一路”合作框架内，冲突可以被控制在较小范围和较低程度以内。正如习近平主席在第七十届联合国大会上所讲，“中国将始终做全球发展的贡献者，坚持走共同发展道路，继续奉行互利共赢的开放战略，将自身发展经验和机遇同世界各国分享，欢迎各国搭乘中国发展‘顺风车’，一起来实现共同发展”[1]。

在世界舞台上，构建起人类命运共同体，各国之间秉承友好包容互惠和开放创新合作的氛围，不但有助于超越传统的“零和博弈”思维，代之以和平互助的伙伴关系，而且更加符合国际社会的共同价值追求，正如习近平主席所说，“建设包容型世界经济，夯实共赢基础。消除贫困和饥饿，推动包容和可持续发展，不仅是国际社会的道义责任，也能释放出不可估量的有效需求”[2]。以亚投行为例，2013年10月，习近平主席在印度尼西亚首次倡议筹建；2015年6月，《亚洲基础设施投资银行协定》签订，最早有57个创始成员；截至2020年7月28日，随着利比里亚的加入，亚投行的成员总数达到了103个，成员数量仅次于世界银行。部分西方国家偏执性地认为，亚投行对成员没有实质性帮助，盲目指责中国意欲借此将经济政治化，提升在地缘政治中的地位与影响力，进而提高在全球的影响力。[3]但事实是，自成立之日起，亚投行便与各大世界组织积极互动，以“普惠”价值态度对待国际融资、投资问题，聚焦基础设施建

1　习近平：《携手构建合作共赢新伙伴，同心打造人类命运共同体》，《十八大以来重要文献选编》（中），中央文献出版社2016年版。

2　习近平：《建设包容型世界经济 夯实共赢基础》。http://www.xinhuanet.com/world/2016-09/03/c_129268301.htm.

3　Mike Callaghan and Paul Hubbard, “The Asian Infrastructure Investment Bank: Multilateralism on the Silk Road”, *China Economic Journal,* 2016, 9(2): 116-139.

设，搭建开放、多元平台。

推动构建以合作共赢为核心的新型国际关系，打造人类命运共同体，应该求同存异、聚同化异。国家不论大小、强弱、贫富，都应该平等相待，既把自己发展好，也帮助其他国家发展好。大家都好，世界才能更美好。在联合国“南南合作”当中，中国做出了良好表率——虽然自身是发展中国家，但仍对其他经济落后的发展中国家尽己所能予以帮助和支持，并且不附加任何政治条件。2019年9月，国务院发布《新时代的中国与世界》白皮书，指出在开展对外援助的60多年中，中国向166个国家和国际组织提供了近4000亿元人民币援助，派遣60多万名援助人员，“先后7次宣布无条件免除重债穷国和最不发达国家对华到期政府无息贷款债务。中国积极向亚洲、非洲、拉丁美洲和加勒比地区、大洋洲的69个国家提供医疗援助，先后为120多个发展中国家落实千年发展目标提供帮助”[1]。

2020年9月22日，习近平主席在第七十五届联合国大会一般性辩论上的讲话中指出，“人类社会发展史，就是一部不断战胜各种挑战和困难的历史”。2020年新冠肺炎疫情肆虐全球，世界各国紧密相连，人类命运休戚与共，共同维护全球公共卫生安全，任何国家都无法置身事外。“共建一个没有贫困、共同发展的人类命运共同体”也并非存在于封闭的“小圈子”中。贫穷是世界上很多问题的根源，世界上还有相当一部分人民，他们无法拥有足够的资源，无法享受基本的服务和产品，过上体面的生活，解决贫困问题需要世界各国共享共担，共同助力。

1 国务院新闻办公室：《新时代的中国与世界》。http://www.scio.gov.cn/zfbps/32832/Document/1665426/1665426.htm.

总之，中国为世界减贫事业提供了中国方案——“共建人类命运共同体”。各个国家应摒弃迷信与偏见，减少隔阂、通力合作，无论大国还是小国，共同商议人类命运共同体的发展路径与阶段目标。人类命运共同体理念并不是对其他发展模式的排挤，而是汇聚世界各国禀赋优势，共同推动全球经济结构转型，在将蛋糕做大的同时也将蛋糕分好，切实保护发展中国家的合法利益不受侵害。正如习近平主席说的那样，“任何进步都不是直线的，有曲折也有反复”，“共建一个没有贫困、共同发展的人类命运共同体”虽然不会一蹴而就，但只要世界各国互相理解、充分信任、锲而不舍，前景一定是无比光明的。

（孙咏梅　中国人民大学经济学院副教授）

后记

2020年是中国脱贫攻坚战决战决胜之年，与罗伯特·劳伦斯·库恩共同创作这本《脱贫之道：中国共产党的治理密码》，无疑是一项具有重要意义的工作。在动手写作之前，我与库恩博士在确定分工的同时，一起确定了以下创作原则：

第一，国际视野与专业研究相结合。本书立足国际视角，辅以中国减贫研究成果，在讲好中国故事的同时，总结中国脱贫攻坚经验，破解中国共产党的治理密码。

第二，理论高度与实践广度相结合。本书每章以理论导读开始，继而以纪实方式，用典型案例讲述中国精准扶贫事业所取得的显著成就和可贵经验，客观展示中国共产党领导下的当代中国所取得的巨大进步和广大民众的真实生活面貌，阐释中国共产党以民为本治国理念、中国特色社会主义制度优势和脱贫攻坚决战决胜密码。

第三，中国脱贫实践与世界减贫事业相结合。在联合国成立75周年之际，向全世界总结、分享中国减贫的实践经验，具有十分重要的意义。中共十八大以来，中共中央总书记、国家主席习近平聚焦人民群众对美好生活的向往，带领中国人民全面打响脱贫攻坚战。2020年，中国将在现行标准下消除绝对贫困，提前实现联合国2030年可持续发展议程减贫目标。中国经验表明，生存权和发展权是首要的基本人权，减贫事业是崇高追求，更是务实行动，必须立足自身国情，全社会共同参与，以国际合作应对全球性问题，最大程度凝聚减贫合力，建设远离贫困、共同繁荣的美好世界。

本书得以在短时间内顺利完稿，要感谢以下九位专家学者的理论贡献、经验分享与创作支持，他们是：国务院发展研究中心农村经济研究部部长、研究员叶兴庆，北京大学贫困地区发展研究院院长雷明，中国人民大学农业与农村发展学院副院长郑风田，中国农业大学国家乡村振兴研究院副院长、人文与发展学院教授左停，中国农业大学文科资深讲座教授、国际发展与全球农业学院名誉院长李小云，中国社会科学院社会学研究所研究员王晓毅，北京师范大学中国扶贫研究院院长张琦，复旦大学六次产业研究院副院长、教授以及上海（复旦大学）扶贫研究中心执行主任王小林，中国人民大学经济学院副教授孙咏梅。

特别感谢朱亚当先生。朱亚当先生是库恩博士三十余年的好友和合作伙伴，他深度参与了本书的策划及组织协调工作，由于时差等方面的原因，与库恩博士就本书创作所进行的沟通，很多情况下都是朱亚当先生助力完成的。

孟子公益基金会理事长孟亮先生参与了本书的策划工作，国务院发展研究中心农村经济研究部殷浩栋、中国人民大学经济学院王文泽、中国农业大学人文与发展学院董强三位先生，他们为本书写作提供了资料支持，在此向他们表示感谢。

本书选用的案例，参考了《人民日报》、《光明日报》、人民网、新华网、中国网、学习强国、国务院扶贫开发领导小组办公室官网及微信公众号、中央纪委国家监委网站、中国扶贫网、华龙网等中央和地方媒体的相关报道，同时参考了一些已出版的著作中引用的典型案例。为了使全书体例、风格统一，我们对所选用的案例进行了必要的文字加工。所有案例出处均已标注，在此谨向给予本书帮助支持的单位与个人表示诚挚的谢意。

最后，要由衷感谢中共重庆市委宣传部张鸣部长、吴玉荣副部长、李鹏副部长，本书从策划到出版，始终得到他们的关心与支持。感谢重庆出版集团党委书记、董事长、总编辑陈兴芜女士，总经理李斌先生，副总编辑别必亮先生，以及参与本书出版工作的所有编辑同仁。没有他们的倾力支持和保障，本书不会如此顺利地从一纸设想变为最终的现实。

2020年3月6日，习近平总书记在决战决胜脱贫攻坚座谈会上的讲话中指出："脱贫攻坚不仅要做得好，而且要讲得好。要重点宣传党中央关于脱贫攻坚的决策部署，宣传各地区各部门统筹推进疫情防控和脱贫攻坚工作的新举措好办法，宣传基层扶贫干部的典型事迹和贫困地区人民群众艰苦奋斗的感人故事。"我们认为，本书的创作与出版基本遵循了习近平总书记的上述讲话精神，有助于中国脱贫政策、举措、办法、典型事迹及感人故事的广泛传播。

由于时间紧迫，本书难免挂一漏万。不足之处，敬请各界读者批评指正。

汪三贵

2020年10月